中国高端智库

ZHONGGUOGAODUANZHIKU

文化建设

推进文化体制机制创新 增强国家文化软实力

《中国高端智库》丛书编写组 编

中国文史出版社

图书在版编目(CIP)数据

文化建设/《中国高端智库》丛书编写组编.
—北京：中国文史出版社，2014.1
(中国高端智库/陈纪兰主编)
ISBN 978-7-5034-4650-4

Ⅰ. ①文… Ⅱ. ①中… Ⅲ. ①文化事业—建设—研究
—中国 Ⅳ. ①G12

中国版本图书馆 CIP 数据核字(2014)第 000656 号

责任编辑：詹红旗
封面设计：杨　光

出版发行：**中国文史出版社**
网　　址：www.wenshipress.com
社　　址：北京市西城区太平桥大街 23 号　邮编：100811
电　　话：010—66173572　66168268　66192736(发行部)
传　　真：010—66192703
印　　装：北京市文林印务有限公司
经　　销：全国新华书店
开　　本：710 毫米×1000 毫米　1/16
印　　张：17
字　　数：230 千字
版　　次：2014 年 1 月北京第 1 版
印　　次：2014 年 1 月第 1 次印刷
定　　价：46.00 元

写在前面的话

中国共产党人依靠学习走到今天，也必然要依靠学习走向未来。我们的干部要上进，我们的党要上进，我们的国家要上进，我们的民族要上进，就必须大兴学习之风，坚持学习、学习、再学习，坚持实践、实践、再实践。全党同志特别是各级领导干部都要有加强学习的紧迫感，都要一刻不停地增强本领。

——习近平

历史，总在变革中迸发前进的力量。

人类，总在梦想里张扬时代的辉煌。

35 年前的岁末，中国共产党十一届三中全会召开，开启了一场波澜壮阔的伟大改革，中华大地，风起云涌，春华秋实。35 年后的今天，十八届三中全会胜利召开，在新的历史起点上，全面深化改革的蓝图已绘就，改革在追逐中国梦中再扬帆启航。

这确实是一个值得关注的“历史新起点”。十八大之后短短一年，以习近平同志为总书记的党中央统筹国内国际两个大局，统筹伟大事业伟大工程，用中国梦凝聚中国力量，以作风建设提振全党精气神。励精图治的改革举措，奋发进取的务实行动，推动着中国现代化巨轮稳中求进、稳中有为，开创了党和事业发展的新局面，开拓了治国理政的新境界，形成了全党全社会的新风气。

在中国的文化传统中，向来重“势”。《孙子兵法》曰，“激水之疾，至于漂石者，势也”，“善战者，求之于势”。这一年，转型的力度势不可遏，攻坚的勇气势如破竹,发展的劲头势不可挡。有学者赞叹"开局之势,来势宏大、气象喜"。

没有盘点,就没有发现。没有科学的理念,就没有一个国家的真正奋起。综观这一年300多个日日夜夜,新一届中央领导集体带领全党全国各族人民向世界展示的,是一个执政64年的大党励精图治的深刻思考,是一个走过35年改革开放历程的大国更上层楼的治国方略。改革开放的中国航船驶向一个新的境界。

习近平同志指出:"我们党历来重视抓全党特别是领导干部的学习,这是推动党和人民事业发展的一条成功经验。"实现党的十八大和十八届三中全会提出的各项目标任务,做好方方面面的工作,对领导干部的本领提出了新的更高要求。各级领导干部要在发展的关键期、改革的攻坚期、矛盾的凸显期,带领广大干部群众开辟中国特色社会主义道路的新境界,夺取中国特色社会主义的新胜利,提高自身的素质尤为重要。为此,我们特别推出"中国高端智库系列丛书",一套10本,助推领导干部学习十八大和十八届三中全会精神新高度。

中国高端智库是一个荟萃专家理论观点、梳理政策沿革及大事记的智库项目,旨在深入传播中国特色社会主义理论创新成果和国家的方针政策,以政策、大事、学术观点为主体,跟踪时事热点,解读大政方针,洞察社会现象,进行解疑释惑,扩大理论学术宣传的覆盖面和影响力。

本丛书包含200多位权威专家的重要观点。这是中国顶级学术研究的旗帜。这些专家无论是中南海授课专家,或是来自中央党校的教授,还是来自中国社科院的研究员,抑或来自国家发改委宏观经济研究院等国家重量级研究机构以及重点大专院校的学术领军人物。

理论是行动的指南。只有不断地以新的理论武装头脑,想问题、办事情才能够做到思路清、方向明、不落伍、不掉队。

在今天的中国推进改革,需要"气吞万里如虎"的勇气,也需要"治大国如烹小鲜"的谨严,更需要"千磨万击还坚劲"的毅力,这是改革者必须具备的素质。

“功崇惟志，业广惟勤”，“空谈误国、实干兴邦”，“喊破嗓子不如甩开膀子”……掷地有声的话语，折射出的是新一届中央领导集体真抓实干、务实笃行的为政理念。

“没有比人更高的山，没有比脚更长的路”。各级领导干部要深刻领会学习贯彻党的十八大、十八届三中全会和习近平总书记系列讲话精神，学会用新的理论武装头脑，指导实践。“以更大的政治勇气和智慧，不失时机深化重要领域改革”，“进一步解放思想，进一步解放和发展社会生产力，进一步解放和增强社会活力”，把成竹在胸的改革思路，化作势如破竹的改革举措。

“一切为民者，则民向往之”。纵观十八大以来的新开局，新一届中央领导集体的为民情怀一以贯之，中国梦的人民底色日益鲜明，它让越来越多的中国人坚信，“有梦想，有机会，有奋斗，一切美好的东西都能够创造出来”。

目 录

CONTENTS

专题 3 完善公共文化服务体系

专题 4 构建和发展现代传播体系

专题 5 建设优秀传统文化传承体系

专题 6 加快城乡文化一体化发展

专题 7 加快发展文化产业

专题 10 加强和改进党对文化工作的领导

专题 1

坚持中国特色社会主义文化发展道路

导读

党的十八大报告指出:“建设社会主义文化强国,必须走中国特色社会主义文化发展道路,坚持为人民服务、为社会主义服务的方向,坚持百花齐放、百家争鸣的方针,坚持贴近实际、贴近生活、贴近群众的原则,推动社会主义精神文明和物质文明全面发展,建设面向现代化、面向世界、面向未来的,民族的科学的大众的社会主义文化。”党的十八届三中全会《决定》也强调,“必须坚持社会主义先进文化前进方向,坚持中国特色社会主义文化发展道路”。

坚持中国特色社会主义文化发展道路,努力建设社会主义文化强国,是党的十七届六中全会《关于深化文化体制改革、推动社会主义文化大发展大繁荣决定》贯穿始终的鲜明主题,党的十八大进一步肯定了文化建设的重要性。中国特色社会主义文化发展道路内涵十分丰富,围绕文化的地位作用、发展方向、发展目的、发展动力、发展思路、发展格局、发展战略、领导力量和依靠力量等提出了许多新思想新观点新论断,深入回答了我国文化建设中一系列带有方向性、根本性、战略性的重大问题。这条文化发展道路,指明了我国文化建设的前进方向和发展路径,是发展社会主义先进文化、实现中华文化繁荣兴盛的唯一正确道路。

我们要认清中国特色社会主义文化发展道路与建设社会主义文化强国是路径与目标的关系。建设社会主义文化强国，必须坚定不移地走中国特色社会主义文化发展道路，着力推动社会主义先进文化更加深入人心。只有这样，才能推动社会主义精神文明和物质文明全面发展，不断开创全民族文化创造活力持续迸发、社会文化生活更加丰富多彩、人民基本文化权益得到更好保障、人民思想道德素质和科学文化素质全面提高的新局面。

在新的时代境遇下，如何坚持中国特色社会主义文化发展道路，中国国防大学副校长毕京京和文化部党组书记、部长蔡武分别在其著作中表达了各自的深刻见解。

历史沿革

2011年，党的十七届六中全会通过了《中共中央关于深化文化体制改革、推动社会主义文化大发展大繁荣若干重大问题的决定》，“坚持中国特色社会主义文化发展道路，努力建设社会主义文化强国”是贯穿始终的鲜明主题，也是全会的一个重大贡献和突出亮点。中国特色社会主义文化发展道路内涵十分丰富，围绕文化的地位作用、发展方向、发展目的、发展动力、发展思路、发展格局、发展战略、领导力量和依靠力量等提出了许多新思想新观点新论断，深入回答了我国文化建设中一系列带有方向性、根本性、战略性的重大问题。这条文化发展道路，指明了我国文化建设的前进方向和发展路径，是发展社会主义先进文化、实现中华文化繁荣兴盛的唯一正确道路。

2012年，胡锦涛在“7・23”讲话中指出：要坚定不移走中国特色社会主义文化发展道路，建设面向现代化、面向世界、面向未来的，民族的科学的大众的社会主义文化。

2012 年，党的十八大报告指出，建设社会主义文化强国，必须走中国特色社会主义文化发展道路。

2013 年，党的十八届三中全会《决定》强调，“必须坚持社会主义先进文化前进方向，坚持中国特色社会主义文化发展道路”。

权威专家

国防大学副校长　毕京京

毕京京，历任战士、班长、团政治处组织股股长，师政治部副主任，国防大学政治部组织部副部长、部长、校办公室主任、基本系政委、政治部副主任、马克思主义教研部主任。2012 年 12 月任国防大学副校长。

兼任：中国历史唯物主义研究会常务理事，国防大学中国特色社会主义理论体系研究中心领导小组副组长，国防大学国防经济研究中心副理事长，《解放军理论学习》编辑委员会副主任，《中国国防经济》编辑委员会主任、主编。

曾获全军图书奖、全国图书奖、全军政治理论研究优秀成果奖、全国精品课程奖、国防大学科研成果奖、国防大学刘伯承优秀科研成果奖、国防大学刘伯承优秀教学成果奖、优质大课奖等。曾被评为国防大学优秀党员，荣立三等功 2 次。

专著及主编：《高举中国特色社会主义伟大旗帜》、《中国特色社会主义论》、《科学发展观研究》、《中国特色社会主义理论体系概论》、《党支部建设手册》、《改革开放的新篇章》、《中国特色军事变革研究》、《中国化马克思主义专题研究》等，发表论文《论新世纪新阶段军队领导干部的战略思维》、《科学发展观开拓中国特色社会主义新境界》、《深刻理解“伟大旗帜”的丰富内涵》、《中国特色社会主义方法论初探》、《树立战略思维的全局观》、《当代中国的治国理政之道初探》、《试析忧党意识的政治价值》等。近年来主要讲授《马克思主义中国化》、《科学发展观研究》、《当代中国的治国理政之道》、《世界视野与中国道路》等课程。

文化部部长、党组书记 蔡 武

蔡武，汉族，生于1949年10月，甘肃陇南人，法学博士。1995年3月任中联部研究室主任，同年7月任中联部副秘书长兼研究室主任，1997年7月任中共中央对外联络部副部长。2005年6月任中央宣传部副部长、中央外宣办(国务院新闻办)主任。2008年3月任文化部部长、党组副书记。兼任中国人民大学国际关系学院教授、博士生导师，北京大学国际关系学院学术委员会高级顾问。是中共十五大、十七大代表，中共第十七届中央委员。第十届全国政协委员。2008年9月任中共中央宣传部副部长、文化部部长、党组书记。2013年3月任文化部部长、党组书记。

毕京京：坚定不移走中国特色社会主义文化发展道路

2012年7月23日，胡锦涛同志在省部级主要领导干部专题研讨班开班式上的重要讲话强调："建设社会主义文化强国，是我们党把握时代和形势发展变化、积极回应各族人民精神文化需求作出的重大战略决策。我们要坚定不移走中国特色社会主义文化发展道路。"毕京京在《坚定不移走中国特色社会主义文化发展道路》[①]一文中对这段话进行了深度解读。在文中毕京京指出，文化是一个政党一个国家的思想精神旗帜，走什么样的文化发展道路，事关一个政党、一个国家、一个民族的前途命运。改革开放特别是党的十六大以来，我们党始终把文化建设放在党和国家全局工作的重要战略地位，不断深化对文化发展特点

① 毕京京：《坚定不移走中国特色社会主义文化发展道路》，《求是》2012年9月6日。

和规律的认识，进一步兴起社会主义文化建设新高潮，走出了一条中国特色社会主义文化发展道路。这条文化发展道路，进一步回答了我国文化建设走什么路、朝着什么样的目标迈进这个带有方向性、战略性的重大问题，反映了新形势下党和国家事业发展对文化建设的新要求，是发展社会主义先进文化、建设社会主义文化强国的必由之路。

知识链接

汉语“文化”一词的由来

据专家考证，“文化”是中国语言系统中古已有之的词汇。“文”的本义，指各色交错的纹理。《易·系辞下》载：“物相杂，故曰文。”《说文解字》称：“文，错画也，象交叉。”均指此义。在此基础上，“文”又有若干引申义。其一，为包括语言文字在内的各种象征符号，进而具体化为文物典籍、礼乐制度。《尚书·序》所载伏曦画八卦，造书契，“由是文籍生焉”，是其实例。其二，由伦理之说导出彩画、装饰、人为修养之义，与“质”“实”对称，所以《尚书·舜典》中称“经纬天地曰文”，《论语·雍也》中称“质胜文则野，文胜质则史，文质彬彬，然后君子”。其三，在前两层意义之上，更导出美、善、德行之义，这便是《礼记·乐记》所谓“礼减两进，以进为文”，郑玄注：“文犹美也，善也”。

“化”，本义为改易、生成、造化，如《庄子·逍遥游》中“化而为鸟，其名曰鹏”，《黄帝内经·素问》中“化不可代，时不可违”等等。归纳以上诸说，“化”指事物形态或性质的改变，同时“化”又引申为教行迁善之义。

“文”与“化”并联使用，较早见之于战国末年儒生编辑的《易·贲卦·象传》：“刚柔交错，天文也。文明以止，人文也。观乎天文，以察时变；观乎人文，以化成天下。”

西汉以后，“文”与“化”合成一个整词，如“文化不改，然后加诛。”(《说苑·指武》)这里的“文化”，或与天造地设的自然对举，或与无教化的“质朴”“野蛮”对举。因此，在汉语系统中，“文化”的本义就是“以文教化”，它表示对人的性情的陶冶，品德的教养，本属精神领域之范畴。随着时间的流变和空间的差异，现在“文化”已成为一个内涵丰富、外延宽广的多维概念，成为众多学科探究、阐发、争鸣的对象。

一、中国特色社会主义文化发展道路是我国文化建设长期实践探索的结果

中国特色社会主义文化发展道路内涵丰富，思想深刻，凝结着中华民族优秀文化传统和人类文明进步有益成果，贯穿了马克思主义立场、观点和方法，具有鲜明的实践特色、理论特色、民族特色和时代特色，具体体现在党提出的关于文化建设的指导思想、重要方针、目标任务和政策措施之中。毕京京认为，主要包括以下内容：以马克思主义为指导，以科学发展为主题，以建设社会主义核心价值体系为根本任务，以满足人民精神文化需求为出发点和落脚点，以改革创新为动力，坚持"两手抓、两手强"，坚持把社会效益放在首位、经济效益与社会效益的统一，发展面向现代化、面向世界、面向未来的，民族的科学的大众的社会主义文化，提高全民族文明素质，增强国家文化软实力，弘扬中华文化，努力建设社会主义文化强国。

文化发展道路的形成不可能一蹴而就，而是长期艰辛探索的结果。毕京京指出，中国共产党是一个具有高度文化自觉的马克思主义政党，在革命、建设、改革各个历史时期，都高度重视文化建设，充分运用文化引领前进方向、凝聚奋斗力量、推动事业发展。新中国成立后，以毛泽东同志为核心的党的第一代中央领导集体开始了社会主义文化发展道路的探索，强调要建设民族的科学的大众的文化，提出"百花齐放、百家争鸣"的方针，奠定了我国文化建设的理论基础。改革开放新时期，以邓小平同志为核心的党的第二代中央领导集体，提出文化要为人民服务、为社会主义服务，强调两个文明一起抓，丰富和发展了毛泽东文化建设思想。以江泽民同志为核心的党的第三代中央领导集体，强调我们党要代表先进文化的前进方向，积极进行文化创新，努力繁荣先进文化，进一步深化了文化建设的理论和实践。党的十六大以来，以胡锦涛同志为总书记的党中央，以科学发展为主题，着力破解文化发展难题，

不懈探索文化建设规律，提出解放和发展文化生产力、建设社会主义和谐文化、建设社会主义核心价值体系、提高国家文化软实力、建设社会主义文化强国等新论断，中国特色社会主义文化发展道路日益明晰。

有什么样的文化发展理念，就会有什么样的文化发展道路。毕京京认为，我国文化建设的发展进步，最根本原因在于不断解放思想，更新观念。新的思想观念涵盖文化发展的各个方面，凝结成了广泛共识。比如，提出文化既是经济社会发展的重要条件、强大动力，又是其中的重要内容、基本目标，在服务大局的同时必须实现自身的繁荣发展；文化不仅具有教育人、引导人的作用，又直接关系民生幸福，文化发展必须坚持以人为本、促进人的全面发展；文化是引领风气之先的工作、是最需要创新的领域，文化改革出动力出活力，早改革早受益；文化产品具有意识形态属性和商品属性，在把握导向、保证方向的同时，要重视市场、占领市场；文化的对外交流合作是大势所趋，必须统筹好两种资源、用好两个市场，等等。这些新的文化发展理念，是文化建设长期实践探索的根本结论，冲破了文化建设上的种种思想迷障，初步构建了一整套文化建设的理论体系，标志着中国特色社会主义文化发展道路的形成。

开辟文化发展道路，必须科学把握文化发展规律。毕京京指出，党的十六大以来，我们党在繁荣文化事业和发展文化产业的实践中，正确处理文化建设和发展中的若干重大关系，形成了一系列规律性认识。比如，正确处理基本文化需求与多样化多层次多方面文化需求的关系，坚持一手抓公益性文化事业，一手抓经营性文化产业，不断提高人民群众精神文化生活水平；正确处理社会效益与经济效益的关系，始终把社会效益放在首位，努力做到两个效益有机统一；正确处理弘扬主旋律与提倡多样化的关系，坚持社会主义先进文化前进方向，推动社会主义文化全面繁荣；正确处理发挥政府作用与调动全社会力量参与文化建设的关系，努力形成文化建设的强大合力；正确处理民族文化与外来文化的关系，努力形成以民族文化为主体、积极吸收外来有益文化的文化市场格局，不断扩大中华文化的国际影响力；正确处理充分调动广大文化工作者积极性与培养造就大批创新型复合型外向型科技型等新型人才的关系，为推动文化大发展大繁荣提供有力人才保障，等等。这些规律性认识，是对新的文化发展理念的丰富和发展，反映出我们党对文化发展的认识日益深化，标志着文化发展的道路日趋成熟。[①]

二、坚持中国特色社会主义文化发展道路是推动当代中国文化繁荣发展的正确选择

改革开放特别是党的十六大以来，我国文化领域取得了巨大进步，思想观念实现大飞跃，体制机制创新实现大突破，文化事业文化产业发展实现大跨越。实践充分证明，中国特色社会主义文化发展道路是一条复兴之路、成功之路、光明之路。

这条文化发展道路以马克思主义为指导。毕京京指出，文化建设只有在明确方向和道路的前提下，才有健康发展的可能。马克思主义是揭示人类社会发展规律的科学理论。坚持以马克思主义为指导，是社会主义先进文化的本质特征，也是中国特色社会主义文化发展道路的根本特征。我们党强调建设和弘扬先进文化，必须建设社会主义核心价值体系，不断丰富人们的精神世界、增强人们的精神力量。中国特色社会主义文化发展道路，就是在探索建设先进文化实践中取得的最重要成果。当前，我国社会思想更加多样、社会价值更加多元、社会思潮更加多变，更加凸显了以马克思主义为指导的重要性和紧迫性。历史经验表明，如果不注重对多样化社会思潮的引领，必将会影响和冲击社会主义主流意识形态，影响和冲击党和人民团结奋斗的思想政治基础。只有坚持中国特色社会主义文化发展道路，才能真正有效引领社会思潮，有力抵制各种错误和腐朽思想影响，不断巩固和壮大社会主义

① 毕京京：《坚定不移走中国特色社会主义文化发展道路》，《求是》2012 年 9 月 6 日。

主流思想文化，保证文化改革发展的正确方向。一句话，只有坚持这条文化发展道路，才能保证文化改革发展的前进方向。

这条文化发展道路以科学发展为主题。毕京京认为，科学发展观不仅反映了我们党对当今世界发展趋势和中国特色社会主义事业发展方位的科学把握，而且反映了我们党对当今文化发展趋势和我国文化建设规律的科学把握。正是在科学发展观的指导下，我们党提出了文化发展的一系列新思想，逐步形成了新的文化发展观。党的十七届六中全会以科学发展为主题，进一步提出了“五个坚持”的文化发展方针，为坚持中国特色社会主义文化发展道路，建设社会主义文化强国提供了重要遵循。同时，我们必须清醒地看到，我国文化发展与经济社会发展、人民日益增长的精神文化需求还不完全适应，存在着若干突出的矛盾和问题。一些领域道德失范、诚信缺失，一些社会成员人生观、价值观扭曲；公共文化服务体系不健全，城乡、区域文化发展不平衡；文化产业规模不大、结构不合理，束缚文化生产力发展的体制机制问题尚未根本解决；文化“走出去”较为薄弱，中华文化国际影响力需要进一步加强，等等。解决这些问题和矛盾，就要坚持中国特色社会主义文化发展道路，自觉把科学发展要求贯穿文化改革发展的各个方面，不断提高文化发展科学化水平。一句话，只有坚持这条文化发展道路才能推动社会主义文化大发展大繁荣。

知识链接

汉语“文化安全”一词的由来

文化安全是指一个国家或者是民族区域内，自身发展及传承下来的民族特色、民族文化（包括语言、文字、民间艺术、文化景观等）的独立性特征。

“文化安全”一词在国内学术文献中的出现目前可追溯到 1999 年。当年，一系列学术文章开始提到“文化安全”一词，并且有两篇文章在标题中使用了“文化安全”一词，其中一篇是林宏宇 1999 年 8 月发表在《国家安全通讯》当年第 8 期上的《文艺安全：国家安全的深层主题》，另一篇是朱传荣1999年12月发表于《江南社会学院学报》当年第1期(该刊创刊号)的《试论面向21世纪的中国文化安全战略》。

2004年由中国政法大学出版社出版的《国家安全学》一书，第11章即为"文化安全"。这是对"文化安全"特别是"国家文化安全"最早的比较集中的论述。

这条文化发展道路以满足人民精神文化需求为出发点和落脚点。毕京京指出，人的全面发展，是马克思主义经典作家确立的人类社会发展的最终目标，也是社会主义建设的最根本任务。我们要建设的文化是社会主义的文化，是人民大众的文化，人民是文化发展最深厚的力量源泉，满足人民精神文化需求、实现人的全面发展，是社会主义文化建设的最根本任务。中国特色社会主义文化发展道路，就是人民群众共建共享的道路，是实现人的全面发展的道路，它的社会主义性质决定了必须以满足人民精神文化需求为出发点和落脚点，必须在实现和发展好人民经济权益、政治权益的同时，实现好人民群众的文化权益。当前，随着物质生活水平的提高和文化素养的提升，人民群众对实现自身文化权益的要求越来越强烈，对丰富精神文化生活的期待越来越热切，这就要求必须坚持中国特色社会主义文化发展道路，全面贯彻为人民服务、为社会主义服务的方针，坚持文化发展以人为本的价值取向，不断提高文化产品质量，不断丰富人民群众的精神文化生活。一句话，只有坚持这条文化发展道路，才能满足人民群众对丰富精神文化生活的新期待。

这条文化发展道路以改革创新为动力。毕京京认为，解放思想始终是推动党和人民事业发展的强大思想武器，改革开放始终是推动党和人民事业发展的强大动力。我国过去30多年的快速发展靠的是改革开放，我国未来发展也必须坚定不移地依靠改革开放。中国特色社会主义文化发展道路、我们近些年文化建设所取得的成就，都是改革创新的成果。因而，以改革创新为动力，也是坚持这条文化发展道路的必然要求。当前，我国文化发展仍处于可以大有作为的时期，能否牢牢把握机遇，不断推动文化发展取得新成就，不断创造文化发展的新辉煌，关键取决于我们的思想认识，取决于我们的工作力度，取决于我们推进改革发展的步伐。这就要求我们毫不动摇坚持中国特色社会主义文化发展道路，准确把握我国经济社会发展要求，准确把握当今时代文化发展新趋势，准确把握各族人民精神文化生活新期待，进一步创新文化发展理念，加快推进文化体制改革，不断推动社会主义文化大繁荣大发展。一句话，只有坚持这条文化发展道路，才能不断开创文化发展的新局面。[①]

三、坚持和拓展中国特色社会主义文化发展道路，努力建设社会主义文化强国

毕京京指出，坚持中国特色社会主义文化发展道路，体现了我们党高度的文化自觉；建设社会主义文化强国，表明了我们党高度的文化自信。中国特色社会主义文化发展道路是一条不断开拓文化发展新思路、提升文化发展新境界的开放之路。在新的历史起点上，我们只有更加自觉、更加自信、更加主动地坚持它、发展它，才能走向更加光明的未来。

大力建设社会主义核心价值体系。毕京京认为，没有核心价值体系，一种文化就立不起来、强不起来，一个民族就没有赖以维系的精神纽带，一个国家就没有统一意志和共同行动。社会主义核心价值体系是社会主义先进文化的精髓。要把社会主义核心价值体系融入国民教育、精神文明建设和党的建设全过程，贯穿改革开放和社会主义现代化建设各领域，体现到精神文化产品创作生产传播各方面，在全党全社会形成统一指导思想、共同理想信念、强大精神力量、基本道德规范。建设社会主义核心价值体系，就要坚持马克思主义指导地位，推动中国特色社会主义理论体系大众化，用发展着的马克思主义指导新的实践；就要坚定广大干部群众的共同理想信念，培育全社会昂扬向上的精神风貌，提高全民族的思想道德水平，在全社会形成良好的道德风尚。

---

① 毕京京：《坚定不移走中国特色社会主义文化发展道路》，《求是》2012 年 9 月 6 日。

充分发挥人民在文化建设中的主体作用。毕京京指出，人民是文化创造的主体力量。文化为了人民、属于人民，也源于人民。必须自觉贯彻党的群众路线，牢记文化建设的根基和力量在人民。充分尊重人民在文化建设中的首创精神，充分挖掘蕴藏于人民之中的文化创造潜能，使全社会的文化创造活力竞相迸发、充分涌流。坚持贴近实际、贴近生活、贴近群众，引导文化工作者向人民学习、拜人民为师，从人民群众的火热生活中挖掘素材，从人民群众的实践创造中提炼主题，努力创作生产出人民喜闻乐见的优秀文化作品。大力开展群众乐于参与、便于参与的文化活动，积极搭建各种形式的群众文化活动平台，支持群众依法兴办文化团体，总结推广源于群众、生动鲜活的文化创新经验，更好地激发群众投身文化建设的热情。

积极吸收人类文明的一切优秀成果。毕京京认为，文化凝结着过去，联结着未来。发展先进文化，必须承续民族传统、植根伟大实践、秉持开放包容。中华文化博大精深，积淀着中华民族的深厚精神追求，是中华民族生生不息、团结奋进的不竭动力。要继承中华优秀传统文化，弘扬五四运动以来形成的革命文化传统，适应社会发展进步的新要求，不断赋予中华文化以新的活力，使古老的中华文明之树开出新的时代之花，成为鼓舞人民前进的精神力量。要以更加开阔的视野、更加博大的胸怀对待外来文化，学习借鉴一切有利于我国文化改革发展的有益经验和优秀成果，积极参与国际文化交流合作，形成以民族文化为主体、吸收外来有益文化、推动中华文化走向世界的文化开放格局。

坚持解放思想、勇于创新，自觉担当历史责任。毕京京指出，思想上的自觉，工作上的主动，是推进事业发展的重要前提。文化自觉不仅关涉文化的繁荣发展，而且决定着一个国家和民族的前途命运。文化自觉就是对文化地位作用的深刻认识、对文化发展规律的正确把握、对文化发展历史责任的主动担当。要以更加积极主动的姿态肩负起推动文化大发展大繁荣的时代重任，把文化建设摆在全局工作重要位置，深化文化体制改革，积极运用高新科技成果，大力推进文化内容、形式、方法、手段创新，创造新的文化样式，催生新的文化业态，努力实现文化与经济、政治、社会和生态文明建设共同推进、协调发展，不断把文化创新的丰硕成果奉献给人民群众，在中国特色社会主义文化发展道路上谱写文化建设的新篇章。[①]

蔡武：在中国特色社会主义文化发展道路上开拓前进

蔡武在《中国特色社会主义文化发展道路上开拓前进》[②]一文中指出，党的十六大特别是十七大以来，以胡锦涛同志为总书记的党中央高度重视文化建设，对文化改革发展作出了一系列重大决策部署。党的十七大从中国特色社会主义事业"四位一体"总体布局的高度，提出了兴起社会主义文化建设新高潮、推动社会主义文化大发展大繁荣的战略任务。党的十七届六中全会作出了深化文化体制改革、推动社会主义大发展大繁荣的重要决策，提出了坚持社会主义文化发展道路，建设社会主义文化强国的战略部署，为新时期文化建设指明了方向。在党的领导下，广大文化工作者坚持"高举旗帜、围绕大局、服务人民、改革创新"，逐步形成新的文化发展理念，推动文化建设不断取得新成就，走出了一条中国特色社会主义文化发展道路，开创了文化改革发展的崭新局面。

既然一定形态的政治和经济是首先决定那一定形态的文化，那么，坚定不移走中国特色社会主义文化发展道路，就必须既重视内涵式的发展，搞好社会主义文化自身的建设，同时，又必须为其自身建设提供外在条件的根本保证。蔡武着重从更为宏观的层面谈了几点对

① 毕京京：《坚定不移走中国特色社会主义文化发展道路》，《求是》2012 年 9 月 6 日。
② 蔡武：《在中国特色社会主义文化发展道路上开拓前进》，《求是》2012 年 6 月 16 日。

坚定不移走中国特色社会主义文化发展道路直接或间接相关问题的看法。

第一，坚持以中国化的马克思主义为指导，坚持社会主义先进文化前进方向，大力建设社会主义核心价值体系。蔡武认为，坚持社会主义先进文化，是文化工作的根本和命运之所在。党的十七大以来，广大文化工作者坚持用马克思主义中国化的最新成果指导文化建设，不断巩固中国化的马克思主义在意识形态领域的指导地位。坚持把建设社会主义核心价值体系作为根本任务贯穿到文化建设整个过程，以科学的理论武装人，以正确的舆论引导人，以高尚的精神塑造人，以优秀的作品鼓舞人，大力发展先进文化，支持健康有益文化，努力改造落后文化，坚决抵制腐朽文化，努力推动在全社会形成统一的指导思想、共同的理想信念、强大的精神力量和良好的道德风尚。坚持以文化人，运用各种文化形式表现社会主义核心价值体系的深刻内涵和精神实质，组织生产更多倡导社会主义核心价值理念的优秀文艺作品，不断丰富人们的精神世界，增强人们的精神力量。不断加大对优秀传统文化思想价值的挖掘和阐发，大力弘扬各类节庆活动文化内涵，组织各类公益性文化活动，努力培养广大人民群众的文化自觉和文化自信，增强爱国主义信念。文化建设在引领风尚、教育人民、服务社会、推动发展等方面发挥了积极作用。

针对当前社会道德、价值观出现的新问题，我们要继续坚持发展面向现代化、面向世界、面向未来的，民族的科学的大众的社会主义文化，进一步发挥社会主义先进文化的引领作用。用马克思主义中国化的最新成果武装头脑，确保文化改革发展的正确方向。着眼于提高民族素质和塑造高尚人格，努力培养文化自觉和文化自信，以更大力度推动文化改革发展，努力为中国特色社会主义事业提供坚强思想保证、强大精神动力、有力舆论支持和良好文化条件。

【延伸阅读】

王蒙谈文化自觉与文化自信①

“文化自觉与文化自信”，胡锦涛同志“七一讲话”中提出的这样一个问题，有着重要的意义。

自觉自信，首先是对于文化建设的重视，是一种观念，一种不仅看到物质财富的建设积累，而且看到价值观念、知识系统、生活方式与精神财富的眼光。建设有中国特色的社会主义的过程不但是一个发展生产力的过程，也是一个继承、弘扬、汲取、创造史无前例的中华文明与文明中华的过程。

文化的自觉与自信，首要的是大家保持一根文化的弦。例如，在突飞猛进的城乡建设中，在动辄拆迁腾地以促开发的大潮下，许多城乡的文化标志与文化记忆被人为地抹去了。一些百年老店，奉命迁址后一蹶不振，直至关门歇业。有些特色民居已经所余无多，代替它们的是千篇一律的、基本上无文化含量的公寓楼。在网络与电子书提供快捷方便的同时，在销量效益高于一切的驱赶中，文化的操守与成品的质量正在被马虎对待。在口口声声“传承文化”的同时，一些地方表现出来的是粗俗的急功近利，是对于文化的无知与粗暴，是浅薄的表面文章。他们只知道用文化吸引旅游、用文化鼓动招商投资，用文化包装“成绩”。如此种种，都不是文化自觉与文化自信，而更像是不自觉与盲目自吹自擂。

自觉与自信包含着对于长期积淀下来的优秀民族传统的熟悉与热爱，也包含着对于传统的创造性弘扬发展，将传统引导到现代。我们的文化从来是源远流长与互补共存的；文化上不搞零和，文化上不是不要传统只要新文化，也不是糊里糊涂地忽然膜拜传统回到封建的旧文化。

自觉与自信，包含着对于先进文化的自觉追求、自觉建设、自信宣扬、自信扩展。什么是先进文化，首先是价值观念的先进，是与时俱进而不是腐朽没落的颓废，是科学昌明阔步前进而不是愚昧迷信自欺欺人，是面向世界、面向未来、面向现代化的开放心胸而不是抱残守缺的狭隘，是重在建设与积累的理性而不是动辄起哄破坏的砸烂。

自觉与自信还包括着文化上的创新精神。当然，文化创新与理论、制度、科技创新等相比，范围更广泛也需要更长的周期。百年来，中国的变化

---

① 《王蒙谈文化自觉与文化自信》，《人民日报》海外版 2011 年 8 月 3 日。

惊天动地，欣与其盛的中国人民，抚今思昔，甚至会有恍若隔世、或隔了几世之感。但中华文化的一些基本素质，仍然与两千多年前的先秦诸子的思路密切相连，与伏羲八卦与仓颉造字密切相衔接。我们仍然难于、也不应该简单地甩开孔子，我们仍然深切地感受到孔子的仁义教化有利于维护秩序与和谐，当然又不是没有出息地照搬儒家的一套。

具体地看，文化有时候比人强，文化可以超越几代几世人。文化产品可以汗牛充栋，文化活动可以此起彼伏，它们对于文化的基调的影响却可能比较微小。关键在于一种文化的内容与走向能不能够给这种文化的受众提供更高的生活质量，给尚未接受这种文化的人们以有益的启发与享受：益智、益心、益德、益生。

总体看来，文化的对象是人，文化的主体也是人，以人为本，人民以自身的利害好恶得失顺逆为标尺，人们以自身的智慧、自觉与自信为标尺，选择文化的走向，缔造文化的大发展大繁荣，同样也会抛弃糟粕与毒素，实现文化的自我更新。

第二，坚持以科学发展观为统领，以新的文化发展理念指导实践，坚定不移地走中国特色社会主义文化发展道路。以什么样的发展观、什么样的发展理念来指导文化建设，决定着文化建设的路径和文化改革发展的成效。蔡武指出，“党的十六大特别是十七大以来，以胡锦涛同志为总书记的党中央不断深化对社会主义初级阶段文化发展客观规律的认识，逐步形成了新的文化发展理念，找到了一条中国特色社会主义文化发展道路。广大文化工作者坚持发展为要、繁荣为先，大力实施惠民工程和重大项目，扎实推进各项文化工作。”[①]蔡武建议，应该坚持以人为本，尊重人民群众的主体地位，把握人民群众的新要求、新期待，把人民大众是否满意作为衡量文化工作成败的根本标准，把人民大众的广泛参与和热情创造作为文化兴盛的根本力量，做到发展为了人民，发展依靠人民，发展成果由人民共享。坚持统筹兼顾，正确认识和处理文化发展中的重大关系，确保文化全面协调可持续发展。我国文化建

① 蔡武：《在中国特色社会主义文化发展道路上开拓前进》，《求是》2012年6月16日。

设底子薄、投入少、基础差的现状得到很大改观，文化发展的科学化水平不断提升，城乡差距、区域差距不断缩小，人民群众的多样化精神文化需求得到更好的满足。

面对建设社会主义文化强国的新任务，我们要继续坚持中国特色社会主义文化发展道路，进一步贯彻落实科学发展观和新的文化发展理念，从文化自身发展实际和规律出发，正确把握好文化发展的质量与速度，以科学的方式推动文化发展，使文化发展的结构和布局更加全面均衡，发展的速度与质量效益更加协调统一。要以服务人民为根本宗旨，以满足人民群众精神文化需求、促进人的全面发展为根本目的，优先安排涉及广大人民群众切身利益的文化项目，大力推动资源向基层和农村倾斜。充分发挥人民在文化建设中的主体作用，调动广大文化工作者的积极性，鼓励和引导社会力量参与文化建设。

第三，坚持“二为”方向、“双百”方针，树立以人民为中心的创作导向，进一步推动艺术创作的繁荣发展。蔡武认为，“二为”方向、“双百”方针是指导文艺创作乃至整个文化工作的根本方针。党的十七大以来，广大文化工作者坚持“二为”方向、“双百”方针，弘扬主旋律，提倡多样化，努力推动艺术创作。坚持以人民为中心的创作导向，以具有导向性、代表性、示范性的重大文艺展演活动推动艺术创作。发扬学术民主、艺术民主，鼓励不同形式和风格的自由发展，提倡不同观点和学派的充分讨论。坚持贴近实际、贴近生活、贴近群众，把握人民群众的新要求、新期待，以澎湃的激情深入改革和建设的第一线，与人民群众同呼吸、共命运，创作出感人至深的文艺作品。紧紧围绕党和国家政治生活中的重大事件和矛盾凸显期的社会形势，积极组织丰富多彩的文化活动，发挥文化愉悦心灵、营造氛围、缓解社会矛盾、构建和谐社会方面的独特作用。

知识链接

“二为”方向和“双百”方针

“二为”方向 即文艺为人民服务、为社会主义服务。是党中央根据新的历史形势和任务，提出的新的文艺工作的总口号，用以取代沿用多年而过时了的“文艺为政治服务”的口号。1980 年 7 月 26 日的《人民日报》社论，向人们传达了党中央的这一精神。通常简称为“二为”方向。

双百方针，指“百花齐放、百家争鸣”，是毛泽东提出的，繁荣文化事业的基本方针。“百花齐放”和“百家争鸣”分别于 1951 年和 1953 年提出，1956 年正式提出双百方针。

蔡武指出，时代赋予了艺术植根的丰厚土壤，改革激发了艺术探索创新的强大活力。广大文化工作者和人民群众的文化创造活力不断迸发，文艺创作更加繁荣，创作题材更加广泛，表现形式更加多样，各艺术门类百花齐放，精品力作不断涌现。国家舞台艺术精品工程、国家重大历史题材美术创作、国家美术作品收藏等工程顺利实施，优秀保留剧目大奖获奖剧目全国巡演、国家艺术院团优秀剧目展演、全国民营优秀剧目展演、全国声乐比赛等活动成功举办。第八届、第九届中国艺术节影响深远，集中展示了一段时期内舞台艺术和美术创作的优秀成果。在奥运会、庆祝新中国成立 60 周年、世博会等国家重大活动期间，组织创作了大型音乐舞蹈史诗《复兴之路》等优秀艺术作品，开展了丰富多彩的文艺活动，营造了良好的氛围。在汶川地震等重大自然灾害中，艺术工作者积极投入艺术创作并深入一线慰问演出，充分发挥了文化抚慰心灵、振奋人心的作用。文化下乡活动深入开展，为广大农村、尤其是偏远地区人民群众奉献了精神食粮。“高雅艺术进校园”活动持续深入，提高了青少年的艺术修养。

针对精品力作不够多、部分文化产品质量不高的现状，蔡武强调：“我们要继续加强对文艺创作的引导，大力实施精品战略，组织实施好国家重大文艺创作工程，扶持代表国家水准、具有民族特色和地方特色的优秀艺术品种，积极发展新的艺术样式。建立以文化生产单位和个人为主体、以优秀文艺作品的市场化开发为重点、以完备的产业链和完整的价值链为依托、以版权保护为保障的文化创新机制。”①

第四，坚持一手抓公益性文化事业，一手抓经营性文化产业，两轮驱动、两翼齐飞，不断满足人民群众日益增长的精神文化需求。蔡武认为，发展公益性文化事业是实现人民基本文化权益的主要途径。发展文化产业是社会主义市场经济条件下满足人民多样化精神文化需求的重要途径。二者相辅相成，缺一不可。党的十七大以来，各级文化行政部门坚持公益性文化事业和经营性文化产业两轮驱动这个社会主义市场经济条件下文化发展的基本思路，把公共文化服务体系建设作为首要任务，着力加强公共文化基础设施建设，实施文化惠民工程，创新公共文化服务管理体制和运行机制，提高公共文化服务水平和质量。坚持把社会效益放在首位、社会效益和经济效益相统一，按照全面协调可持续的要求，发挥市场在资源配置中的积极作用，努力推动文化产业跨越式发展，成为新的经济增长点，为推动科学发展提供重要支撑。

蔡武指出，党的十七大以来，文化事业和文化产业齐头并进，硕果累累。覆盖城乡的公共文化服务体系逐步建立，公共文化服务设施网络逐步完善，目前我国共有 2650 个博物馆，2952 个图书馆，3285 个文化馆，40390 个文化站。文化信息资源共享工程等惠民工程顺利实施。公共文化设施免费开放取得可喜突破，文化文物系统公共博物馆、纪念馆实现免费开放，公共图书馆、文化馆（站）、美术馆免费开放全面启动，公共文化服务水平不断提升，人民群众的基本文化权益得到进一步实现。文化产业快速发展，逐步成为新的经济增长点。“十一五”期间，文化产业年平均增速达 15％以上，比同期国内生产总值增速高出 6 个百分点。

① 蔡武：《在中国特色社会主义文化发展道路上开拓前进》，《求是》2012 年 6 月 16 日。

文化产业结构调整和资源整合力度不断加大,文化产业基地和特色产业群建设加快推进,文化企业规模实力快速提升。传统产业活力不断增强,新兴文化产业蓬勃发展。各类文化产品交易平台日益健全,金融资本与文化产业的对接取得突破。

针对人民群众日益增长的多样化、多层次、多方面精神文化需求,蔡武强调,我们要继续坚持“两手抓、两加强”,大力发展公益性文化事业和经营性文化产业。按照公益性、基本性、均等性、便利性的要求,以政府为主导、以公共财政为支撑、以农村基层和中西部为重点,努力建成覆盖城乡、结构合理、功能健全、实用高效的公共文化服务体系。同时,不断完善政策,搭建技术、信息、人才、展示交易和投融资平台,鼓励和引导非公有制经济进入,优化文化产业结构,发展新型文化业态,增强多样化供给能力,推动文化产业与相关产业的融合,增加文化创意附加值,努力推动文化产业成为国民经济支柱性产业。加强对文化市场的培育和引导,充分发挥市场在资源配置中的积极作用。

第五,坚持解放思想、与时俱进、改革创新,不断增强文化发展的生机和活力。蔡武认为,文化是最需要创新的领域。改革为文化发展提供强大的动力,科技创新是文化发展的重要引擎。党的十七大以来,各级文化行政部门坚持解放思想、创新思维,在继承的基础上开拓创新,不断深化文化体制改革,破除影响和制约文化发展的体制机制障碍,优化文化发展的环境。不断适应科技发展的时代潮流,大力推进文化与科技的融合,努力为文化发展插上腾飞的翅膀。

改革创新为文化改革发展带来了生机和活力,文化体制机制创新实现了重大突破,初步形成了富有效率的文化宏观管理体制和微观运行机制。国有文艺院团体制改革取得重要进展,对民营院团的扶持力度不断加大,经济效益和社会效益实现双丰收。经营性事业单位转企改制基本完成。公益性文化事业单位改革不断深化,服务水平得到提高。文化市场综合执法改革加快推进,以城市为主体的文化市场综合执法机构组建工作全面完成，文化行政部门管理和服务能力不断提升。文化与科技的融合不断增强，传统文化产业得到改造提升，以数字化、网络化为代表的新兴文化业态蓬勃发展。

针对文化改革发展的新要求和网络化、信息化快速发展的时代潮流，蔡武指出，我们要加大力度、加快进度，推动文化体制机制改革创新，力争在党的十八大前如期完成既定的改革阶段性任务。“进一步完善经营性文化单位的法人治理结构，培育一批富有活力、实力和竞争力的市场主体。分类推进事业单位改革。加快推进政府职能转变，健全文化政策法规体系。大力推动文化与科技融合，改造提升传统文化业态，发展新兴文化业态。”①

第六，坚持立足民族深厚文化土壤，广泛吸收和借鉴世界一切优秀文明成果，增强中华文化的国际竞争力和影响力。蔡武指出，发展面向现代化、面向世界、面向未来的，民族的科学的大众的社会主义文化，是社会主义文化建设的目标。党的十七大以来，广大文化工作者坚持统筹国内国际两种资源，坚持立足国内、放眼世界，坚持古为今用、洋为中用，不断构建以优秀民族文化为主体，广泛吸收外来有益文化的文化发展格局和对外开放格局。不断探索文物保护和非物质文化遗产保护传承规律，加大保护传承力度，用民族优秀文化滋养民族生命力、激发民族创造力、铸造民族凝聚力，建设中华民族的共有精神家园。同时，积极应对全球化的挑战，坚持开放包容，“走出去”与“引进来”并重，官方和民间并举，大力开展全方位多层次宽领域的对外及对港澳台文化交流，学习借鉴世界优秀文明成果，推动中华文化走向世界。

① 蔡武：《在中国特色社会主义文化发展道路上开拓前进》，《求是》2012 年 6 月 16 日。

知识链接

传统文化

传统文化就是文明演化而汇集成的一种反映民族特质和风貌的民族文化，是民族历史上各种思想文化、观念形态的总体表征。世界各地，各民族都有自己的传统文化。中国的传统文化是中华文明演化而汇集成的一种反映民族特质和风貌的民族文化，是民族历史上各种思想文化、观念形态的总体表征，是指居住在中国地域内的中华民族及其祖先所创造的、为中华民族世世代代所继承发展的、具有鲜明民族特色的、历史悠久、内涵博大精深、传统优良的文化。它是中华民族几千年文明的结晶，除了儒家文化这个核心内容外，还包含有其他文化形态，如道家文化、佛教文化等等，包括：古文、诗、词、曲、赋、民族音乐、民族戏剧、曲艺、国画、书法、对联、灯谜、射覆、酒令、歇后语等。

党的十七大以来，中华文化的竞争力、影响力和感召力不断增强。文化遗产保护体系不断完善，中华优秀传统文化得到进一步弘扬。以文物保护法、非物质文化遗产法为基础的文化遗产保护法律体系不断完善。蔡武指出，文化遗产普查工作取得显著成效，文化遗产保护名录体系逐步形成。重要文化遗产得到有效保护，非物质文化遗产传承人的保护得到加强，生产性保护取得突破，整体性保护不断推进。文化遗产宣传活动广泛深入。古籍保护工作进展顺利，清史纂修工作稳步推进。对外及对港澳台文化交流不断深入，精彩纷呈。“欢乐春节”、“中国文化年”、“相约北京”等文化活动成功举办，影响深远。海外文化阵地建设不断加强，思想文化领域的对话与交流更加深入，世界人民对中国的了解不断增进。文化产品和文化服务“走出去”步伐不断加快，核心文化产品出口总额逐年增长，文化贸易逆差局面明显改观。对港澳台文化交流工作更加深化，“情系”系列、“艺海流金”等活动成功举办，增进了港澳台同胞对中华文化的了解与认同。

蔡武认为，针对国家文化软实力竞争日趋激烈，我们要进一步推动文化遗产保护和对外文化交流，不断增强中华文化软实力。加强国家重大文化和自然遗产地、重点文物保护单位、历史文化名城名镇名村保护建设，推进非物质文化遗产保护传承。加强文化典籍整理和出版。强化文化在国家对外工作大局中的独特作用，进一步密切我国与世界各国及重要国际组织的文化关系。精心组织“欢乐春节”等大型品牌活动。构建人文交流机制，加强文化人士交流与互访。加快海外中国文化中心建设。发挥非公有制文化企业、文化非营利机构在对外文化交流中的作用。积极扩大文化产品和服务出口规模，培育一批具有国际竞争力的外向型文化企业和中介机构，形成一批有实力的文化跨国企业和著名品牌，推动开拓国际市场和扶持优秀文化产品进入国际主流市场。[①]

新闻链接

民族伟大复兴要以中华文化发展繁荣为条件
——学习领会习近平总书记在山东考察时重要讲话精神

习近平总书记最近在山东考察时强调，一个国家、一个民族的强盛，总是以文化兴盛为支撑的，中华民族伟大复兴需要以中华文化发展繁荣为条件。他指出，国无德不兴，人无德不立。必须加强全社会的思想道德建设，提高道德实践能力尤其是自觉践行能力，引导人们向往和追求讲道德、尊道德、守道德的生活，形成向上的力量、向善的力量。认真学习领会这一重要讲话，对于深入学习贯彻十八届三中全会精神，正确把握文化繁荣与民族强盛的关系，全面推进文化体制改革，扎实有效地搞好全社会思想道德建设，为实现中华民族伟大复兴的中国梦创造文化条件、提供思想支撑，具有重要意义。

---

① 蔡武：《在中国特色社会主义文化发展道路上开拓前进》，《求是》2012 年 6 月 16 日。

发展繁荣中华文化

为民族伟大复兴提供支撑

列宁指出，在一个没有文化的国度里是建成不了共产主义的。人类发展的历史证明，文化是社会发展的重要动力，没有文化的发展是短暂的，只有得到文化的滋润，社会才能健康持续地向前发展。

民族复兴以文化繁荣为前提条件。诸子论辩、百家争鸣的春秋战国时代，文化的兴盛极大地提升了中华民族的文明水平，塑造了中华民族独特的精神品格，奠定了中华民族立于世界民族之林的显著地位。“五四”新文化运动更是一场伟大的民族复兴运动，文化的繁荣和发展更新扬弃了中华民族2000多年的封建文化，使中华民族迈入了一个新的历史纪元。在欧洲，文艺复兴运动结束了漫长而黑暗的中世纪，催生了以新教伦理为代表的资本主义精神，引导欧洲各民族走上了现代文明之路，直接推动了西方国家持续的繁荣昌盛。在政治、经济、军事、文化、社会和自然诸要素之中，文化是协调各个要素协同发展、相互耦合的关键。实践证明，没有文化，就难以正确行使国家权力，没有文化，就无法处理好人与人、人与自然之间的关系。经济社会的运行需要通过文化的反馈形成系统的回路。当文化适应经济社会发展时，会形成一种正反馈，从而推动经济社会的发展；当文化不适应经济社会发展时，就会形成一种负反馈，从而束缚甚至阻碍经济社会的发展。如果在经济社会这个大系统之中，文化与其他要素不相匹配，其他方面发展得再好，也迟早会发生停滞甚至倒退。古巴比伦曾经是一颗璀璨的明珠，但文化的不匹配使这颗明珠终如一颗流星，在人类历史的天幕中倏忽而逝。可以说，没有文化的繁荣，只有经济和军事的强大，这样的民族复兴只是一种表面的复兴，如冬日的冰雕，炫目难久；而文化的繁荣如果没有先进文化的指引，也只是徒有其表，如夏日的蔬果，易腐难存。因此，民族的真正复兴必然依赖于先进文化的发展繁荣。

中华文化是中华民族的血脉，是中华民族共同的精神家园。值得注意的是，苏联解体对世界社会主义阵营产生了很大的负面影响，西方发达国家又乘经济全球化和信息化的浪潮，对我国大肆进行文化渗透，加之市场经济自身的趋利性特征，导致生态废、道德弛、腐败行、信仰失等文化症候并出，中华民族天人合一的宇宙精神、仁者爱人的道德精神、自强不息的奋斗精神、开放博纳的创新精神等在严峻的考验中经受着八面来风、狂飙突袭式的冲击。因此，唤醒我们民族的集体记忆，复兴我们民族的伟大精神，发展和繁荣中华民族的优秀文化，维护民族共同的精神家园，已经成为我们民族在强国之路上阔步前行的先决条件。

文化发展为经济社会发展注入新活力。历史经验表明，文化在经济社会系统的诸要素中具有自身的独立性，这种独立性在特定历史条件下会导致文化与经济社会发展的不平衡。在经济社会不够发达的时候，文化也有可能异常繁荣。古希腊罗马在生产力远远落后于今天的情况下，却创造了后世欧洲文化难以企及的高峰。而在社会生产力高度发达的今天，文化又很可能与其大不相称。毋庸讳言，当下中国文化的影响力和竞争力，与中国的国际地位还不相匹配。其根本原因在于，当经济社会发展到了一定阶段的时候，旧有的文化体系往往会在其惯性的轨道上继续向前滑行，这个时候如果不对文化进行变革，文化就会束缚经济社会的发展。20 世纪初期，“五四”新文化运动大胆扬弃中华文化中的糟粕，给中国带来了马克思主义。马克思主义在与中国革命和建设实践相结合的过程中，有机地融入了中国传统的民族文化，为中华文化在面对三千年未有之大变局之时注入了现代特质和活力，使民族文化在新的历史境遇中获得了迎接时代挑战的新方向和新动力。此后，中华民族经过艰苦卓绝的奋斗，走上了社会主义的康庄大道。今天，我们也必须对民族文化进行全面检视。以壮士断腕的决心革故鼎新，我们的文化才能够大发展大繁荣，与当今经济社会的发展全面匹配。

文化发展是中国系统发展的重要一环。十八大提出的“五位一体”发展战略，就是既要搞好政治、经济、社会、生态文明建设，也要搞好文化建设，系统全面地推动中国整体地向前发展，而不是片面地发展某一个方面。我们党已经清醒地认识到，没有系统的发展和整体的发展，民族复兴的质量就不高；只有文化得到了充分发展，整体实力上去了，民族复兴才具有稳定性、持久性和坚韧性。从系统的理论来看，在组成国家系统的政治、经济、文化、社会和生态诸要素中，只有每一个要素都很强健，而且系统整体的结构得到了优化，这个系统才可能具有良好的稳定性和强大的功能，也才可能有更好的发展，否则，这个系统就很容易因为个别要素的非强健性而导致崩溃。文化作为国家系统中的协调性机制具有举足轻重的作用，它决定了系统的各个要素之间建立一种什么联系、形成什么结构、具备什么功能。中国在明末就有了商品经济的萌芽，但是由于系统的文化因素并不支持商品经济的发展，中国的商品经济经历了300多年始终未能发展起来。因此，实现民族的伟大复兴，必须是整个社会经济文化系统的全面复兴。

加强思想道德建设
夯实中华文化发展繁荣的基础

传统的中国文化是一个以伦理为核心的文化系统。中国人崇奉以儒家“仁爱”思想为核心的道德规范体系，讲求和谐有序，倡导仁义礼智信，追求修身齐家治国平天下全面的道德修养和人生境界。可以说，思想道德建设是中华文化脉动几千年的核心力量。正因如此，实现民族文化的复兴，就必须传承中华文化的优秀传统，加强思想道德建设。

形成向上、向善的力量是中华文化发展繁荣的重要标志。思想道德建设的目标是什么？那就是习近平同志所讲的，要形成“向上的力量”和“向善的力量”。事实上，无论“向上”还是“向善”，都与中华优秀传统文化一脉相承。向上，就是“天行健，君子以自强不息”的道德精神；向善，就是“朝闻道，夕死可矣”，就是“厚德载物”“民胞物与”的道德境界。可以说，复兴这一伟大的传统和道德范式需要全体人民付出艰苦的努力，只有整个民族积极向上、惟善惟是、从善如流，才能形成“向上""向善"的力量。一旦形成了这种力量,中华民族的每一个成员就会如铁在合场,被这种力量所吸所引,形成强大的磁力,吸引更多的人向上、向善。这是很值得我们的民族去追求的一个崇高的集体道德境界。这种境界在中华大地的涌现,便成为中华文化繁荣和中华民族复兴的一种象征和标志。如果中华民族能够一代接一代地把这种追求美好崇高道德境界的文化一直传承下去,我们的民族就永远充满希望。

培育和践行社会主义核心价值观是文化建设必须坚持的方向。社会主义核心价值观是兴国之魂,是全国人民根本利益的体现,是中华儿女团结奋斗的共同的思想道德基础。它反映了社会主义基本制度的本质要求,渗透于经济建设、政治建设、文化建设、社会建设和生态文明建设的各个方面,在社会主义所有价值目标中处于统摄和支配地位,决定着中国特色社会主义的发展方向。社会主义文化建设,必须把培育和践行社会主义核心价值观作为根本方向,毫不动摇地加以坚持,不断增强人民对社会主义制度的认同感、归属感和自豪感,保证全国人民在政治上、道义上和精神上团结一致、克服困难、共同前进,把智慧和力量凝聚到实现民族伟大复兴的中国梦上来。

全面深化文化体制改革
推动中华文化发展繁荣

深化体制改革,增强制度活力。在人类社会生活中,文化最富于创造活力。文化体制改革的根本目的就是要拆除制度的囚笼,让文化的骏马风入四蹄,驰骋八方;就是要让文化创造的源泉充分涌流,让全民族文化创造的活力持续迸发,就是要举全民之力推动文化的全面发展和繁荣。文化体制改革首先要按照十八届三中全会的精神,培育适宜文化大发展大繁荣的时代环境、社会环境和市场环境。按照政企分开、政事分开的原则,推动政府部门由办文化向管文化转变,推动党政部门与其所属的文化企事业单位进一步理顺关系,建立党委和政府监管国有文化资产的管理机构,实行管人管事管资产管导向相统一,使文化管理体制机制在全新的充满活力的模式下运行。

引入竞争机制，增强市场活力。党的十八届三中全会确立了市场在资源配置中起决定性作用和更好发挥政府作用的改革重点和核心问题。活力来源于竞争。当前文化市场之所以活跃度不够，就是因为缺乏公开公平公正的市场环境，没有建立起统一开放、竞争有序的现代文化市场体系。因此，必须按照十八届三中全会要求，优化文化生产资料的配置，创新文化生产的投入机制，壮大文化企业产能，突出文化产品特色优势，增加文化品牌的附加值，提供多样化个性化的文化服务和消费，构建文化生产和服务链条，提高文化产业规模化、集约化、专业化水平。建立多层次文化产品和要素市场体系，允许民间资本、小微企业进入文化产业，以丰富的文化产品活跃城乡文化市场，创造和培养文化消费，促进文化产业成为国民经济支柱性产业。

营造自由空间，增强创造活力。全面深化改革是在35年改革基础上的又一次攻坚战，要切实解决文化体制长期积淀下来的制度性痼疾和发展性障碍，就必须打破壁垒和藩篱，正确处理顶层设计和基层创造的关系、敢想敢干与摸着石头过河的关系、集体创造和个人创造的关系，营造宽松和谐、公平正义的发展环境，进一步解放思想、解放和发展文化生产力、解放和增强文化改革发展活力，使一切文化资本的活力竞相迸发，使一切创造文化财富的源泉充分涌流，使文化发展成果更多更均等地惠及全体人民。

（来源：《光明日报》2013年12月4日）

专题 2

深化文化体制改革

导 读

党的十八大报告指出："建设社会主义文化强国，关键是增强全民族文化创造活力。要深化文化体制改革，解放和发展文化生产力，发扬学术民主、艺术民主，为人民提供广阔文化舞台，让一切文化创造源泉充分涌流，开创全民族文化创造活力持续迸发、社会文化生活更加丰富多彩、人民基本文化权益得到更好保障、人民思想道德素质和科学文化素质全面提高、中华文化国际影响力不断增强的新局面。"

党的十八届三中全会《决定》进一步指出，要"紧紧围绕建设社会主义核心价值体系、社会主义文化强国深化文化体制改革，加快完善文化管理体制和文化生产经营机制"，要"推进文化体制机制创新"，要"进一步深化文化体制改革"。

在新的时代境遇下，文化体制的进一步改革已成大势所趋，进一步解放和发展文化生产力，探索从深层次上对文化体制的改革已势在必行！针对如何"深化文化体制改革"，一些专家、学者纷纷在《人民日报》上发表文章，表达了自己的见解。

历史沿革

2002年11月8日，中国共产党第十六次全国代表大会召开。大会要求，根据社会主义精神文明建设的特点和规律，适应社会主义市场经济发展的要求，推进文化体制改革。抓紧制定文化体制改革的总体方案。

2003年6月27日，全国文化体制改革试点工作会议举行。会议指出：要抓好公益性文化事业和经营性文化产业的改革和发展，逐步建立有利于调动文化工作者积极性，推动文化创新，多出精品、多出人才的文化管理体制和运行机制。

2006年1月，中共中央、国务院发出《关于深化文化体制改革的若干意见》。《意见》指出，必须从全面落实科学发展观、构建社会主义和谐社会的高度，从巩固马克思主义在意识形态领域指导地位的高度，从加强党的执政能力建设的高度，充分认识文化体制改革的重要性和紧迫性，增强责任感和使命感，抓住重要战略机遇期，深化改革，加快发展，为建设社会主义先进文化注入强大动力。

2006年11月10日，中国文学艺术界联合会第八次全国代表大会、中国作家协会第七次全国代表大会举行，胡锦涛同志表重要讲话。他强调：繁荣社会主义先进文化，建设和谐文化，为构建社会主义和谐社会作出贡献，是现阶段我国文化工作的主题。他强调：要找准我国文化发展的方位，创造民族文化的新辉煌，增强我国文化的国际竞争力，提升国家软实力。

2007年6月16日，中共中央政治局召开会议，研究加强公共文化服务体系建设。会议指出：要把建设的重心放在基层和农村，着力提高公共文化产品供给能力，着力解决人民群众最关心、最直接、最现实的基本文化权益问题。

2007年10月15日，党的十七大召开。大会提出，推动社会主义文化大发展大繁荣，强调要坚持社会主义先进文化前进方向，兴起社会主义文化建设新高潮，激发全民族文化创造活力，提高国家文化软实力，使人民基本文化权益得到更好保障，使社会文化生活更加丰富多彩，使人民精神风貌更加昂扬向上。

2010 年 7 月 23 日，中共中央政治局就深化我国文化体制改革研究问题进行第二十二次集体学习。胡锦涛同志在主持学习时强调，深入推进文化体制改革，促进文化事业全面繁荣和文化产业快速发展，关系全面建设小康社会奋斗目标的实现，关系中国特色社会主义事业总体布局，关系中华民族伟大复兴。我们一定要从战略高度深刻认识文化的重要地位和作用，以高度的责任感和紧迫感，顺应时代发展要求，深入推进文化体制改革，推动社会主义文化大发展大繁荣。

2011 年 10 月 18 日，党的十七届六中全会召开。全会通过了《中共中央关于深化文化体制改革、推动社会主义文化大发展大繁荣若干重大问题的决定》。全面总结了十六大以来文化改革发展的实践经验，提出建设社会主义文化强国的战略目标。

2011 年 11 月 22 日，中国文学艺术界联合会第九次全国代表大会、中国作家协会第八次全国代表大会在北京人民大会堂开幕，胡锦涛同志发表重要讲话。他强调，广大文艺工作者要认清时代和人民赋予的神圣使命，坚持为人民服务、为社会主义服务，坚持百花齐放、百家争鸣，坚持贴近实际、贴近生活、贴近群众，高擎民族精神火炬，吹响时代前进号角，创作生产更多无愧于历史、无愧于时代、无愧于人民的优秀作品，奋力开创文艺发展新局面，为推动社会主义文化大发展大繁荣、建设社会主义文化强国贡献智慧和力量。

2012 年 7 月 23 日，省部级主要领导干部专题研讨班开班式在京举行。胡锦涛同志发表重要讲话。他强调，建设社会主义文化强国，是我们党把握时代和形势发展变化、积极回应各族人民精神文化需求作出的重大战略决策。我们要坚定不移走中国特色社会主义文化发展道路，坚持为人民服务、为社会主义服务的方向，坚持百花齐放、百家争鸣的方针，坚持贴近实际、贴近生活、贴近群众的原则，树立高度的文化自觉和文化自信，推动社会主义精神文明和物质文明全面发展，建设面向现代化、面向世界、面向未来的，民族的科学的大众的社会主义文化。

2012 年 11 月，党的十八大指出，建设社会主义文化强国，关键是增强全民族文化创造活力。要深化文化体制改革，解放和发展文化生产力。

2013 年 11 月，党的十八届三中全会《决定》指出，要“紧紧围绕建设社会主义核心价值体系、社会主义文化强国深化文化体制改革，加快完善文化管理体制和文化生产经营机制”，要“推进文化体制机制创新”，要“建立健全现代文化市场体系”，要“构建现代公共文化服务体系”，要“提高文化开放水平”。

权威专家

中宣部常务副部长　雒树刚

雒树刚，男，1955 年出生，1981 年 9 月加入中国共产党，1971 年 2 月参加工作，中央党校理论部党的学说和党的建设专业毕业，研究生学历。历任《求是》杂志社政理部主任、中共中央宣传部副秘书长、理论局局长。现任中宣部常务副部长，兼中央文明委办公室主任，中国思想政治工作研究会会长。中国共产党第十八届中央委员会委员。

中国社会科学院文化研究中心副研究员　惠　鸣

惠鸣，1970 年生，陕西长武人，文艺学博士。中国社会科学院文化研究中心副研究员。1997 年获陕西师范大学文艺硕士学位，2005 年获中国人民大学文艺学博士学位。1997 年 7 月至 2005 年 9 月在广州大学中文系、秘书学系任教。2005 年 9 月至 2008 年 12 月在中国社会科学院哲学所博士后流动站、中国社会科学院文化研究中心从事文化产业与文化政策博士后研究工作。现在中国社会科学院文化研究中心从事文化研究工作。主要研究方向为文化产业与文化政策、文化哲学、文艺美学。

雒树刚:进一步深化文化体制改革[①]

文化建设是中国特色社会主义五位一体总体布局的重要内容,文化体制改革是我国全方位改革事业的重要组成部分。按照党的十八大关于全面深化改革开放的目标任务和扎实推进社会主义文化强国建设的总体要求,十八届三中全会《决定》对推进文化体制机制创新作出新的重大战略部署,鲜明提出,建设社会主义文化强国,增强国家文化软实力,必须坚持社会主义先进文化前进方向,坚持中国特色社会主义文化发展道路,巩固马克思主义在意识形态领域的指导地位,巩固全党全国各族人民团结奋斗的共同思想基础。坚持以人民为中心的工作导向,坚持把社会效益放在首位、社会效益与经济效益相统一,以激发全民族文化创造活力为中心环节,进一步深化文化体制改革。雒树刚指出,这为我们在新的起点上加快文化改革发展指明了前进方向。

【延伸阅读】

文化体制改革的总思路、总原则、总部署[②]

十八届三中全会通过的《中共中央关于全面深化改革若干重大问题的决定》,规划了到 2020 年全面深化改革的蓝图。在全面深化改革

---

① 雒树刚:《进一步深化文化体制改革》,《人民日报》2013 年 12 月 3 日。

② 舒刚:《文化体制改革的总思路、总原则、总部署》,《思想政治工作研究》2013 年 12 月 17 日。

中,文化体制改革是一个重要内容、重要方面。对于文化体制改革,《决定》明确提出了总思路、总原则、总部署。

第一,文化体制改革的总思路,就是紧紧围绕建设社会主义核心价值体系、社会主义文化强国深化文化体制改革,加快完善文化管理体制和文化生产经营机制,建立健全现代公共文化服务体系、现代文化市场体系,推动社会主义文化大发展大繁荣。

这个总思路,包括了文化体制改革之魂、文化体制改革之路、文化体制改革之果。文化体制改革之魂,就是社会主义核心价值体系,它决定着文化体制改革的性质和方向。文化体制改革之路,就是一个体制:加快完善文化管理体制;两个体系:建立健全现代公共文化服务体系和现代文化市场体系。公共文化服务体系是保基本的,保证人民群众的基本文化权益。文化市场体系是保发展的,保证文化产业持续健康发展。文化体制改革之果,就是推动社会主义文化大发展大繁荣,建设社会主义文化强国。

第二,文化体制改革的总原则,可以概括为"两个巩固"、"四个坚持"、"一个培育"、"一个中心环节"。"两个巩固":即巩固马克思主义在意识形态领域的指导地位,巩固全党全国人民团结奋斗的共同思想基础。"四个坚持":即坚持社会主义先进文化前进方向,坚持中国特色社会主义文化发展道路,坚持以人民为中心的工作导向,坚持把社会效益放在首位、社会效益和经济效益相统一。"一个培育":即培育和践行社会主义核心价值观。"一个中心环节":即以激发全民族文化创造活力为中心环节。

这个总原则总结了改革开放以来文化改革发展的经验,既体现了社会主义文化的性质,又反映了文化建设的规律;既为文化体制改革提供保证,又为文化体制改革提供基本遵循。第三,文化体制改革的总部署,可以概括为"四个现代",即现代文化管理体制,现代文化市场体系,现代公共文化服务体系,现代文化开放体系。

现代文化管理体制,就是要使我们党更有效地管文化,包括管导向、管资产、管媒体、管网络。确保党对文化的领导,不断提高党领导文化的能力,不断提高党领导文化的科学化水平。

现代文化市场体系，就是一方面要建立统一市场，打破行政壁垒，促进文化企业跨地区、跨行业、跨所有制发展，提高文化产业规模化、集约化、专业化水平，把我国文化产业做大做强。另一方面，要促进文化市场健康发展，扫除文化垃圾，营造文明、绿色的环境。

现代公共文化服务体系，就是紧紧围绕基本公共文化服务标准化、均等化，完善文化投资体系，完善文化服务网络，健全文化服务运营体制机制，充实文化服务内容，培养文化服务人才，提高文化服务能力，确保人民群众基本文化权益。

现代文化开放体系，就是要紧紧围绕推动中华文化走向世界，扩大对外文化交流，扩大对外文化贸易。要打造世界知名的我国文化品牌，打造在国际市场上有竞争力的文化企业。同时，积极吸收借鉴国外一切优秀文化成果，引进有利于我国文化发展的人才、技术、经营管理经验。

十八届三中全会《决定》明确的文化体制改革的总思路、总原则、总部署，为我们提供了基本遵循。

改革开放特别是党的十六大以来，在中央的科学决策和正确领导下，文化体制改革由点到面、逐步推开，取得重大突破和阶段性成果。中央确定的文化体制改革阶段性任务基本完成，公共文化服务体系框架初步建立，文化产业规模和实力不断壮大，文化市场空前繁荣，精品力作大量涌现，文化走出去日益拓展，文化改革发展开创了新局面，初步走出了一条中国特色社会主义文化发展道路。实践充分证明，深化文化体制改革顺应时代发展要求、符合文化发展规律，是推动社会主义文化大发展大繁荣、建设社会主义文化强国的根本途径和必由之路。

实践发展永无止境，改革创新亦无穷期，文化体制改革只有进行时、没有完成时。党的十八大提出全面建成小康社会和全面深化改革开放这“两个全面”的要求，给文化体制改革打开了新的天地、注入了新的动力、提出了新的要求。习近平同志在全国宣传思想工作会议上强调指出，要继续推进文化体制改革，推动文化事业全面繁荣和文化产业快速发展、建设社会主义文化强国。同时,把握好意识形态属性和产业属性、社会效益和经济效益的关系,始终坚持社会主义先进文化前进方向,始终把社会效益放在首位。这进一步明确了我们加快文化改革发展的基本遵循。只有深化文化体制改革,不断增强改革的系统性、整体性、协同性,发挥市场在文化资源配置中的积极作用,激发文化工作者和全社会文化创造热情,推动文化事业文化产业繁荣发展,提供更多更好的优秀文化产品和文化服务,才能更好地满足全面建成小康社会伟大进程中人民群众日益增长的精神文化需求,才能更好地适应全面深化改革伟大事业中使各方面制度更加成熟更加定型的时代要求,才能更好地形成有利于创新创造的文化发展环境。要看到,前一阶段文化体制改革成效明显但成果还不稳固,一些制约文化科学发展的深层次矛盾和问题还没有完全破题,文化创新环境还有待进一步优化。必须按照中央全面深化改革的部署和要求,拿出更大的勇气和智慧,推进文化体制机制创新,确立新目标、规划路线图、实施新举措,进一步解放和发展文化生产力,为社会主义文化强国建设打下更加坚实的基础。

一、完善文化管理体制

创新文化管理体制,是加强和改进党对意识形态工作领导的内在要求,是行政管理体制改革的重要方面,也是深化文化体制改革的重点任务。雒树刚指出,必须牢牢把握正确方向,建立健全党委领导、政府管理、行业自律、社会监督、企事业单位依法运营的文化管理体制,切实提高文化领域管理效能和服务水平。①

加快转变文化行政管理部门职能。转变政府职能,形成科学的宏观调控和有效的政府治理,是文化管理体制改革的基本要求和重要任务。要按照政企分开、政事分开原则,推动政府部门由办文化向管文化

① 雒树刚:《进一步深化文化体制改革》,《人民日报》2013 年 12 月 3 日。

转变，推动党政部门与其所属的文化企事业单位进一步理顺关系，不断强化政策调节、市场监管、社会管理、公共服务职能。转变政府职能，需要统筹“放”和“管”的关系，做到简政放权和加强监管齐推进、相协调。创新文化行政管理方式，善于综合运用法律、行政、经济、科技等多种管理手段，加快文化立法，加强行业自律，做到科学管理、依法管理、有效管理。

健全国有文化资产管理体制。国有文化资产是重要的宣传文化资源，是推动社会主义文化大发展大繁荣的重要基础和保障。加强国有文化资产管理既是政府部门的事情、又是党委的重要工作，既要保证国有文化资产保值增值、又要保证文化企业正确导向。要认真总结实践经验，建立党委和政府监管国有文化资产的管理机构，实行管人管事管资产管导向相统一。充分考虑宣传文化工作自身特点和管理需求，认真落实谁主管谁负责和属地管理原则，探索建立主管主办制度与现代企业出资人制度有机衔接的工作机制。坚持党管意识形态不动摇，始终确保党对国有文化单位重大事项的决策权、资产配置的控制权、宣传业务的终审权、主要领导干部的任免权。

知识链接

坚持党管意识形态不动摇

意识形态建设是党的建设的重要组成部分，不仅关系党的执政地位的巩固，而且关系改革开放和中国特色社会主义的前途命运。因此，正确认识意识形态工作的重要性，正视意识形态工作面临的各种问题，探索进一步加强意识形态工作的有效路径，具有重要的现实意义。

坚持党对意识形态工作的领导和管理。意识形态具有鲜明的阶级性和政治性，在任何国家、时代和社会中都是如此。党管意识形态，是我们党在长期实践中形成的重要原则和制度，是坚持党的领导的一个重要方面，必须始终牢牢坚持，任何时候都不能动摇。忽略或放弃对意识形态这一本质属性的把握，就会丧失意识形态工作的领导力和主动性，从而也就会失去意识形态工作的领导权和主动权，并将导致严重后果。今天，坚持党对意识形态工作的领导和管理，是应对经济全球化条件下多种意识形态对马克思主义主流意识形态冲击的必然要求。

保持意识形态内容的科学性与先进性。马克思主义在意识形态领域的主导地位绝不仅仅是依靠共产党的执政地位维系的，其自身内容的科学性和先进性才是其主导地位的最重要的保障。正是用开放的胸怀，勇于和善于吸收借鉴人类一切优秀思想文化成果，才形成了毛泽东思想和中国特色社会主义理论体系。坚持马克思主义的指导地位并与时俱进地丰富发展马克思主义，始终保持马克思主义意识形态内容的科学性与先进性，才能保持主流意识形态的持久生命力。

完善互联网管理体制和工作机制。随着现代信息技术的日新月异，互联网迅速发展、广泛普及，日益大众化、媒体化，对加强和改进互联网管理提出迫切要求。要创新管理思路，统筹各方力量，认真贯彻积极利用、科学发展、依法管理、确保安全的方针，进一步健全基础管理、内容管理、行业管理以及网络违法犯罪防范和打击等工作联动机制，加快形成法律规范、行政监管、行业自律、技术保障、公众监督、社会教育相结合的互联网管理体系。加强和改进网络文化建设和管理，加强网上舆论引导，实施网络内容建设工程，加强网络法制建设，健全网络突发事件处置机制，形成正面引导与依法管理相结合的网络舆论工作格局。加大依法治网力度，加强对网上有害信息、网络谣言的整治，推进网络依法规范有序运行，使网络空间更加清朗起来。完善互联网管理领导体制，确保国家网络和信息安全。

进一步规范传播秩序。巩固发展健康向上的主流舆论是宣传思想文化工作的基本职责，加强舆论引导、规范传播秩序是完善文化管理体制的重要任务。要健全坚持正确舆论导向的体制机制。整合新闻媒体资源，加大国家扶持力度，做强主流媒体，壮大主流声音。适应多媒体融合发展的新趋势，以党报党刊、电台电视台为主，推动传统媒体和新兴媒体融合发展。推动新闻发布制度化。构建多层次、专业化的新闻发布平台。严格新闻工作者职业资格制度，加强职业道德和业务知识培训，确保新闻工作者真实准确传播新闻信息，坚决杜绝虚假新闻、新闻敲诈等行为。

二、建立健全现代文化市场体系

随着社会主义市场经济体制的不断完善，文化繁荣发展越来越离不开市场，越来越需要发挥市场在文化资源配置中的积极作用。必须加快构建统一开放竞争有序的现代文化市场体系，进一步打破文化市场条块分割、地区封锁、城乡分离的传统格局，完善文化市场准入和退出机制，鼓励各类市场主体公平竞争、优胜劣汰，促进文化资源在全国范围内流动。

知识链接

文化资源

文化资源是人们从事文化生活和生产所必须的前提准备。文化资源从对人们的贡献力量来看，有广义和狭义之分：广义上的文化资源泛指人们从事一切与文化活动有关的生产和生活内容的总称，它以精神状态为主要存在形式；狭义上的文化资源是指对人们能够产生直接和间接经济利益的精神文化内容。文化资源的丰富程度和质量高低直接对当地文化经济的发展产生多重作用。

由于文化状态是人类智慧与才识的表征。因此，文化资源的特征充分显示出精神层面的特征。理解文化资源的特征有助于我们更好地按照文化规律从事文化产业的开发与维护工作。大体说来，文化资源具有以下特点：

1. 无形性。文化精神和气质是以不可见的形式存在于人们的思想当中，意识之内的。例如孔子文化。我们所能体验到的思想是从他的论述中、论著的解读中，以及人们不断意会言传当中把握其内核。它时刻以无形的姿态存在于孔子文化圈子当中。这也告诉我们，在从事文化资源开发时，应该特别注重精神品质的不断提升和丰富，才能够深刻把握文化资源的丰富价值和意义。

2. 差异性。文化资源由于产生的背景，条件等不相同，导致其不同地域的文化资源大不一样。这也是文化资源得以交流和共享的前提。差异产生互动。在差异互动中形成互补增强。这对于我们进行文化改革开放提供有力支撑。

3. 适境性。所谓适境性，是指文化资源的生命力要在一定的情景或者相当的环境资源条件支撑下才会发生。文化是民族的文化，文化是大众的文化。民族的大众的文化对文化的传承和交流提供了丰富的适应情景，也因之广泛的影响力不断成为注入新生的力量源泉。马克思主义文化之所以成为我们中国的主导文化，其著作和人群成为重要的文化资源，就在于他的精髓充分体现出民族的大众的特质，从而可以不断进行更新和补充，也找到了适合地球智慧人群可以传承和发展的根基。

加快培育合格文化市场主体。经营性文化单位转制为企业只是培育合格市场主体的第一步，其发展活力和竞争力如何，还要看其内部治理结构和经营管理水平。要以培育合格文化市场主体为目标，继续推进经营性文化单位转企改制，深化拓展出版、发行、影视、演艺等领域改革成果，完善法人治理结构，加快公司制、股份制改造，形成符合现代企业制度要求、体现文化企业特点的资产组织形式和经营管理模式，切实提高导向把控、资本运作和市场经营能力。对按规定转制的重要国有传媒企业，开展探索实行特殊管理股制度的试点，使国有资本始终保有最大的决策权和控制权。把转企改制与资源整合、结构调整、做大做强结合起来，鼓励有实力的文化企业跨地区、跨行业、跨所有制兼并重组，使之尽快成为文化产业发展的中坚力量和文化领域的战略投资者，提高文化产业规模化、集约化、专业化水平。

鼓励非公有制文化企业发展。加快发展文化产业，必须毫不动摇地支持和壮大国有或国有控股文化企业，毫不动摇地鼓励和引导各种非公有制文化企业健康发展，进一步形成以公有制为主体、多种所有制共同发展的文化产业格局。要引导社会资本以多种形式投资文化产业，允许其参与对外出版、网络出版，允许其以控股形式参与国有影视制作机构、文艺院团改制经营。加强和改进对非公有制文化企业的服务和管理，引导它们自觉履行社会责任。支持各种形式的小微文化企业发展，加大财税扶持，缓解融资难题，为其加快发展创造良好环境。在坚持出版权、播出权特许经营前提下，允许制作和出版、制作和播出分开。

建立多层次文化产品和要素市场。文化产品和要素市场是现代文化市场体系顺畅运行的基础条件。要重点发展图书、电子音像制品、演出娱乐、影视剧、动漫游戏等产品市场，加快培育产权、版权、技术、信息等要素市场，进一步完善中国国际文化产业博览交易会等综合交易平台。大力发展连锁经营、物流配送、电子商务等现代流通组织和流通形式，加快建设大型文化流通企业和文化产品物流基地。鼓励金融资本、社会资本、文化资源相结合。创新投融资体制，支持国有文化企业面向资本市场融资，办好重点文化产权交易所，完善文化无形资产评估，健全文化中介机构。

完善文化经济政策。文化经济政策是文化宏观管理的重要手段，也是文化繁荣发展的有力保障，对文化产业和文化市场具有重要的扶持、激励和引导、调控作用。要对当前行之有效的文化经济政策进行延续和规范，对不适应实际需要的政策及时进行修订和完善，探索推动文化经济政策创新，进一步形成文化领域宏观调控目标和政策手段的机制化。提高文化支出占财政支出的比例，扩大政府文化资助和文化采购。继续执行文化体制改革配套政策，对转企改制国有文化单位扶持政策执行期限再延长五年。健全文化产品评价体系，改革评奖制度，充分发挥评奖在文化产品创作生产中的示范、导向和激励作用。加强版权保护，鼓励文化原创，加大对拥有自主知识产权、弘扬民族优秀文化的产业支持力度，打造知名品牌，推出更多文化精品。

知识链接

版权保护

版权，又称著作权，包含以下人身权和财产权：发表权，署名权，修改权，保护作品完整权，复制权，发行权，出租权，展览权，表演权，放映权，广播权，信息网络传播权，摄制权，改编权，翻译权，汇编权，应当由著作权人享有的其他权利。

在我国，著作权是从创作完成之日起产生的，人身权利中除了发表权外没有期限限制，发表权一经行使即穷竭，如果在作者死后50年内不发表，就不再保护。财产权利的保护期限是作者有生之年加死后50年，如果作品创作完成后50年未发表的，不再保护；另外，法人和其他组织视为作者的作品以及电影、电视、录像作品和摄影作品和作者身份不明的作品，其保护期都是作品首次发表之日起50年，创作完成50年内不发表就不再保护。软件著作权的保护期限为25年，截止于软件首次发表后第25年的12月31日。保护期满前，软件著作权人可以向软件登记管理机构申请续展25年，但保护期最长不超过50年。软件开发者的开发者身份权的保护期不受限制。

在我国版权保护的行政机关是各地的版权局，对版权进行日常行政管理，随着版权意识不断增加，在北京等直辖市版权局下设版权保护管理中心，提供版权登记、版权维权、版权贸易等服务，但在一般省份，这类服务机构还不够健全，除杭州等经济发达地区设立了副省级城市的版权保护管理中心外，这个版权保护还处于初级的阶段。

三、构建现代公共文化服务体系

雒树刚指出，加强公共文化服务是实现人民基本文化权益的主要途径。必须坚持政府主导，按照标准化、均等化的要求，加强文化基础设施建设，完善公共文化服务网络，构建覆盖城乡、结构合理、功能健全、实用高效的公共文化服务体系，让群众广泛享有免费或优惠的基本公共文化服务。[①]

统筹公共文化服务设施网络建设。公共文化服务体系建设涉及面

① 雒树刚：《进一步深化文化体制改革》，《人民日报》2013年12月3日。

广、各地情况千差万别，需要加强统筹、科学规划、整体推进、提高效益。要建立公共文化服务体系建设协调机制，研究和协调解决有关重大问题，推动各有关部门各负其责、形成合力。统筹市、区、街道（社区）和县、乡、村这两个三级公共文化设施建设，整合基层宣传文化、党员教育、科学普及、体育健身等设施，推动建设综合性文化服务中心，实现资源整合、共建共享，提高公共文化设施的综合利用水平，发挥其最大服务效益。

促进基本公共文化服务标准化、均等化。基本公共服务标准化、均等化，是实现城乡文化一体化发展的内在要求。要以保障人民群众看电视、听广播、读书看报、进行公共文化鉴赏、参与公共文化活动等基本文化权益为主要内容，明确适合、适应、适当的服务标准，制定和实施基本公共文化服务指标体系和绩效考核办法，做到扩大覆盖、消除盲点、完善服务、改进管理。建立群众评价和反馈机制，推行“菜单式”服务，变“我给你接”为“你需我送”，推动文化惠民项目与群众文化需求有效对接，真正把公共文化服务的选择权和评价权交给群众。按照反弹琵琶的思路，加快推进贫困地区公共文化服务体系建设，加大对革命老区、民族地区、边疆地区、贫困地区文化服务网络建设支持和帮扶力度，形成文化服务均等享受、文化发展同步推进的城乡文化一体化发展格局。

深化公益性文化事业单位改革。公益性文化事业单位是构建现代公共文化服务体系的骨干力量。要按照国家分类推进事业单位改革的总体要求，明确不同文化事业单位功能定位，深化公益性文化事业单位内部改革，完善绩效考核机制，突出公益属性、强化服务功能、增强发展活力。探索建立文化事业单位法人治理结构，推动公共图书馆、博物馆、文化馆、科技馆等组建理事会，吸纳有关方面代表、专业人士、各界群众参与管理，创新运行机制。

推动公共文化服务社会化发展。引入公共文化服务竞争机制是提高服务效能的内在要求。要加大政府购买服务力度,鼓励有条件的地方进行项目外包和设施委托管理。引导和鼓励社会力量通过兴办实体、资助项目、赞助活动、提供设施等形式参与公共文化服务,培育文化非营利组织,形成以政府为主、社会力量积极参与的公共文化服务投入机制。建立完善公共文化设施长期免费开放的保障机制,为丰富群众文化生活创造便利条件、提供多样化平台。

四、提高文化开放水平

雒树刚指出,扩大文化领域对外开放,是推动中华文化走出去、提升国家文化软实力的迫切需要,也是吸收各国优秀文明成果、促进文化繁荣发展的必然选择。必须坚持政府主导、企业主体、市场运作、社会参与,统筹用好国际国内两个市场、两种资源,统筹推进文化交流、文化传播、文化贸易,着力构建全方位、多层次、宽领域的文化对外开放格局,推动中华文化走向世界。[①]

扩大对外文化交流。对外文化交流是推动文化走出去的有效手段。要深化政府间文化交流,进一步丰富交流渠道,整合交流平台。要构建人文交流机制,把政府交流和民间交流结合起来,鼓励社会组织、中资机构等参与孔子学院和海外中国文化中心建设,承担人文交流项目。鼓励代表国家水平的各类学术团体、艺术机构在相应国际组织中发挥建设性作用,鼓励海外侨胞积极开展中外人文交流。创新交流方式,通过教育培训、语言推广、学术交流、研究资助、文体活动、观光考察等,构建交流网络,提高交流效果。

扩大对外文化贸易。以贸易和投资形式推动文化走出去,更可持续、效果更好。要积极探索市场化、商业化、产业化的运作方式,培育外向型文化企业,支持文化企业到境外开拓市场,鼓励其与国外知名文化

① 雒树刚:《进一步深化文化体制改革》,《人民日报》2013年12月3日。

机构的合资合作，鼓励有条件的企业在海外设立分支机构、进行战略投资，推动我国文化产品进入海外主流社会。积极探索符合国际惯例和市场运作规律的营销方式，加强国际文化产品交易平台和国际营销网络建设。充分考虑各国文化传统、宗教信仰、审美标准，贴近国外受众文化需求和消费习惯，推出更多具有中国特色、中国风格、中国气派的文化精品。组织实施中国当代作品翻译工程，为文化走出去搭建翻译平台、提供翻译资助，使我们的优秀文化产品能够展示出独特魅力。

提高国际传播能力。加强国际传播能力和对外话语体系建设，提升国际舆论话语权，是增强国家文化软实力的重要内容，是传播中国声音、塑造国家形象、维护国家利益的迫切需要。要加快构建技术先进、传输快捷、覆盖广泛的现代传播体系，加快形成独具中国特色、能与国际交流的对外话语体系。理顺内宣外宣体制，支持重点媒体面向国内国际发展，提高新闻信息原创率、首发率、落地率。创新对外宣传传播方法，妥善回应外部关切，增进国际社会对我国基本国情、价值观念、发展道路、内外政策的了解和认识，不断增强说服力和认可度。

积极吸收借鉴国外一切优秀文化成果。坚持以我为主、为我所用，学习借鉴一切有利于加强我国社会主义文化建设的有益经验、一切有利于丰富我国人民文化生活的积极成果、一切有利于发展我国文化事业文化产业的经营管理理念和机制。加强文化领域人才、技术、经营管理经验的引进和利用工作，吸收外资进入法律法规许可的文化产业领域。鼓励外资企业在华进行文化科技研发，发展服务外包。完善文化领域准入政策，强化文化市场监管，确保意识形态安全和国家文化安全。

文化体制改革既与经济体制改革紧密相联，又与政治体制、社会体制改革密切相关，政治性、政策性很强，涉及领域和范围很广。必须始终坚持社会主义先进文化前进方向，坚持中国特色社会主义文化发展道路，牢牢把握党管意识形态、党管干部、党管导向的基本原则，妥善处理好意识形态属性和产业属性、社会效益与经济效益的关系，无论改什么、怎么改，导向不能改，阵地不能丢。抓紧制定出台深化文化体制改革实施方案，明确任务要求，强化组织领导，完善政策保障，推动文化改革发展迈出新步伐、登上新台阶。

惠　鸣：创新推动现代文化市场体系建设[①]

现代文化市场体系是社会主义先进文化建设的重要保障，对于建设文化强国、提升国家文化软实力、完善公共文化服务体系和促进文化产业繁荣发展都具有重要的基础性作用。十八届三中全会《决定》就我国现代市场体系和现代文化市场体系建设分别做出了论述。《决定》指出，建设统一开放、竞争有序的市场体系，是使市场在资源配置中起决定性作用的基础，必须加快形成企业自主经营、公平竞争，消费者自由选择、自主消费，商品和要素自由流动、平等交换的现代市场体系，着力清除市场壁垒，提高资源配置效率和公平性。对建立健全现代文化市场体系，《决定》指出，要完善文化市场准入和退出机制，鼓励各类市场主体公平竞争、优胜劣汰，促进文化资源在全国范围内流动。

一、文化市场体系仍处于创建阶段，发育水平滞后于全国市场体系发展的一般水平

我国现代文化市场体系建设肇始于上世纪80年代。进入新世纪以来，随着社会主义市场经济体系不断成熟和文化体制改革不断深入，文化市场体系建设无论在深度还是广度上都取得了重要突破。但从总体上看，我国文化市场体系仍处于创建阶段，发育水平滞后于全国市场体系发展的一般水平，与建设文化强国和提升国家文化软实力的战略要

① 惠鸣、张晓明：《创新推动现代文化市场体系建设》，《人民日报》2013年11月26日。

求不相适应。我国现代文化市场体系建设存在的问题具体表现在以下方面：

首先是市场开放度低，个人表达权利、企业自主经营权利、消费者自我选择权利都有限。市场配置资源的程度低、效率差，与此同时，政府作为资源配置的主体，习惯于按照行政系统分配资源，造成文化市场条块分割，布局不合理。

其次，开放度低造成价格信号扭曲，由此导致市场结构不合理。开放度高的部分过度竞争、供大于求，开放不足的部分竞争不足、供不应求，造成短缺和过剩同时存在。一个鲜明的表现就是，市场中思想性强的文化内容产品由于开放度低而供应不足，搞笑低俗的产品由于开放度高而有些泛滥。

第三，由于开放度低，政府在资源配置上居于主导地位，对于微观主体管办不分，这便造成按照行政分割模式监管市场，市场监管手段滞后，形成多头监管、交叉监管等现象。

第四，由于开放度低，文化市场中体制性、行业性壁垒突出，市场分割严重，阻碍着文化资源的流动，令各类文化企业难以做大做强。

现代文化市场体系建设过程中存在的这些突出问题，需要我们有所侧重，从顶层设计入手，选择关键性的突破口，重点着力，不断扩大市场配置资源的范围和作用，以全面创新带动文化市场体系建设取得突破。

知识链接

政府办文化转向管文化

关于完善文化管理体制，十八届三中全会提出，要推动政府部门由办文化向管文化转变。从"办"到"管"是一个很大的转变，那么，文化部门将如何完成这个转变呢？文化部部长蔡武在接受人民日报记者采访时回答了这一问题。

转变政府职能是下一步深化文化体制改革的一项重要任务。我们将按照全会的要求，进一步理顺文化行政部门与所属企事业单位的关系，实现政企分开、政事分开、管办分离。文化部门手上抓的好多事将进一步下放，交给社会。有一些现在政府办的事情，以后可以用购买服务的办法、招标的办法，交给社会团体、中介机构、院团去承担。

已经转企改制的文化企业，要按照改革要求建立完善的现代企业制度，建立法人治理结构，促使它们尽快成为合格的市场主体，提高竞争力和综合实力。少数保留事业性质的文艺院团也要实行企业化管理，人员身份改成聘任制和合同制，内部分配制度要执行岗位绩效工资，他们的社会保险要和社会保障体制改革接轨。这个改革必须进行，还保留原来的形态就没有活力。

改革目的是要提高服务质量和效能。比如图书馆、博物馆实行免费开放，免费开放不仅仅只是不收门票，实际上带来的是博物馆、图书馆在体制管理、机制上的变革。比如博物馆可不可以做衍生产品经营，如果是事业性质，那么怎么样进行经营，对这些经营活动怎么规范，制定什么税率，允许它搞到什么程度……有一系列新问题需要依靠体制机制创新来解决。

二、以激发内容原创为突破口，进行顶层设计，推动内容生产领域的改革，打造新型市场主体

《决定》指出，要“以激发全民族文化创造活力为中心环节，进一步深化文化体制改革”。激发内容原创是文化改革发展的核心目标之一，也是我国现代文化市场体系建设的灵魂。抓住这个灵魂，就为现代文化市场体系建构提供了顶层设计的关键性突破口。

顶层设计在文化体制改革中发挥着主导和引领性作用，是现代文化市场体系的核心理念和基本原理的集中体现，服务于激发民族文化创造力最核心和最敏感的部分。从文化繁荣发展的角度看，内容原创的核心是先进思想的生产和提供，而灵活的市场资源配置机制最适合思想观念的创新。历史事实已经反复证明，过分限制观点讨论和思想交流，单纯依靠行政手段，很难激发思想的创造性，只能造成“思想僵化”。只有“百花齐放，百家争鸣”才是文化繁荣的根本条件，只有推动

内容生产领域的改革，打造新型市场主体，才能构建一个有益于激发思想创新观念的“市场环境”。

三、以转化政府职能为突破口，推进统一市场的建立，促进文化资源的自由流动

统一市场是我国现代文化市场体系建设的基本目标，也是现代文化市场体系的标志。我国的文化市场中，行业壁垒、部门利益和行政管辖壁垒、区域流通壁垒等影响市场统一性的因素，都与计划经济时期就已经成型的分业管理、竖井式管理、属地化管理有着很大关系。在新的市场环境下推动统一市场的建立，需要从转化政府职能入手，推动分业式管理、多头式管理、包揽式管理向综合式管理、简约化管理和市场化管理转型。

实现这一目标，关键在于全面贯彻十七届六中全会和十八届三中全会精神，解放思想、实事求是、与时俱进、求真务实，一切从实际出发，总结国内成功做法，借鉴国外有益经验，推动政府部门从“办文化”向“管文化”转型。一方面要继续深化中央和省级层面的文化管理大部制改革，按照政企分开、政事分开原则，减少政府对文化市场的直接干预，“把市场还给市场”，形成文化法制保障下的市场自律机制；另一方面，要推动党政部门与其所属的文化企事业单位进一步理顺关系，使国有文化企业成为归属清晰、权责明确、保护严格、流转顺畅的国有文化资产，从而形成各种所有制文化企业公平竞争、自主发展的格局，建立各种文化资源在全国范围内跨地区、跨行业、跨所有制自由流动的统一市场。

四、以文化法制建设为突破口，推动市场管理机制的转型，逐步建立法制化的市场监管体系

文化法制建设的目标是形成文化领域的法制化管理。法制化管理

是现代文化市场体系的重要标志，也是全国统一文化市场形成的重要保障。法制化管理同时也是激发文化原创、保护市场活力的优化机制。文化市场管理的法制化能够为个人、企业、社会团体的文化权利公平实现提供保障，使文化表达的多样性、创造性受到法律保护，从而在根本上保护文化市场的原创力。以法制化管理建设为突破口，全面推动文化市场管理机制的转型，有利于从根本上改变文化市场管理高度行政化带来的周期性治理、运动式执法、擦边式博弈等现象，对保障文化市场有序和稳定发展具有重要意义。

从我国文化市场发展的现状来看，加强文化法制建设的突破口主要有三个方面：一是加强文化立法，特别是全国人大层面的高位阶法律的文化立法，优化文化法制的法律基础；二是建构法制化的文化内容监管机制，加强影视、动漫、网络游戏等领域的内容研究，适时出台相关制度，实现内容监管的分层化；三是大力培育文化市场自律组织和行业协会，推进行业自律，形成以文化法律为基本规范，以行业自律为主体，以行政干预为补充手段，以事后监管为主，以事前监管为辅，以全面监管为特例的市场管理体系。

五、以兼并重组为突破口，发展和壮大市场主体，打造具有全球竞争力的文化企业和品牌

全球范围内，具有重要影响力的大型文化企业及品牌，在文化软实力竞争中发挥着先锋和主导作用，而这些企业无不在市场中经历了“九死一生”，才成长为真正的大型企业甚至是跨国企业。我国现代文化市场体系建设，也必须经过兼并重组、多次洗牌这个“炼狱”，才能真正壮大为知名企业和国际名牌。十八届三中全会提出，要推动文化企业跨地区、跨行业、跨所有制兼并重组，提高文化产业规模化、集约化、专业化水平，无疑为我们指出了这个方向。

发展和壮大市场主体，打造知名文化企业和品牌，扶持重点企业和

龙头企业是重点。一是要以建立现代企业制度为目标，推进国有文化企业改革，全面建立国有文化企业的法人治理制度，实现产权清晰、权责明确、政企分开、管理科学，为国有文化企业发展壮大奠定基础。二是要全面完善文化领域的市场机制，着力打造与现代市场体系相适应的文化资产价格体系、金融体系、税收体系、市场流通体系和市场中介体系，形成有利于各类文化企业做大做强的宏观机制。要在充分竞争的基础上，打破市场分割，促进国有文化资本自由流通，推动社会资本进入文化生产的核心领域，鼓励各种所有制的文化企业进行跨所有制、跨地域、跨行业的资产兼并重组，打造具有全球竞争力的文化企业和品牌。

在文化体制改革的深水区奋力突围

党的十八届三中全会吹响了全面深化改革的进军号角。文化体制改革作为全会《决定》强调的六个紧紧围绕的重点领域正阔步踏上新的征程。在全面深化改革的时代背景下，始于 2003 年的文化体制改革综合试点已从“破冰期”挺进“深水区”，具有意识形态属性的文化工作，应带头走在体制改革前列，以无畏的担当精神、顽强的毅力和斗志，抓住重点，破解难题，在改革的深水区奋力突围，为全面建成小康社会、实现中华民族伟大复兴的中国梦提供有力的精神文化支撑。

增强前列意识，争当全面深化改革先锋

文化体制改革的根本目的，是激发全民族文化创造活力，推动文化事业全面繁荣和文化产业快速发展，不断满足人民群众日益增长的物质文化需求。文化体制改革只有走在前列，才能更好地解决“为了谁、依靠谁、我是谁”这个根本问题。

宣传文化工作的职能要求文化体制改革必须走在前列。实践证明，我们党始终注意把具有意识形态属性的文化工作牢牢抓在手上，并用以服务大众、滋养人民，促进全党和全国人民的政治觉悟和思想水平的提高，调动和激发广大人民群众建设中国特色社会主义的积极性、创造性。深化文化体制改革，就是要解决宣传文化工作接地气不够、活力不足，工作主动性、针对性、有效性不强，服务不到位的问题，以崭新的姿态、更大的作为，为全面深化改革提供思想资源、价值取向、理论指导和精神支撑。

新的历史使命召唤文化体制改革必须走在前列。文化体制改革走在前列就是要为经济体制改革提供智力支持，增强劳动者综合素质，挖掘创造性资源，确保社会主义市场经济充满生机活力；为政治体制改革提供思想资料，营造公平公正法制的社会环境，确保政治体制改革更加符合中国文化传统和中国国情；为社会体制改革提供精神给养，挖掘和丰富民族进步基因，激发人民的创造活力，增强社会生活幸福指数，确保社会体制改革充满朝气和活力；为生态文明体制改革提供哲学指导和价值选择，为人与自然和谐相处营造新的生存发展环境。这就必然要求文化体制改革必须一马当先、率先突破、跨越发展。

增强机遇意识，破解改革发展难题

文化体制改革同其他领域改革一样，既面临着前所未有的困难和挑战，也面临着难得的历史性机遇，这种机遇稍纵即逝，谁抓住谁主动，谁抓住谁受益。

全民追逐“中国梦”，实现民族文化复兴，为深化文化体制改革提供了难得的历史机遇。实现中华民族伟大复兴，必须推进中华民族文化复兴，以提振综合国力，提高文化软实力，强健中国精神，扩大中华文化在世界的文化影响力。这就要求文化体制改革必须把“中国梦”与“文化强国梦”结合起来，把“中国梦”与每个社会成员的“个人梦”结合起来，推动文化体制改革在追逐“中国梦”的目标中找准自己的改革方位和路径，破解阻碍“中国梦”实现的难点问题、体制障碍，使文化管理体制更加科学有效，现代文化市场体系更加健全，现代公共文化服务体系更加完善，文化开放水平更高。

全面建成小康社会，不断满足人民群众精神文化生活的新期待，为深化文化体制改革提供了时代机遇。全面建成小康社会不仅是物质财富的积累和富裕，更是精神财富的积聚和丰富。深化文化体制改革就是要根本解决全民族每个社会成员的精神文化向度、精神文化追求、精神文化世界、精神文化生活问题，让每个人都能得到自由、自觉、本质的全面发展。只有人的全面发展，才可能建成全面小康社会。文化体制改革就是要为全面小康社会注入文化内容、文化形式、文化精神、文化成果，使全面小康社会成为一个精神饱满、和谐愉悦、自由祥和、健康幸福的现代化社会。

全域拓展文化发展空间，不断增强文化影响力，为深化文化体制改革提供了战略机遇。一方面，文化体制改革要拓展自身发展空间，使整个文化体制科学、有序、高效地运行；另一方面，文化体制改革又要与经济、政治、社会、生态文明建设深度融合，为“五位一体”的系统协同发展拓展文化空间。在全球化信息化时代，文化“走出去”参与竞争，扩大中国文化影响力，为文化开放拓展了广阔的国际空间。

增强创新意识，激发文化发展活力

文化体制改革的目的是解放和发展文化生产力，使文化体制更好地适应中国特色社会主义制度，尽可能减少文化体制对其他领域改革的摩擦系数，为全面深化改革提供源源不断的创造活力和创新能量。

破除体制障碍，增强管理活力。原有的文化管理体制是在计划经济条件下运行的，政府大包大揽、统管统办，干预作用明显，与社会主义市场经济体制不相适应，对经济基础的促进作用不够，对经济的振兴提供思想资源不够。当前就是要按照党的十八届三中全会的部署要求，推动政府部门由办文化向管文化转变，推动党政部门与其所属的文化企事业进一步理顺关系，使文化管理体制机制在全新的充满活力的模式下运行。

释放制度能量，增强市场活力。文化市场体系关键是要释放制度能量，首先要优化文化生产资料的配置，创新文化生产的投入机制，壮大文化企业产能，突出文化产品特色优势，增加文化品牌的附加值，提供多样化个性化的文化服务和消费，提高文化产业规模化、集约化、专业化水平，促进文化产业成为国民经济支柱性产业；其次要建立多层次文化产品和要素市场，允许社会资本、民间资本、微小企业进入文化产业。最大限度地释放制度创新活力、科学管理活力、市场运行活力。

集合各方力量，增强建设合力。充分发挥主流文化的主导作用，积极推进主流文化与亚文化协调并进，让积极健康的文化进校园、进社区、进机关、进企业；充分调动各行业各领域开展自身文化建设的积极性；充分挖掘优秀传统文化资源，促进传统文化与现代文化结合。

营造自由空间，增强创造活力。全面深化改革为推动中国特色社会主义制度完善和发展勾画了新蓝图，为实现中华民族伟大复兴开启了新航程。这次全面深化改革是在35年改革基础上的又一次攻坚战、大决战，要切实解决文化体制长期积淀下来的制度性痼疾和发展性障碍，就必须打破壁垒和藩篱，营造宽松和谐、公平正义的发展环境，进一步解放思想、解放和发展文化生产力。

增强担当意识，牢牢把握意识形态主导权

在深化文化体制改革中，各级宣传文化部门必须增强担当意识，始终坚持文化体制改革不论怎么改，导向不能变，阵地不能丢。

正确处理好党性和人民性相统一的关系。文化体制改革是文化资源的再配置，文化利益的再调整，文化管理的再完善，文化活动的再创新。既要坚持党的绝对领导，又要尊重人民群众的意愿。把人民群众的愿望和要求转化为党和政府的方针政策，转化为推动全面深化改革的有效举措和伟大实践。

正确处理好社会效益和经济效益的关系。与其他领域的改革特别是经济体制改革不同，文化体制改革具有社会效益与经济效益的双重属性，其社会效益的作用更为明显。在文化体制改革中，必须高度重视社会效益与经济效益的统一，当社会效益与经济效益发生冲突时，经济效益必须让步于社会效益。既不能忽视文化产品的商品属性，使文化发展呆板僵化，也不能过分强调文化产品的商品属性，唯利是图，金钱至上。

正确处理好文化事业和文化产业协调发展的关系。过去，文化建设曾政企不分、产事不分。贯彻党的十八届三中全会精神就必须坚持政事分开、管办分开、政企分开，推动文化事业与文化产业协调发展。文化事业的繁荣可以为文化产业的发展扩大文化消费群体，为文化产业的良性发展营造广泛的群众基础；文化产业为文化事业提供产品需求和供给多样化，更加丰富人民群众的精神文化生活。

正确处理好市场在资源配置中的决定性作用和更好发挥政府作用的关系。在深化文化体制改革中，一方面以需定产，以特色、优势产品占领市场；另一方面也要以产促需，引导、培养、创造文化消费，推动文化市场繁荣。同时，要转变政府职能，弱化政府在市场中的有形之手，把主要精力放在重大事项的决策和政策引导上。

（来源：《四川日报》2013 年 12 月 11 日）

专题 3

完善公共文化服务体系

党的十八大报告指出：要“加强重大公共文化工程和文化项目建设，完善公共文化服务体系，提高服务效能。”党的十八届三中全会《决定》也强调要“构建现代公共文化服务体系”。

公共文化服务体系是以保障公民基本文化权益、满足基本文化需求为目的，以政府为主导，以公共财政为支撑，以公益性文化单位为骨干，向社会提供公共文化设施、产品、服务的制度体系。公共文化服务体系建设是维护公民基本文化权益、满足人民群众基本文化需求的重要保障，是维护公共文化生活的公平与正义，促进社会和谐稳定的必然要求，同时也是各级政府的基本职责。覆盖全社会的公共文化服务体系是十七大报告中提出的全面建设小康社会的重要目标之一。胡锦涛同志在中央政治局第22次集体学习时的重要讲话中作出了“三加快、一加强”的战略部署，把公共文化服务体系建设作为当前和今后一个时期文化建设的四大任务之一，为我们指明了前进方向。

党的十七大以来，党中央、国务院从全面建设小康社会和社会主义现代化建设的高度，把文化建设摆上更加突出的位置，文化建设在经济、政治、文化、社会建设"四位一体"战略布局中的重要地位越来越凸显、作用越来越突出。在党中央和国务院的正确领导下，各级党委、政府和文化部门逐步树立起新的文化发展理念，把公共文化服务体系建设作为文化建设的重要任务，以保障群众基本文化权益为着力点，以重点工程为抓手，以文化设施为载体，以文化服务为核心，加大建设力度，公共文化服务体系建设呈现出蓬勃发展、整体推进、重点突破的良好态势，为"十二五"时期我国公共文化服务体系建设奠定了坚实的基础。

党的十七届六中全会指出："加强公共文化服务是实现人民基本文化权益的主要途径。要以公共财政为支撑，以公益性文化单位为骨干，以全体人民为服务对象，以保障人民群众看电视、听广播、读书看报、进行公共文化鉴赏、参与公共文化活动等基本文化权益为主要内容，完善覆盖城乡、结构合理、功能健全、实用高效的公共文化服务体系。"作为文化建设的重要内容，在党中央、国务院的高度重视下，各级党委、政府逐年加大对公共文化服务体系建设的投入力度，并通过全社会的共同努力，取得了显著成效。

党的十八大进一步强调要加强公共文化建设，并对完善公共文化建设、提高服务效能作出了部署。

为贯彻党中央关于"加快推进公共文化服务体系"的重要精神，总结各级党委、政府在推进公共文化事业发展中的经验，文化部副部长杨志今和国家行政学院教授、博士生导师祁述裕分别在《中国文化报》、《人民日报》上发表了文章，对如何完善公共文化服务体系进行了深刻阐述。

历史沿革

2005 年，党的十六届五中全会通过的《中共中央关于制定国民经济和社会发展第十一个五年规划的建议》提出："逐步形成覆盖全社会的比较完备的公共文化服务体系。”

2006年，出台的《国家“十一五”时期文化发展规划纲要》也是专辟章节明确了加强公共文化服务建设的指导意见和具体规划。

2007年6月16日，胡锦涛同志主持召开中共中央政治局会议，专门研究公共文化服务体系建设问题。

2007年8月，中共中央办公厅、国务院办公厅联合下发《关于加强公共文化服务体系建设的若干意见》，指出“加快公共文化服务体系建设，是繁荣发展社会主义先进文化、建设和谐文化、构建社会主义和谐社会的必然要求”。要“加快建立覆盖全社会的公共文化服务体系”。

2010年10月，党的十七届五中全会公报提出，要“深化文化体制改革，增强文化发展活力，繁荣发展文化事业和文化产业，满足人民群众不断增长的精神文化需求，基本建成公共文化服务体系”。这再次重申和强调了加强公共文化服务体系建设的重要性。这也是继续延伸了十六大以来，党和国家对公共文化服务体系建设的关注和重视。

2011年10月，党的十七届六中全会公报指出：“加强公共文化服务是实现人民基本文化权益的主要途径。要以公共财政为支撑，以公益性文化单位为骨干，以全体人民为服务对象，以保障人民群众看电视、听广播、读书看报、进行公共文化鉴赏、参与公共文化活动等基本文化权益为主要内容，完善覆盖城乡、结构合理、功能健全、实用高效的公共文化服务体系。”

2012年11月，党的十八大报告指出：“加强重大公共文化工程和文化项目建设，完善公共文化服务体系，提高服务效能。”

2013年11月，党的十八届三中全会《决定》强调要“构建现代公共文化服务体系”，指出要“建立公共文化服务体系建设协调机制，统筹服务设施网络建设，促进基本公共文化服务标准化、均等化。建立群众评价和反馈机制，推动文化惠民项目与群众文化需求有效对接。整合基层宣传文化、党员教育、科学普及、体育健身等设施，建设综合性文化服务中心。明确不同文化事业单位功能定位，建立法人治理结构，完善绩效考核机制。推动公共图书馆、博物馆、文化馆、科技馆等组建理事会，吸纳有关方面代表、专业人士、各界群众参与管理。引入竞争机制，推动公共文化服务社会化发展。鼓励社会力量、社会资本参与公共文化服务体系建设，培育文化非营利组织”。

权威专家

中华人民共和国文化部党组副书记、副部长　杨志今

杨志今，男，汉族，1957 年 5 月生，甘肃民勤人，生于内蒙古杭锦后旗。1984 年加入中国共产党。文学硕士。文艺评论家。现任中华人民共和国文化部党组成员、副部长。1975 年开始文学创作。2000 年加入中国作家协会。著有文艺评论集《观潮漫笔》、《我对〈围城〉的评价》、《敏锐捕捉时代生活的深层脉动》、《坚持理论与实践的统一》等，发表各类文章 100 多篇，50 多万字。1996—1997 年期间，参与起草《中共中央关于进一步做好文艺工作的若干意见》(中共中央文件)。

国家行政学院社会和文化部副主任、教授、博士生导师　祁述裕

祁述裕，1994 年获北京大学中国当代文学博士学位。1995 年—2000 年在原国家体改委工作。先后任中国改革报总编助理、《中国改革》杂志主编等职。2000 年调入国家行政学院，先后任研究室副主任、主任等职，教授，博士生导师。

长期从事中国当代文化问题研究。主要研究方向为文化产业、文化政策、文化体制改革等。近年来，承担多项国家、部委等有关文化建设的课题研究 。

先后被聘为人民大学报刊复印资料《文化创意产业》终审顾问、中国国际广播电台特约评论员、中国传媒大学博士生导师，并为多家地方政府聘请为文化发展专家咨询委员会委员。出版学术著作多部，主要著作有:《中国文化产业国际竞争力报告》(主编)、《中国文化产业发展战略研究》(主编)、《市场经济条件下的文学艺术》(独著)等,发表有关文化方面的论文百余篇。

杨志今:加强公共文化服务体系建设

公共文化服务体系建设是改革开放以来特别是党的十六大以来中国特色社会主义文化建设理论创新、实践创新和制度创新的重要成果,深刻反映了我国文化体制改革不断推进的发展历程。党的十八大提出要完善公共文化服务体系,提高服务效能,到2020年公共文化服务体系基本建成。对于党的十八大提出的这一目标,杨志今在《加强公共文化服务体系建设 努力满足人民群众的精神文化需求》一文中指出,这是党中央在新的时代条件下,对中国特色社会主义文化发展规律的科学把握,对加强公共文化服务体系建设重要性的科学概括。我们一定要深刻认识、深入领会,采取切实可行的措施,不断完善公共文化服务体系,提高服务效能,创新服务手段,努力实现好、保障好、发展好广大人民群众的文化民生。

知识链接

公共文化服务

公共文化服务,是政府公共服务的重要内容。它是指以政府部门为主的公共部门提供的、以保障公民的基本文化生活权利为目的、向公民提供公共文化产品与服务的制度和系统的总称,包括公共文化服务设施、资源和服务内容,以及人才、资金、技术和政策保障机制等方面内容。

一、加强公共文化服务体系建设的重要意义

这是弘扬社会主义核心价值体系的迫切需要。社会主义核心价值体系是兴国之魂，决定着中国特色社会主义的发展方向。杨志今指出，当前，我国已经进入了经济体制深刻变革、社会结构深刻变动、利益格局深刻调整、思想观念深刻变化的社会转型时期。各种社会思潮更趋复杂、更加多元化，许多人的价值观念处于迷茫状态。面对这种思想状况，只有大力加强公共文化服务体系建设，牢牢把握社会主义先进文化建设主阵地，承担起弘扬社会主义核心价值体系的重要责任，旗帜鲜明地唱响主旋律，才能以文化的力量，凝聚核心价值、巩固共同理想、培育精神文明，在全社会形成统一的指导思想、强大的精神力量和良好的道德风尚。

这是保障人民群众文化民生的迫切需要。习近平总书记指出："人民对美好生活的向往，就是我们的奋斗目标。"杨志今指出，满足日益增长的精神文化需求、保障人民群众的文化民生，是整个文化建设的基本出发点和落脚点。改革开放以来，随着物质生活水平的不断提高，广大人民群众的精神文化需要越来越丰富，文化需求的多方面、多层次、多样性也日益显现。只有将保障文化民生、实现文化权利、促进文化公平作为重要的社会政策，加强覆盖全社会的公共文化服务体系建设，才能确保所有人平等地享有参与文化活动、从事文化创造、享受文化福利的机会，满足不同阶层、不同地域人民群众的精神文化需求，实现文化领域的公平正义。

这是夯实国家文化发展基础的迫切需要。文化实力和竞争力是国家富强、民族振兴的重要标志。杨志今指出，公共文化服务体系建设是社会主义先进文化建设的基石，直接关系最广大人民群众的基本文化权益，关系国家整体的文化实力和竞争力。但是，从现实情况看，文化建设的重点在基层，难点在基层，薄弱环节也在基层。与当前的经济社

会发展水平相比，与建设社会主义文化强国的宏伟目标相比，公共文化服务体系建设还存在比较大的差距。只有继续坚持以立为本、重在建设、注重积累、稳中求进，持之以恒地完善公共文化服务体系，才能牢牢夯实文化发展的基础，从而提升整个国家的文化实力和竞争力。

这是建设服务型政府的迫切需要。随着社会主义市场经济的发展，加快转变政府职能、建设服务型政府已经成为我国行政管理体制改革的着力点和主要内容。杨志今认为，要建设现代服务型政府，必须不断满足人民群众日益增长的公共需求，为全社会提供基本而有保障的公共产品和服务。当前，广大城乡居民快速增长的文化需求与基本公共文化产品供给严重不足的矛盾，已对政府管理文化的传统手段和方式提出越来越大的挑战。在新的时代要求面前，只有通过构建覆盖全社会的公共文化服务体系，在政府主导下，提供系统性、制度性、公平性、可持续性的公共文化服务，才能适应迅速增长的公共文化需求，为经济社会协调发展创造更好的发展环境。[①]

知识链接

“十二五”期间建立覆盖全社会的公共文化服务体系

2012年2月15日，中国公布的一份《国家“十二五”时期文化改革发展规划纲要》透露：中国将在第十二个五年规划（2011—2015年）期间，基本建立覆盖全社会的公共文化服务体系，使城乡居民较为便捷地享受公共文化服务。中国国家发展和改革委员会副主任朱之鑫在当天举行的新闻发布会上说，为此，中国将重点建设一批国家级文化设施，并特别支持中西部地区的文化基础设施建设。他说，国家投入的重点是向基层、向农村地区倾斜，缩小城乡文化差距。中国还将积极开展面向农民工、城市贫困人口、残疾人等弱势群体的公益性文化活动。

① 杨志今：《加强公共文化服务体系建设 努力满足人民群众的精神文化需求》，《中国文化报》2012年12月26日。

【延伸阅读】

现代公共文化服务体系的内涵与标志①

党的十八届三中全会提出构建现代公共文化服务体系的时代任务。什么是现代公共文化服务体系？它的内涵和主要标志是什么？我认为主要表现在以下几个方面：

在发展目标上，现代公共文化服务体系以建设社会主义核心价值体系、建设社会主义文化强国为目标。在核心价值体系建设与文化强国战略中，公共文化是基础工程，是基本任务，围绕核心价值体系和文化强国构建公共文化服务体系，就是今天中国公共文化服务体系建设最具时代特征的特色。

在治理理念上，把公共文化纳入基本公共服务范畴，坚持政府主导、政事分开的原则，坚持人民为中心的导向，推动公共文化服务社会化发展，让开放、竞争的市场化手段在公共文化资源配置、服务供给上发挥更大的作用。公共文化服务体系建设需要政府发挥主导作用，但政府主导不是政事不分，并不排斥采用开放、竞争的市场化手段，这就是公共文化服务体系的现代治理理念。

在主要任务上，目前我国构建现代公共文化服务体系，必须通过改革创新在以下几个方面取得突破：一是建立公共文化服务体系建设的协调机制，协调文化系统及全社会的资源和力量，统筹公共文化设施网络和服务体系建设；二是以公共文化服务的普遍均等、惠及全民为目标，形成以群众需求为导向、以经济社会发展水平为依据的公共文化服务标准，以标准化促进均等化，以均等化体现公平正义；三是对基层公共文化服务资源从组织体系、经费机制、资源配置、人员保障等方面进行深度整合，形成组织合力和资源优势，有效对接需求，建立综合性的基层文化服务基地，实现"多位一体"的文化服务机制；四是公益性文化事业单位推广法人治理结构，建立民主管理制度与机制，解决"政府办文化"和公益性文化事业单位"行政化"问题；五是培育文化非营利组织，拓宽公共文化社会化服务的渠道和范围，增加公共文化服务的开放性。完成以上重点改革任务，建立协调机制和资源整合着眼于提高公共文化服务效能，建立法人治理结构和培育文化

① 李国新：《现代公共文化服务体系的内涵与标志》，《经济日报》2013年11月28日。

非营利组织着眼于体制机制创新。

在传播手段上，现代公共文化服务体系首先强调传播载体和形式的多样化，其次特别强调发展技术先进、传播快捷、覆盖广泛的现代传播体系。

在评价机制上，现代公共文化服务体系既关注群众需求导向的评价，又关注服务效能导向的评价。以群众需求为导向，建立群众评价和反馈机制；以服务效能为导向，完善绩效考核评价机制。

构建现代公共文化服务体系，需要建立新的理念，完成新的任务，实现新的目标。由传统到现代，动力是改革，灵魂是创新。所以，构建现代公共文化服务体系的过程，就是文化体制改革创新的过程。全面深化改革的总目标是完善和发展中国特色社会主义制度，推进国家治理体系和治理能力现代化，那么，构建现代公共文化服务体系就是现代化国家治理体系的组成部分，是现代化国家治理能力的必备要素。

（作者为文化部国家公共文化服务体系建设专家委员会副主任、北京大学教授）

二、加强公共文化服务体系建设的基本原则

必须坚持政府主导，落实政府责任。杨志今指出，公共文化服务体系建设是保障文化民生的重要工作，涉及城乡群众的基本文化权益，政治性强，社会影响大。各级政府要充分发挥主导作用，把公共文化建设放在文化发展繁荣的大局之中，放在建设社会主义文化强国的大局之中，放在经济社会协调发展的大局之中，将之作为文化事业第一位的工作，真正做到思想上高度重视、组织上加强领导、工作上强力推进、政策上全力支持、考核上有硬指标，使文化建设在中国特色社会主义“五位一体”事业总体布局中凸显应有的地位。

必须坚持深化改革，努力开拓创新。杨志今指出，要通过深化文化体制改革，着力把握公共文化事业发展的规律、创新发展理念、破解发展难题，不断推进理论创新、制度创新、管理创新、科技创新，加快形成符合科学发展观要求的文化发展方式和发展机制。深化理论研究，深

入研究公共文化服务体系的理论内涵、发展路径等重要理论问题;加强制度建设,加强公共文化服务“顶层设计”;从公共管理的角度,不断改进政府提供公共文化服务方式,加强基层社会管理和服务体系建设;加快推进公共数字文化建设,促进文化和科技融合,发展新型文化业态。

必须坚持统筹协调,推动科学发展。杨志今指出,要按照全面协调可持续的要求,依循“保基本、强基层、建机制”的基本路径,建立长效发展机制。统筹文化事业和文化产业建设,推动文化事业全面繁荣、文化产业快速发展;统筹城乡文化发展,加大对农村文化建设的帮扶力度,加强城乡一体化建设;统筹区域文化发展,结合东、中、西部经济社会发展实际,实施不同的支持政策;统筹软硬件建设,既要抓好设施网络建设,又要狠抓管理和服务;统筹各方面文化资源,调动政府、社会组织、企事业单位等的积极性,扩大公共文化服务资源。

必须坚持依靠群众,激发发展活力。杨志今指出,人民是推动社会主义文化大发展大繁荣最深厚的力量源泉。要坚持以人民为中心的创作导向,坚持“二为”方向、“双百”方针和“三贴近”原则,努力创造优秀的群众文化精品。要引导群众在文化建设中自我表现、自我教育、自我服务,提高社区文化、村镇文化、企业文化、校园文化等建设水平,为人民提供广阔文化舞台。及时总结来自群众、生动鲜活的文化创新经验,推广大众文化优秀成果,不断激发来自基层群众的文化创造活力,让文化创造的源泉充分涌流,在全社会营造鼓励文化创造的良好氛围。①

三、当前推进公共文化服务体系建设的重点工作

进一步提高公共文化设施网络建设水平,实现公共文化设施的有效覆盖。杨志今指出,要进一步加大公共财政投入力度,统筹规划和建设基层公共文化服务设施。加大地市级“两馆”建设力度,努力完善城乡基层文化设

① 杨志今:《加强公共文化服务体系建设 努力满足人民群众的精神文化需求》,《中国文化报》2012 年 12 月 26 日。

施网络。以服务人口为依据，完善基层公共文化设施建设标准。加强社区公共文化设施建设，把社区文化中心建设纳入城乡规划和设计。要继续支持革命老区、民族地区、边疆地区、贫困地区建设和改造文化服务设施网络。完善面向妇女、未成年人、老年人、残疾人的公共文化服务设施。

进一步统筹整合文化资源，推进公共文化服务体系管理创新。杨志今指出，要以创建国家公共文化服务体系示范区为平台和抓手，促进公共文化资源的共建共享。充分发挥公益性文化单位在公共文化服务中的骨干作用。继续推动公共文化设施向社会免费开放，进一步提高服务效能。发挥企事业单位、社会组织的积极性，增加公共文化服务资源。采取政府采购、项目补贴、定向资助等政策措施鼓励各类文化企业提供公共文化产品和服务，努力把公共文化产品供给从文化系统的“内循环”转变为市场的“大循环”。

进一步完善公共文化产品的创作和生产机制，丰富公共文化服务的内容。杨志今指出，要加强群众文艺创作规划和统筹，引导各级文化单位和文化企业创作生产优秀的公共文化产品。探索建立群众文化需求的动态反馈机制，多提供适合群众需要、对生产生活有指导作用的公共文化产品。鼓励国家投资、资助或拥有版权的文化产品无偿用于公共文化服务。建立公共文化资源提供平台，通过政府购买版权，移植改编，把电影电视、舞台艺术、出版物、文物资源等优秀文化产品无偿提供给基层群众使用。

进一步加强重大公共文化工程和文化项目建设，为基层群众提供多样化的文化服务。杨志今指出，要深入实施全国文化信息资源共享工程，在实现“村村通”的基础上，推进数字服务进入家庭。到 2015 年，将工程建成资源丰富、技术先进、服务高效、覆盖城乡的数字文化服务阵地；加快数字图书馆建设进度，借助“三网融合”工程，实现全国公共图书馆资源的无障碍共享，向基层群众提供个性化、多样化的数字图书馆服务；推进公共电子阅览室建设，以未成年人、进城务工人员等弱势群体为重点服务对象，将公益性电子阅览室建设成为文明健康、安全、方便的上网场所。

知识链接

全国文化信息资源共享工程

“全国文化信息资源共享工程”（以下简称“共享工程”），是充分利用现代高新技术手段，将中华民族几千年来积淀的各种类型的文化信息资源精华以及贴近大众生活的现代社会文化信息资源，进行数字化加工处理与整合，建成互联网上的中华文化信息中心和网络中心，并通过覆盖全国所有省、自治区、直辖市和大部分地（市）、县（市）以及部分乡镇、街道（社区）的文化信息资源网络传输系统，实现优秀文化信息在全国范围内的共建共享的一项系统化社会文化系统工程。全国文化信息资源共享工程于 2002 年 4 月正式启动。该工程由国家财政部拨款，文化部组织并实施。

总体目标：

1. 实现网络联网“135”计划，即实现 1 个国家中心、30 个省级分中心、5000 个以上的县、乡、街道和社区基层网点的联网。

2. 完成以百万册件文献共建和“四个一优秀作品”为核心的数字资源建设，即完成 100 万册文献、1000 台优秀地方剧目、1000 部优秀美术作品、1000 部优秀音乐作品、1000 件珍贵文物的数字化，并提供网上服务。

3. 通过文化信息资源联合目录，建立网上文化信息导航系统，利用国家中心、省级分中心以及基层中心组成的网络开展服务。

进一步加大公共文化建设经费、人才和立法保障力度，建立公共文化服务体系建设长效机制。杨志今指出，在经费方面，要推动各级财政加大对公共文化服务体系建设的投入，保证公共财政对文化建设投入的增长幅度高于财政经常性收入增长幅度。在队伍方面，要完善机构编制、学习培训、待遇保障等政策，吸引优秀文化人才服务基层。要壮大文化志愿者队伍，形成专兼职结合的基层文化队伍。在立法方面，要加快推进《公共图书馆法》、《公共文化服务保障法》立法步伐，争取早日形成比较健全的公共文化法律法规体系。①

① 杨志今：《加强公共文化服务体系建设 努力满足人民群众的精神文化需求》，《中国文化报》2012 年 12 月 26 日。

【延伸阅读】

纽约的公共文化服务体系之借鉴[①](节选)

一、纽约公共文化服务体系概况

今天的纽约号称“世界之都”。强大的经济实力背后有着浓郁的文化氛围,浮华的都市生活之中有着高雅而丰富的精神享受。诚如世界著名城市学、社会学专家刘易斯·芒福德所言:城市是文化的空间,城市的首要功能是文化的传承和教化。

(一)文化设施

文化设施是贮藏和展示文化的空间,是城市文化、城市精神的物质体现和物质载体。纽约是美国文化设施最多和最集中的城市,大约有300家博物馆,超过200家公共图书馆,近300家电影院,400多家剧院,400多家艺术画廊,500多家书店,1500多个公园和游乐场所。纽约拥有的大的艺术中心占全美14%左右,专业剧院占全美总数的17%。公共文化设施主要包括五大部分:一是以三大公共图书馆为主体的图书馆系列;二是以两大博物馆为主体的博物馆系列;三是以百老汇剧院为主体的表演艺术系列;四是以中央公园为主体的休闲娱乐系列;五是以自由女神像和帝国大厦、世贸中心遗址等为代表的城市文化标志建筑系列。

三大公共图书馆每年图书资料流通量超过4000万件,相当于纽约市民人均5.5件。纽约的公共图书馆分布面十分广,平均每平方公里内有2.5个,每个社区3.3个,偏远社区也达到2个左右。强大的公共图书馆系统让市民阅读十分方便。而且纽约的图书馆服务十分方便,不仅实行开架借阅,而且对残疾人进出借阅也是有方便通道。最值得称道的是其“有教无类”的理念,任何人都可以进馆阅读而无须提交证件。任何一个在纽约居住的人都可以凭任意一种居住证明,如电费单、煤气费单免费办理借书证。纽约公共图书馆是纽约最大的公共图书馆,收藏有图书和各类资料超过3000万册(件),除主馆外还设有80多个分馆。每年接待超过1500万人次读者。图书馆网址每月浏览的人员来自全球150多个国家和地区。纽约公共图书馆不仅是世界五大学术研究图书馆之一,而且具有博物馆的性

① 罗思:《纽约的公共文化服务体系之借鉴》,《特区实践与理论》2012年第1期。

质,定期展览各种馆藏珍品。

纽约的博物馆(含美术馆)数目众多,整个城市逾 300 家。市区有一条大道叫博物馆大道,一条路上就有 9 家博物馆。以大都会艺术博物馆和自然历史博物馆这两大博物馆为标志的纽约博物馆系统,为纽约市民乃至各国游客提供了大量的博物、宣传、教育、演出和公关等综合性的文化服务,成为城市的文化活动中心。比如大都会艺术博物馆每年安排的教育项目就超过 2 万个,对象包括学生、教师、家庭、学者和本馆会员。每年到此参观的游客超过 540 万人次,发挥了巨大的文化服务功能。纽约众多的博物馆有 60%为私人所有,整个城市有一种热衷于收藏与展示的氛围,但是这些博物馆的门票收费整体而言都十分便宜,比如哈莱姆博物馆,入馆成人的建议捐赠额(不是门票)为 7 美元,学生凭学生证只要 3 美元,会员和 12 岁以下儿童免费。

纽约的表演艺术文化设施主体是百老汇剧院,每年纽约以及全美乃至全球各地的艺术团体在此上演各类精彩演出,吸引了超过 1100 万人次观看。此外纽约还有林肯艺术中心、卡内基音乐厅等众多世界知名演出场地,每年举办古典或是流行艺术演出多场,包括格莱美音乐颁奖典礼等全球性的重要文艺活动。

纽约的休闲娱乐设施发达。根据纽约公园和娱乐局的数据,全纽约市有 1700 多个公园、运动和娱乐场所。26.6%的城市面积为公园所覆盖。全美最大公园前 36 名中纽约就占了 6 个,其中超过 1000 英亩的有 4 个。纽约每个区都有一个中心公园,每个社区都有 4 到 5 个公园或游乐场所。

(二)文化活动

为数众多的文化设施为纽约文化活动的开展、为市民参与文化活动提供了良好的条件。纽约的文化活动形式多样,主要包括影剧院文化、广场文化、公园文化、节庆文化、社区文化、媒体文化、体育文化和旅游文化。

影剧院文化是纽约文化活动的主要形式,主要内容包括歌舞等表演艺术和电影。纽约的剧场有日场和夜场,尽管如此,百老汇剧院的观众入座率仍达到 90%以上。一些剧目演出达到几百次甚至几千次,比如《猫》、《歌剧魅影》等经典剧目连续上演十数年,真正做到节目不变观众变。在电影方面，城市提供了不同类型的电影，包括独立制片电影、古典电影，不同的影院或文化场所播放的电影也有不同，有一些资料馆性质的现代艺术馆放映厅、电影档案馆、影像艺术馆等提供电影资料对外开放。

纽约的广场文化十分活跃，特别是夏秋两季，不少社区或团体组织还有一些企业提供赞助，聘请一些艺术团体向观众提供免费表演，从而增强社区的吸引力，赞助商也可以提高知名度，获得广告和宣传效应。

纽约的节庆文化活动十分频繁。有以文化艺术形式为主题的艺术节，如电影节。有以场所为主题的艺术节，如林肯艺术中心每年的艺术节。还有以艺术家为主题的艺术节如莫扎特艺术节。

纽约的社区文化十分发达，特别是街坊节(Stree Fair)。街坊节包括本族裔的文化活动，比如中国城的春节，爱尔兰移民的“圣·巴特里克节”，“小意大利”居民的“圣·珍那庐节”等。另外还有不同族裔共同参与的街坊节，如格林尼治村的华盛顿广场每年举行两次历时三周的艺术节。纽约的社区分别有董事会，每个社区董事会有50名有表决权的成员，一半以上由区长任命，另一半由居民选举产生。其职责是保障本社区的福利、促进社区沟通、编制社区预算和发展规划、监督和评估社区服务质量。社区文化活动经费一般由社区文化教育事务委员会向区政府提出申请，另外就是募捐和接受赞助。

纽约是世界媒体之都，美国三大广播网美国广播公司ABC、哥伦比亚广播公司CBS和全国广播公司NBS、及25家主要的有线电视网的总部都在纽约，此外还有《时代周刊》、《新闻周刊》、《财富》、《福布斯》、《商业周刊》等全球知名杂志，每天有全球各主要报刊在纽约发行逾千万份报纸。

纽约的体育文化十分发达。政府在城建规划中，对体育设施的用地以及分布做了明确规定，每6000人要有一个小型体育场，方圆500米内要有一个不同类型的活动场所。

纽约对旅游产业十分重视。纽约曾被评为全美商务旅游城市第一名，每年到纽约旅游的游客超过3500万人次。为了方便外来游客和本地市民，市政府在纽约的主要车站码头以及时代广场等重要公共场所都设有旅游信息服务中心，人们可以免费得到纽约的地图、各个旅游和文化景点的资料以及商业和娱乐服务的资料。地铁站可以免费获得地铁交通图，公共汽车可以免费获得公交地图。

（三）公共文化服务模式

美国的公共文化服务模式与我国有很大不同，这种不同来源于社会制度的不同、意识形态的不同以及历史文化传统的不同。

美国的公共文化服务模式可以概括为“自保公助”模式，又称“最低保障与兼顾效率型”公共服务模式，市场分散、民间主导，中央和各级政府不设置专门的文化行政部门，政府主要是通过政策法规对各类文化团体、组织或机构进行管理，并给予优惠，以使其在市场中生存和发展，公共文化服务的提供主要由大量的非政府组织（NGO）或非营利机构（NPO）即所谓的第三部门承担。

祁述裕：公共文化服务的提升之路

祁述裕在《公共文化服务的提升之路》[①]一文中指出，公共文化服务是满足人民基本文化需求、实现人民基本文化权益的主要途径。近年来，我国公共文化服务有了长足发展，但仍存在公共文化产品总量偏少、质量不高、产品供给能力不强、产品提供渠道单一等问题，公共文化服务水平仍待提升。

一、树立文化民生理念

提高公共文化服务水平，首先要树立文化民生理念。祁述裕认为，民生分为生存性民生和发展性民生。生存性民生是指衣食住行等基本生存需求的满足，发展性民主是指满足精神文化生活、追求公平正义、提高生活品质等需求。当前，我国处在由生存性民生向发展性民生过渡时期。2012 年，我国人均 GDP 为 6100 美元。根据国际经验，人民群众生活需求已经由生存型、温饱型向精神型、享受型转变。读书、看报、上网、听广播、看电视、参加社区文化活动等精神文化生活由原来的生

① 祁述裕：《公共文化服务的提升之路》，《人民日报》2013 年 3 月 15 日。

活调味品，变为不可或缺的“一日三餐”，成为民生的重要内容。

公共文化服务建设正是顺应上述变化提出来的。祁述裕认为，现阶段，我国公共文化服务建设着眼于人民基本文化权益，把人民基本文化权益确定为听广播、读书看报、看电影、进行公共文化鉴赏、参与公共文化活动等内容，这符合我国仍处于社会主义初级阶段的特点，也兼顾财力所及，确保公共文化建设能落到实处。公共文化服务建设落脚点是提高人民文化素质，激发社会创造活力。公共文化服务通过完善文化设施，为形式多样的文化活动搭建平台，起到普及知识、陶冶性情、丰富生活、增加活力，最终促进人的全面发展的功能，这是经济社会发展的必然要求。[①]

【延伸阅读】

从“文化事业单位”到“公共文化服务体系”
——三论现代公共文化服务[②]

我国公共文化服务体系建设，是一场发展与改革交织的深刻实践，是一次历史性的转折。回顾60多年的历史，中国的现代化建设经过了计划经济和市场经济体制改革两个历史时期，公共文化服务体系也经历了从原则的确立，到制度化形式探索的艰难实践过程。

中华人民共和国成立之初，宪法就已经规定了“中华人民共和国公民有言论、出版、集会、结社、游行、示威的自由”。宪法还特别规定：“中华人民共和国公民有进行科学研究、文学艺术创作和其他文化活动的自由。国家对于从事教育、科学、技术、文学、艺术和其他文化事业的公民的有益于人民的创造性工作，给以鼓励和帮助。”这说明，我国社会主义制度建设的最初蓝图中，对公民文化权利就有明确的认可，这是对国家基本公共文化服务职能的原则确立。

---

① 祁述裕：《公共文化服务的提升之路》，《人民日报》2013年3月15日。

② 张晓明：《从“文化事业单位”到“公共文化服务体系”——三论现代公共文化服务》，《光明日报》2013年8月21日。

由于众所周知的原因，在新中国成立后不长的时间，经过短暂而剧烈的“社会主义改造”运动，到上世纪50年代末60年代初，计划经济体制在各方面基本成型。1963年，在国家编制委员会代国务院草拟的《关于编制管理的暂行办法》中，首次提出以“行政、事业、企业”三种编制划分单位性质，规定“凡是为国家创造或者改善生产条件，促进社会福利，满足人民文化、教育、卫生等需要，其经费由国家事业费内开支的单位均为事业编制”。这也就是说，由于实行计划经济体制，我国公民文化权利的实现形式与市场经济国家有了根本性区别，全部文化机构都成为公共服务部门“事业化”体制的一部分，纳入了国家行政管理体制。

然而，正如我们现在已经认识到的，现代化导致的经济和技术的进步，致使绝大多数文化产品都可以成为个人排他性的生产和消费对象，文化部门涉及的产品和服务大部分不具有公益性。因此，我国文化部门的普遍事业化（即公共化）事实上也很快就沦为形式。上世纪60年代中期开始的“文化大革命”，使得文化机构基本瘫痪。“文革”结束后，以1978年财政部批准《人民日报》等新闻单位实行“事业单位，企业化管理”为标志，进入了持续近20年的所谓“双轨制”时期。在这个时期中，“事业体制”性质与实际运行日益脱节，直到2003年，全国文化体制改革试点开始，文化事业与文化产业“分类改革”的思路成型，文化事业单位改革作为文化体制改革试点的中心环节全面展开，文化产业从原有事业体制中剥离，获得了蓬勃发展，公共文化服务体系开始显示出其本来面目。

我们完全可以认为，中国的公共文化服务体系是在改革开放过程中，在不断深化的市场化进程中，逐步发展成型的；是在文化部门彻底“拨乱反正”，回归世界文明主流，恢复大部分文化产品和服务的商品属性后，才被真正认识到的。从发展逻辑来看，中国的公共文化服务体系的建设规律，是符合现代化和市场经济发展一般规律的。

中国的公共文化服务体系建设是一场发展与改革交织的深刻实践，既反映了市场经济条件下公共文化领域的一般规律，又表现出中国作为转型国家的特殊规律。历史的梳理，使我们认识到正在发生的这场公共文化服务事业历史转型的深刻性。

（作者为中国社会科学院文化研究中心副主任）

二、提高文化设施服务效能

祁述裕认为，目前，我国公共文化建设存在着一个矛盾的现象：一方面，公共文化设施短缺问题仍很突出。以博物馆为例，我国博物馆数量为3400座，美国博物馆数量为17500座，我国博物馆数量仅为美国的1/5。我国目前公共图书馆书籍人均不到0.5册，而联合国教科文组织提出的建议性标准是人均1.5到2.5册，差距还很大。另一方面，我国公共文化设施使用效率不高、闲置现象严重。据某研究机构对我国一个中部省份的调查，该省乡镇综合文化站日均服务超过3人次以上的仅占1/3，平均不到1人次的占1/3。①

祁述裕认为，解决上述矛盾，除了要继续加大公共文化投入，更重要的是提高服务效能。我国中心城市与美国中心城市公共文化设施数量差不多。以公共图书馆为例，纽约公共图书馆为214个，上海为245个，但服务效能却相差甚远，纽约公共图书馆持卡人数占城市总人口的64.7%，上海仅占4.6%。

提高服务效能，必须坚持群众至上，服务为本。例如，2008年新落成的杭州新图书馆转变思路，把服务手段转变为群众自助式，把服务的内容扩大至音乐欣赏、展览展示、沙龙讲座、娱乐演出等，把服务的触角延伸到社区、村落，效能大大提升。固定读者量是建馆50年来总和的5倍，平均每天6000多人次，双休日过万。

提高服务效能需要整合资源。实行总分馆制就是近些年整合图书馆系统内资源的成功探索。例如，苏州市不仅在市区内实行总分馆制，还将总分馆的做法推广到整个苏州地区，构建由市区和县（市）两个公共图书馆总分馆体系构成的资源共享。

祁述裕认为，不仅要整合文化系统内部资源，还要整合全社会文化

---

① 祁述裕：《公共文化服务的提升之路》，《人民日报》2013年3月15日。

资源。目前，青少年文化宫、工人文化宫、文化广场、公园、党政机关、企业单位内部文化设施等，都由所属单位分头管理，各自为阵，设施闲置现象十分普遍，迫切需要统筹规划。

三、鼓励社会力量参与

加强公共文化服务是政府的基本职责，但这并不意味着政府是公共文化服务的直接提供者。实践证明，由国家和文化事业单位包办公共文化服务，是服务方式单一、效率低下、活力不足的主因。对此，祁述裕建议，要调动全社会参与公共文化建设，形成政府主导、社会参与、多元投入、协力发展的新格局。

实际上，社会参与已经成为我国公共文化服务的重要力量。2003年在北京创办的科教图书馆，被称为中国首家民办图书馆。目前该图书馆已在10个省市建立了25家加盟馆。宁波市采取国助民办、民企民办、合作联办等多种形式鼓励社会力量兴办博物馆，民办博物馆已有30多家，占全市博物馆数量的三成。

发挥市场配置资源的积极作用，是鼓励社会参与公共文化服务的关节点。甘肃把市场运作和公共服务结合起来，采取公开招标的方式组建农村电影院线。通过竞标脱颖而出的民营电影企业兰州金利文化娱乐有限责任公司，牵头组建了飞天院线公司。该公司在确保公益放映场次全面落实的同时，积极探索市场运营机制，体现了“企业经营，市场运作，政府购买，农民受惠”的思路。

四、引入“文化治理”理念

北京市朝阳区文化馆在建设社区文化中心——垡头文化中心的过程中，引入了“文化治理”的理念，提出了“公共空间”、“社区营造”和“文化居民委员会自治化管理”等概念，其特点是由该社区居民自由组建、自我管理、自我监督，是引导居民参与公共文化事务的一次有益尝试。

如何防止政府提供的文化产品与公众需求不匹配,变公众被动接受为主动参与,是提高公共文化服务水平需要解决的问题。祁述裕指出,“文化治理”正是适应这一要求提出来的。“文化治理”强调人民文化参与的重要性,大大拓展了实现人民基本文化权益的内涵,主张政府、事业单位、非营利组织、专家、公民之间是平等合作的关系,倡导社会各方共同参与公共文化事务管理,强调政府要通过与社会各方沟通、互动,共同推动公共文化服务建设。①

新闻链接

31 个城市成为首批国家公共文化服务体系示范区

2013 年 11 月 6 日,文化部、财政部在上海召开国家公共文化服务体系示范区(项目)创建工作会议,江苏省苏州市等 31 个城市正式成为我国首批国家公共文化服务体系示范区,这标志着以文化惠民为核心内容的我国公共文化服务体系建设进入一个新的阶段。

文化部副部长杨志今出席会议时强调,要加大力度,稳步推进国家公共文化服务体系示范区(项目)创建工作。一要继续巩固和提升创建成果。各创建示范区城市政府是创建工作的责任主体,要围绕创建目标、任务,落实相关工作机制和保障措施,加快推动示范区创建工作。二要加强制度设计,着力破解当地公共文化服务体系建设面临的突出难题。各创建示范区要认真贯彻落实中央关于公共文化服务体系建设的战略部署,强化问题意识,努力成为制度设计和课题研究的实践基地,在公共文化设施网络、服务供给、组织支撑、人才资金技术

① 祁述裕:《公共文化服务的提升之路》,《人民日报》2013 年 3 月 15 日。

支撑、绩效考核、制度设计等各个方面开展研究工作。三要不断加大创新力度，充分发挥示范带动作用。四要坚决贯彻落实党的群众路线，注重惠民实效。五要强化宣传意识，扩大公共文化服务体系建设的社会影响。

国家公共文化服务体系示范区（项目）创建工作是文化部、财政部“十二五”期间共同开展的一项重大文化惠民项目，旨在推动各地研究和解决公共文化服务体系建设面临的突出矛盾和问题，探索建立公共文化服务体系可持续发展的长效保障机制，为同类地区提供借鉴和示范，为国家制定相关政策提供科学依据和实践经验。创建工作自2011年开始，每两年一个周期，计划开展3批示范区创建。2013年9月，第一批31个创建示范区、45个创建示范项目通过评审验收。8月，第二批32个创建示范区、57个创建示范项目通过评审，获得创建资格。

据介绍，在第一批示范区（项目）两年的创建周期内，各地将创建工作作为推动文化大发展大繁荣的重要途径、转变发展方式的重大举措、构建和谐社会的重要抓手，在资金投入、设施建设、体制机制改革等方面重点推进，推动当地公共文化服务体系实现跨越式发展。一是公共文化服务政府责任得到明确和加强。通过创建，各示范区普遍建立了党委政府牵头、各部门参与的公共文化建设工作机制，并把公共文化服务纳入各级党委政府绩效评估之中。二是公共文化投入不断加大，基层设施网络建设得到加强。三是通过示范区创建，形成了一批行之有效、具有推广价值的制度设计成果，成为公共文化服务的有力保障。四是各地在示范区创建过程中实施了大量文化惠民项目。示范区（项目）创建工作对推动我国公共文化服务体系建设科学发展，产生了十分显著的作用。

当天的会议还印发了《关于加强第一批国家公共文化服务体系示范区（项目）后续管理工作的通知》，要求在创建后规划制定、重大文化惠民项目参与、文化活动开展等方面，进一步推进和深化相关工作。

会上，文化部办公厅主任于群、财政部教科文司文化处处长宋文玉代表示范区创建工作领导小组，宣布了第一批国家公共文化服务体系示范区（项目）名单和第二批示范区（项目）创建城市名单。文化部财务司副司长马秦临就创建工作做了说明，会议由文化部公共文化司司长张永新主持。各省区市文化厅局及新疆生产建设兵团文化广播电视局负责同志和社会（公共）文化处处长，第一批、第二批示范区（项目）创建城市政府领导和文化局长，以及国家公共文化服务体系建设专家委员会代表等共200余人参加了会议。

（来源：《中国文化报》2013年12月3日）

专题 4

构建和发展现代传播体系

导 读

党的十八大报告指出："构建和发展现代传播体系，提高传播能力。"

党的十八届三中全会《决定》进一步指出："坚持政府主导、企业主体、市场运作、社会参与，扩大对外文化交流，加强国际传播能力和对外话语体系建设，推动中华文化走向世界。理顺内宣外宣体制，支持重点媒体面向国内国际发展。培育外向型文化企业，支持文化企业到境外开拓市场。鼓励社会组织、中资机构等参与孔子学院和海外文化中心建设，承担人文交流项目。"

传播能力是国家软实力的重要组成部分，是党的执政能力的重要体现，关系我国国家利益和国家形象，关系改革开放和社会主义现代化建设大局。发展现代传播体系，增强国内国际传播能力，已经成为一项十分紧迫的战略任务。

党的十七届六中全会审议通过的《关于深化文化体制改革、推动社会主义文化大发展大繁荣若干重大问题的决定》指出，"提高社会主义先进文化辐射力和影响力，必须加快构建技术先进、传输快捷、覆盖广泛的现代传播体系”,强调要“加强党报党刊、通讯社、电台电视台和重要出版社建设”,“加强国际传播能力建设,打造国际一流媒体”。

党的十八大和十八届三中全会《决定》为我们明确了今后一个时期新闻舆论工作和文化传播工作的重点和方向。采取有效举措,整合各类资源,调动社会各方面积极性,推进现代传播体系建设,已经成为一项十分紧迫的战略任务。

针对如何“发展现代传播体系”,学术界理论界的专家和学者进行了深入广泛的探讨和研究。中共中央宣传部副部长、国家广播电影电视总局党组书记、局长蔡赴朝和新华社社长李从军在其所发表的文章中,系统地阐述了如何发展现代传播体系,对我们不无益处。

历史沿革

2008 年,胡锦涛同志在全国宣传思想工作会议上强调,要把加强对外宣传作为国家发展全局的战略任务抓紧抓好,形成与我国经济社会发展水平与国际地位相称的对外传播力量,让中国的声音和信息传得更广更远。

2011 年,党的十七届六中全会审议通过的《中共中央关于深化文化体制改革、推动社会主义文化大发展大繁荣若干重大问题的决定》指出,“提高社会主义先进文化辐射力和影响力,必须加快构建技术先进、传输快捷、覆盖广泛的现代传播体系”。

2012 年,党的十八大报告提出:“构建和发展现代传播体系,提高传播能力。”

2013 年,党的十八届三中全会《决定》指出:“坚持政府主导、企业主体、市场运作、社会参与,扩大对外文化交流,加强国际传播能力和对外话语体系建设,推动中华文化走向世界。理顺内宣外宣体制,支持重点媒体面向国内国际发展。培育外向型文化企业,支持文化企业到境外开拓市场。鼓励社会组织、中资机构等参与孔子学院和海外文化中心建设,承担人文交流项目。"

国家新闻出版广电总局局长 蔡赴朝

蔡赴朝,男,汉族,1951年4月生,北京市人,1979年4月入党,1971年7月参加工作,中国人民大学新闻学院新闻学专业博士研究生学历,文学博士,高级记者、主任编辑。曾任中共中央宣传部副部长,国家广播电影电视总局党组书记、局长等职务。现任国家新闻出版广电总局局长、党组副书记,国家版权局局长。第十八届中央委员。

新华社社长、党组书记 李从军

李从军,男,安徽六安人,1949年10月生,汉族。1983年5月加入中国共产党。1968年10月参加工作。吉林大学文学硕士,1985年山东大学中文系中国古代文学专业博士研究生毕业并获文学博士学位。现任新华社社长、党组书记,中共中央委员。

蔡赴朝:发展现代传播体系 提高社会主义先进文化辐射力和影响力

当今世界,一个国家文化的影响力不仅取决于其思想内容,而且取决于其传播能力。谁的传播能力强大,谁的思想文化和价值观念就能更广泛地流传,谁就能更有力地影响世界。《中共中央关于深化文化体制改革推动社会主义文化大发展大繁荣若干重大问题的决定》(简称《决定》)指出,提高社会主义先进文化辐射力和影响力,必须加快构建技术先进、传输快捷、覆盖广泛的现代传播体系。蔡赴朝在《发展现代传播体系 提高社会主义先进文化辐射力和影响力》[①]一文中指出，这是党中央根据世情国情党情深刻变化，对宣传文化工作作出的重要战略部署。

蔡赴朝指出，近年来，我国宣传文化部门大力加强传播能力建设，国内国际传播水平显著提高，为凝聚民族力量、推动社会进步、扩大我国在世界的影响作出了积极贡献。但是，与我国经济社会快速发展的要求相比，与人民群众不断增长的精神文化需求相比，与现代科学技术和传播手段迅猛发展的形势相比，与我国日益提升的国际地位相比，我国的文化传播能力还不相适应、存在差距。蔡赴朝指出，贯彻落实《决定》部署，加快构建现代传播体系，努力形成与我国经济社会发展水平和国际地位相称的国内国际传播能力，已经成为宣传文化工作面临的一项十分重要而紧迫的战略任务。

一、加强重要媒体建设

《决定》强调，要加强党报党刊、通讯社、电台电视台和重要出版社建设。蔡赴朝指出，党报党刊、通讯社、电台电视台，是党的新闻宣传事业的主阵地、主力军，必须作为构建现代传播体系的战略重点。当前，我国正处在改革发展的关键时期，社会思想观念深刻变化，人们思想活动的独立性、选择性、多变性、差异性明显增强；同时，高新技术特别是信息网络技术迅猛发展，媒体传播理念、传播渠道、传播方式正在发生深刻的变化和调整。加强重要媒体建设，必须科学把握这些新形势、新趋势，着力提高舆论引导能力、数字化采编播能力、统筹传统媒体新兴媒体发展能力。

蔡赴朝指出，要把坚持正确导向、提高舆论引导能力贯穿媒体建设始终。要紧紧围绕深入贯彻“三贴近”原则，大力推进宣传创新，切实增

① 蔡赴朝:《发展现代传播体系 提高社会主义先进文化辐射力和影响力》,《人民日报》2011 年 11 月 7 日。

强新闻宣传的亲和力、吸引力、感染力。要建立常态化的深入基层、深入群众新闻工作机制，正确引导社会舆论，有效回应社会关切，更好服务百姓生活。要健全新闻报道快速反应机制，第一时间发出权威声音。要积极探索把握新形势下舆论引导机制，提高新闻信息量，提高现场直播能力，增强引导和回应群众参与互动的能力。

知识链接

“三贴近”原则

“三贴近”就是指，贴近实际、贴近生活、贴近群众。这是十六大以来，以胡锦涛同志为总书记的党中央提出的一项重要要求。它是党和人民喉舌的新闻媒体从事新闻报道过程中必须遵循的原则之一，也是新闻报道为人民群众所喜闻乐见，从而达到以正确的舆论引导人，以高尚的精神塑造人，以优秀的作品鼓舞人，并牢固占领舆论阵地的法宝。

数字化是媒体发展的重要趋势，不仅促进了媒体采编、发行、播发系统的技术升级，而且带来了媒体内部管理体制、运行机制的全方位变革。因此，蔡赴朝指出，要坚持以数字化为龙头，以科技创新带动体制机制创新，加快媒体现代化进程，实现多媒体综合集成发展。要加强党报党刊采编系统数字化网络化建设，加快存量资源数字化转换，积极推进数字出版、数字印刷、数字发行、数字阅读。要加快电台电视台台内数字化建设，构建采、编、播、存、用一体化的数字技术新体系，构建面向多个播出平台、多种用户终端的综合制播系统，大幅度地提升广播电视播出质量和水平。

互联网等新兴媒体发展迅速，已经成为覆盖广泛、影响巨大的大众传媒。蔡赴朝认为，“占领文化传播制高点，就必须抢占科学技术制高点。”[①] 把握舆论引导主动权，就必须把握新媒体发展主动权。党报党刊、通讯社、电台电视台和重要出版社要从战略高度重视新媒体、发展新媒体，切

① 蔡赴朝：《发展现代传播体系 提高社会主义先进文化辐射力和影响力》，《人民日报》2011 年 11 月 7 日。

实增强统筹传统媒体新兴媒体发展的能力。要充分发挥资源优势，积极拓展网络报刊、网络广播电视、手机报刊、手机电视、移动多媒体等新兴领域和新兴传播阵地，使新兴媒体成为传播社会主义先进文化的新阵地、提供公共文化服务的新平台、人们健康精神文化生活的新空间。

知识链接

新媒体

新媒体是新的技术支撑体系下出现的媒体形态，如数字杂志、数字报纸、数字广播、手机短信、移动电视、网络、桌面视窗、数字电视、数字电影、触摸媒体等。相对于报刊、户外、广播、电视四大传统意义上的媒体，新媒体被形象地称为“第五媒体”。

美国《连线》杂志对新媒体的定义：“所有人对所有人的传播。”

清华大学新闻与传播学院熊澄宇教授：“在计算机信息处理技术基础之上出现和影响的媒体形态。”

话语权、有效话语权与国际话语权

关于话语权，法国哲学家福柯上世纪70年代在发表的《话语的秩序》中写道“话语就是人们斗争的手段和目的”。他认为，话语不仅是思维符号、交际工具，而且既是“手段”也是“目的”，并且能够直接体现为“权力”。因此，话语权就是指通过语言来运用和体现权力。

有效话语权则是话语权的实质和核心，是指通过语言有效地运用和体现权力，重在最终的传播实效。有效话语权的实现包括传达有效(传播者)、理解有效和支持有效(受传者)三个方面。显然，通过语言来运用和体现权力，能否真正有效，其中包含很多因素，它们决定着有效话语权的最后实现。

国际话语权，简单来说就是影响和控制国际舆论的能力。掌握了国际话语权，就可以影响和引导国际舆论的走向，影响国际主流社会和主流媒体，让中国的发展有一个良好的国际环境，让中国的声音成为世界和平与发展的重要力量，这是争取国际话语权的根本原因所在。

二、加强国际传播能力建设

《决定》对我国国际传播能力建设作出了部署。蔡赴朝认为，我们必须服从服务国家对外工作大局，紧紧围绕提升我国综合国力，切实把国际传播能力建设作为构建现代传播体系的重要内容，着力扩大对外宣传，建设全球传输覆盖网络，加强对外文化交流合作，切实增强我国国际舆论话语权，提升中华文化国际影响力。

蔡赴朝指出，强大的媒体是衡量一个国家国际传播能力的重要标志，是建设文化强国的重要途径。经过多年发展，我国重点媒体已经具备了打造国际一流媒体的良好基础和条件。人民日报建设新闻资源系统，加快海外版数字化转型；新华社驻外分社超过 140 个，形成比较健全的全球新闻信息采集网络和新闻发布体系；中国国际广播电台建有海外记者站 32 个，建成 62 个境外整频率电台，使用 61 种语言对外播出；中央电视台海外记者站达 50 个，开播英语、西班牙语、法语、俄语、阿拉伯语、汉语 6 种语言 7 个国际频道，在 141 个国家和地区落地，海外用户超过 2 亿；中国日报形成国内旗舰版、美国版、欧洲版、亚洲版共同发展的局面；中新社海外供版覆盖 22 个国家；人民网、新华网、中国网络电视台影响力不断增强；等等。但是，“我们必须清醒看到，与国际大型传媒集团相比，我国重点媒体在制播能力、传播能力、新媒体发展能力等方面还有明显的差距，国际舆论影响力、国际事务话语权还相对较弱。必须加大工作力度，采取有力措施，加快打造语种多、受众广、信息量大、影响力强、覆盖全球的国际一流媒体，实现我国重点媒体国际传播能力的跨越式发展，使我国主流媒体的图像、声音、文字、信息更广泛地传播到世界各地”。①

打造国际一流媒体，要立足我国媒体发展实际，充分借鉴跨国传媒有益经验，坚持硬件和软件并重，同步推进基础设施建设和信息内容建

① 蔡赴朝:《发展现代传播体系 提高社会主义先进文化辐射力和影响力》,《人民日报》2011 年 11 月 7 日。

设。蔡赴朝建议，一要完善新闻信息采集网络。把新闻触角延伸到世界各地，提高采编播发综合业务能力，特别是能够做到现场报道、权威报道重要国际新闻事件，努力提高新闻信息原创率、首发率、落地率。二要加强内容建设。深入研究国外受众心理特点和接受习惯，贴近中国和世界发展的实际，贴近国外受众对中国信息的需求，贴近国外受众的思维习惯，利用现代传播技巧，运用国外受众听得懂、易接受的方式和语言，增强内容的吸引力和影响力。三要加强本土化建设。逐步实现信息采集、编辑制作等业务流程的本土化运作，切实增强传播实效。四要扩大海外传播发行、落地覆盖。在巩固传统传播方式的同时，积极利用互联网等新技术手段完善全球传输覆盖网络，扩大在境外的覆盖面。要注重培育市场化、专业化的营销主体，构建符合市场运作规律、覆盖广泛的营销体系，不断提高新闻信息产品营销能力。

三、建立国家应急广播体系

建立统一联动、安全可靠的国家应急广播体系，是党中央根据国际经验和我国实际，对我国现代传播体系建设提出的新任务新要求。蔡赴朝指出，从国际上看，利用广播电视传播紧急信息、发布预警消息是世界各国普遍采用的有效手段，欧洲、美国、日本等都把广播电视作为政府应急体系中最重要的信息发布渠道，将广播电视机构纳入应急体系，建立应急广播系统。从 1963 年开始，美国就逐步建设了连接数千个广播电视台、有线电视网、卫星广播网络的覆盖全美的应急广播系统；欧洲建立的应急体系也将广播电视作为重要组成部分；日本已经建成较为完善的应急广播系统，遇有突发事件能够通过广播电视迅速发布紧急信息。

从国内看，近年来，我国发生了南方雨雪冰冻、“5·12”汶川特大地震、“4·14”玉树强烈地震等重大自然灾害，给国家造成巨大损失，使人民群众生产生活受到重大影响。在这些重大自然灾害等突发公共事件的应急处置中，广播电视在及时传达政令、发布信息、引导舆论、稳定人心、协助救灾等方面发挥了不可替代的作用，充分证明了其在应急处置中的独特功能和重要地位，已经成为国家应急体系不可缺少的重要组成部分。

目前，国家应急广播体系建设已列入我国“十二五”规划纲要，有关工作正在抓紧推进。国家应急广播体系建设要根据国家应急体系建设总体要求，充分利用无线、有线、卫星等传输资源，综合采取中短波广播、调频广播、移动多媒体广播和数字音频广播等技术手段，以中央人民广播电台为龙头、联结省市县，着力建立健全应急广播的信息采集播出、传输覆盖、接收等系统，努力做到统一联动、安全可靠，使之在应对突发公共事件中发挥更大作用。按照计划，2015 年年底前基本完成国家应急广播体系建设，实现应急广播的全国覆盖和稳定运行。

四、推进三网融合

三网融合是指电信网、广电网、互联网在向宽带通信网、数字电视网、下一代互联网演进过程中，其技术功能趋于一致，业务范围趋于相同，网络互联互通、资源共享，能为用户提供话音、数据和广播电视等多种服务。蔡赴朝指出，三网融合是我国经济和社会信息化的重大战略任务，是充分发挥各类信息网络设施文化传播作用的内在要求，必须作为构建现代传播体系的重要工作来推进。

按照党中央、国务院部署，三网融合正在扎实推进。蔡赴朝指出，2010 年 1 月 21 日，国务院印发实施《推进三网融合的总体方案》，全面阐述了推进三网融合的重要意义、指导思想和基本原则，明确了三网融合总体目标，提出到 2015 年，实现电信网、广电网、互联网融合发展，新型信息产品和服务不断涌现，网络利用率大幅提高，科技创新能力明显增强，国民经济和社会信息化水平迅速提升，网络信息安全和文化安全保障能力进一步增强，信息产业、文化产业和社会事业进一步发展，社会主义文化进一步繁荣，人民群众享有更加丰富多样、快捷经济的信息和文化服务。总体方案提出了分两步走的工作目标，2010—2012 年为试点阶段，2013—2015 年为推广阶段；确定了推动广电、电信业务双向准入，加强网络建设和统筹规划，强化网络信息安全和文化安全监管，推动产业发展等 4 个方面的任务。2010 年 6 月，国务院办公厅印发了三网融合试点方案，并公布了第一批 12 个试点地区（城市）名单。目前，试点工作已取得积极进展。

推进三网融合，对改造提升广播电视网提出了紧迫要求。蔡赴朝指出，截至 2010 年年底，我国有线电视干线网络超过 330 万公里，全国有线电视用户达 1.89 亿户，覆盖全国所有大中城市、部分乡镇以及不少农村地区，其中数字电视用户 8799 万户。但不容忽视的是，有线电视网络资源分散、条块分割，不少地区网络技术水平落后。适应三网融合要求，必须加快有线电视网络由小网向大网、模拟向数字、单向向双向、用户看电视向用电视的转变。一方面，要加快有线电视网络整合。抓紧组建国家级广播电视网络公司，逐步实现全国有线电视网络统一规划、统一建设、统一运营、统一管理。另一方面，要加快有线电视网络大容量、双向交互升级改造。具体目标是，到 2015 年全国县级以上城市有线电视网络全面实现数字化，80％基本实现双向化。同时，以有线数字电视、移动多媒体广播电视等网络为基础，以我国自主创新的核心技术为支撑，加快下一代广播电视网（NGB）建设，努力建设以视频服务为主、提供多种信息服务、可管可控、安全可靠的综合信息网络。目前，12 个三网融合试点城市正在抓紧下一代广播电视网示范区建设。

推进三网融合，必须加强内容和服务创新。蔡赴朝认为，要大力开发高清电视、视频点播、互动电视、政务信息、远程教育、电子商务等数字广播电视网络多样化服务。符合条件的广电企业还可经营增值电信业务、比照增值电信业务管理的基础电信业务、基于有线电视网络提供的互联网接入业务、互联网数据传输增值业务、国内 IP 电话业务。要加快发展移动多媒体广播电视，加强和丰富节目内容，增强针对性和吸引力；加强网络建设，从地市延伸到区县，扩大深度覆盖，更好地满足人民群众随时随地收听收看的需求。要通过三网融合，真正让人民群众感受到精神文化生活新变化和新实惠。

推进三网融合，必须积极发挥各类信息网络设施的文化传播作用。蔡赴朝建议，在加强监管的前提下，符合条件的国有电信企业可从事除时政类节目之外的广播电视节目生产制作、互联网视听节目信号传输、转播时政类新闻视听节目服务，以及除广播电台电视台形态以外的公共互联网音视频节目服务和交互式网络电视（IPTV）传输服务、手机电视分发服务。

推进三网融合，必须维护国家文化安全和信息安全。蔡赴朝认为，这是三网融合顺利开展的基础和前提，必须贯穿于三网融合全过程。要落实网络信息安全和文化安全管理职责，加快建立健全相关安全监管机构和监管系统，确保内容可控可管、安全播出。三网融合总体方案和试点方案明确，广播电视播出机构负责 IP 电视、手机电视集成播控平台的建设和管理，包括节目的统一集成和播出监控、电子节目指南、用户端、计费、版权等管理。目前，已经完成三网融合试点地区 IPTV、手机电视集成播控平台建设，正在积极推进监管平台建设，目的就是要确保播出内容安全和传输安全，切实维护人民群众的视听权益，促进健康有序发展。

【延伸阅读】

国外三网融合下的发展道路[①]

美国：三网融合收益颇多

在美国，电视、电话及宽带网络三网融合被称之为“捆绑服务”。电信企业和有线电视运营商在三网融合的技术和基本设施方面各有特色，但又

① 来源：《深圳特区报》，2011 年 6 月 13 日。

均存在不足。为了增强实力,一些公司在融合初期组成"临时夫妻",共同渡过困难期。

以韦里孙通信公司为例,该公司在电话及宽带网络方面有优势,但传输电视信号技术方面则不如有线电视。从2011年1月18日起,该公司推出了新的FiOS捆绑服务,利用光纤电缆,提供高速双向上网及游戏等服务,为社交网络、视频会议、电子医学服务及保安监视系统等提供方便,同时提供的高清电视频道达90个。据美国《消费者报道》杂志的一项最新调查显示,韦里孙通信公司提供的服务在三网融合用户满意度方面在全美排名第二。

三网融合给用户带来不少益处。一是方便。三项服务一次搞定,用户不需向三家公司申请。二是价格便宜。一般情况下,三网融合的"捆绑服务"费用每月要比单独申请服务的费用便宜20至30美元。三是技术的进步提供了更多便利。目前有的公司已经将电话与电视结合起来,看电视时如有电话进来,电视机屏幕上将会显示出电话号码;此外,电视与电脑的结合,使用户可以通过电视机上网,也可在电脑上看电视节目。

日本:三网融合催生再融合

三网融合在日本正在催生网络的融合、用户终端的融合和相关法律的融合。

随着三网融合的深入,互联网络和通信网络的分立已经不再必要。日本正在着手开发下一代网络——NGN。虽然实现三网融合,目前的电信、广电和互联网仍是各有各的网络,NGN所要实现的目标简单说来,就是消除这些网络的界限,整体更新为以互联网技术为基础的网络,实现各种服务的融合。NGN博采现有的电信、广电网络和互联网之长,它既具备传统电话网的可靠性和稳定性,又像IP网络一样具有弹性大、经济划算的优点,而且比现在的互联网通信速度更快、通信品质更高、安全性更强。

英国:网络融合是必然趋势

史蒂夫·马斯特斯是英国电信公司全球联合通信业务的负责人。他对记者说,电信网、互联网和广播电视网等网络的融合是产业发展的必然趋势。随着技术进步,现在音频、视频、电子邮件和即时消息等都被集成,变成电脑或手机上的一个功能。马斯特斯说:"这是真正的延伸拓展阶段,我们在人与人的交流(通信方式)方面取得了真正的融合,我们的工作变得更有效率,并能更大限度地分享信息。”

法国:三网融合将惠及百姓

家住巴黎 15 区的纪录片制作人尼古拉·古热订购了因特网服务供应商 Free 公司的服务套餐,每月只需缴纳 30 欧元,就能享受电话、上网和电视等多重服务。这比先前单独购买各项服务便宜了许多。

目前,三网融合在法国快速发展。市场研究机构 Pyramid 在一份最新的报告中指出,到 2014 年,随着法国各运营商加快投资光纤网络,将有 50%以上的家庭选择三网融合的服务。除价格优势外,便捷是消费者青睐三网融合服务的另一个原因。消费者只要面对一家运营商,每个月一张发票就能搞定所有事情。

李从军:构建现代传播格局 提升舆论引导能力和国际传播能力

李从军在《构建现代传播格局 提升舆论引导能力和国际传播能力》①一文中指出,党的十七届六中全会就深化文化体制改革、推动社会主义文化大发展大繁荣进行了战略部署。新闻宣传工作不仅要履行好宣传全会精神的重要职责,而且要承担起贯彻落实全会精神、推动自身改革发展、加快构建现代传播格局的重大任务,进一步增强舆论引导能力和国际传播能力,为我国改革开放和社会主义现代化建设提供强大的精神动力和有力的舆论支持。

一、加强国内国际传播能力建设,努力形成与我国经济社会发展水平和国际地位相称的传播能力

李从军认为,当今时代,谁的传播手段先进、传播能力强大,谁的思想文化和价值观念就能更广泛地流传,对世界的影响力就越大。世界各地媒体机构特别是国际一流传媒集团纷纷把加强传播能力建设作为重要发展战略,想方设法积极应对国际传媒格局调整,在组织架构、技

① 李从军:《构建现代传播格局 提升舆论引导能力和国际传播能力》,《党建》2011 年 12 月 2 日。

术支撑、产品形态、传播载体、网络布局、品牌建设、市场推广等方面加大改革发展力度，力图进一步壮大实力，继续保持和提升在国际传媒领域的地位和优势。李从军指出，面对新形势新任务新要求，我们要大力加强重点媒体传播能力建设，完善采编、发行、播发系统，加快数字化转型，扩大有效覆盖面，打造一批语种多、受众广、信息量大、影响力强、覆盖全球的一流媒体。要创新走出去的体制机制，大力加强海外阵地建设和本土化建设，加快形成覆盖全球、更加健全的新闻信息采集传播网络，为提升在国际传媒领域的辐射力、影响力和竞争力奠定基础。要着力改进加强国际报道和对外报道，突出中国视角，主动设置议题，创新报道内容、形式、手段和机制，深入国际重要新闻事件和重大突发事件现场开展独家报道和深度报道，针对海外关注热点、焦点积极主动开展对外报道，进一步提高新闻信息原创率、首发率、落地率，切实增强对外传播实效，使中国的文字、图片、图像、声音更广泛地传播到世界各地，增进中国人民与世界各国人民的相互了解和友谊。要积极拓展与国际媒体和机构的交流合作，提高面向海外开展工作的能力，塑造良好国家形象，为进一步提升国家文化软实力作出更大贡献。

二、着力创新和完善文化业态，增强新闻机构综合实力和整体竞争力

文化业态创新是媒体适应数字化时代新闻信息传播发展趋势，满足市场和受众细分化、多样化、个性化需求，有效应对激烈竞争，增强传播力和影响力的必然选择。李从军认为，随着传媒科技的迅猛发展和广泛应用，新兴文化业态和新的表现形式不断涌现，单一文化形态正在向多媒体产品形态和全媒体传播业态拓展，世界传媒领域内不同形态媒介间相互融合已是不可逆转的潮流。积极创新业态并向全媒体形态拓展，已成为国际传媒业发展的共同战略选择。李从军举例说，比如，新闻集团近年来大力拓展新媒体业态，投资创办视频网站，开发全球首

份专门针对 iPad(苹果平板电脑)用户的电子报纸《日报》等,其业务已基本覆盖所有媒体领域,形成实力强大的产业群,构建了庞大的"传媒帝国"。近些年来,新华社积极顺应传媒业发展趋势,着力创新文化业态,初步构建了融通讯社业务、报刊业务、电视业务、网络业务、金融信息业务、新媒体业务和多媒体数据库业务为一体的全媒体业务形态。李从军认为,总体而言,我国传媒业仍存在文化业态融合度不够高、竞争力不够强,盈利模式比较单一,多元化供给能力相对不足等问题。因此,我们要积极顺应多媒体生产、传播、经营融合趋势,加大高新传媒科技应用力度,改造传统文化业态,培育和发展具有成长潜力和发展前景的新型文化业态,加快推进传统业态和新型业态融合,着力增强各业态整体实力和竞争力。"要调整生产和传播模式,打造完整产业链条,集聚领域内的各种要素,构建以多媒体产品为基础的强大产业集群,形成传播方式更多样、扩散速度更快捷、影响范围更广泛的全媒体业态,不断提升我国传媒业产业化、规模化、集约化发展水平。"①

三、大力构建现代传播体系,进一步提高传播辐射力、影响力

加快构建现代传播体系,是新闻宣传领域更好应对传媒科技新发展、舆论引导新要求、受众需求新变化的有效途径。当前,信息传播技术的突飞猛进和广泛应用,直接催生了移动互联网、手机媒体、网络电视、电子报刊等一批新的媒体形态、媒介终端和信息传播平台,使得新闻信息传播内容更加丰富、主体更加多元、渠道更加多样、速度更加快捷、范围更加广泛,社会舆论的形成和传播渠道更加复杂多元,单一传播媒介已经不能完全满足受众需求,仅仅依靠报纸、广播、电视等传统媒体也难以实现对社会舆论的有效引导,各种传播媒介"各自为战"的传播方式已经滞后于时代发展。因此,我们要统筹各类传播资源,加快

① 李从军:《构建现代传播格局 提升舆论引导能力和国际传播能力》,《党建》2011 年 12 月 2 日。

各种媒体形态融合，形成传播合力，力求取得最大传播效果。要积极推广应用高新技术特别是数字技术、网络技术发展的最新成果，加大资金投入和政策扶持力度，统筹国内传播与国际传播，统筹传统媒体与新兴媒体，统筹软件建设与硬件建设，有效整合都市类媒体、网络媒体等多种传播资源，整合有线电视网络，组建国家级广播电视网络公司，推进电信网、广电网、互联网“三网融合”，建设国家新媒体集成播控平台，努力构建统筹协调、责任明确、功能互补、技术先进、覆盖广泛的现代传播体系。

四、加快推进体制机制改革创新，进一步增强新闻宣传领域生机和活力

体制机制改革创新，是提高新闻宣传工作水平的强大动力和根本途径。近年来，我国新闻宣传领域积极推进体制机制改革，人民网、新华网等重点新闻网站完成转企改制并成立了股份制公司，非时政类报刊社转企改制在试点基础上全面铺开，出版社等国有经营性文化单位转企改制工作基本完成，《人民日报》、《求是》等党报党刊实现采编经营两分开，电台电视台制播分离改革顺利推进，媒体间跨地域、跨媒介兼并重组步伐加快，新闻宣传领域发展动力和活力不断增强。但从总体上看，我国新闻宣传领域改革创新还存在一定差距，一些束缚事业发展的体制机制问题仍然比较突出。因此，李从军建议，我们要按照创新体制、转换机制、面向市场、增强活力的要求，加大力度、加快进度、巩固提高、重点突破、全面推进，力争新闻宣传领域体制改革创新取得新突破，推动新闻宣传工作迈上新台阶。要始终坚持社会主义先进文化前进方向，巩固马克思主义在意识形态领域的指导地位，把社会效益摆在首位，努力实现社会效益和经济效益的统一。要积极稳妥推进新闻网站、非时政类报刊社等转企改制，完善法人治理结构，形成符合现代企业制度要求、体现文化企业特点的资产组织形式和经营管理模式，尽快建设成为自主经营、自我发展、自我创新、依法运营的市场主体。要深化新

闻宣传单位内部改革，创新适应国际传播发展新趋势的体制机制，完善管理和运行机制，加快人事、收入分配、社会保障制度改革，推动一般时政类报刊社等文化事业单位实行企业化管理，加强绩效评估考核，不断增强运行效率和发展活力，力争在较短时间内打造一批具有国际影响力和竞争力的一流传媒机构和集团。[①]

五、要增强传媒科技的引领和支撑能力，为抢占舆论引导制高点奠定坚实基础

科技创新是传媒发展的重要动力，技术实力的高低是决定媒体传播力、辐射力和影响力的重要因素。李从军指出，在科技日新月异的当今时代，先进传媒科技深刻影响和改变了人们传播和接受信息的行为习惯，正在引发新闻信息生产传播方式和传媒格局的重大变革，在现代传媒业发展和竞争中的引领和决定作用日益凸显。西方一流媒体历来十分重视高新技术研发应用，无一例外地以雄厚技术实力作为其整体实力和核心竞争力的重要支撑，并积极应用新技术优化其业务流程和产品体系。美联社在本世纪初就推出了“数字美联”计划，不仅把传统的新闻产品平移到数字化平台上，还积极开发各种针对新媒体的新产品。面对现代传播技术迅猛发展的新趋势，李从军认为，我们要密切跟踪世界先进传媒科技发展趋势和传媒技术应用方向，切实加强前沿技术研发应用，力争掌控一批核心技术和关键共性技术，为我国传媒业发展提供有力的技术支撑。要加快科技创新成果转化，积极运用现代科技手段优化新闻业务流程和产品体系，加大先进技术设施和设备的配备力度，使高新技术成为推动我国媒体创新和增强传播能力的强劲动力。要加强技术交流合作，积极构建国际化、多元化的技术交流合作体系，加快推进技术标准体系建设，积极参与国际传媒领域相关标准制

① 李从军：《构建现代传播格局 提升舆论引导能力和国际传播能力》，《党建》2011 年 12 月 2 日。

订，抢占传媒技术制高点，力争在国际新闻信息传播领域发挥更大影响。[①]

缺乏国际传播能力影响中国崛起

一、中国国际传播能力尚处幼年阶段

中国目前的传播基础非常薄弱，由此导致中国传播经济非常弱小，传播的国际受众数量小、覆盖的有效范围不大。因此，总的判断是，中国的国际传播能力还处于幼年阶段，全球传媒格局仍然处于“西强我弱”局面，西方传媒掌握了绝对的制信息权。中国国际传播能力的这种状况会对中国崛起产生不利影响。

首先，中国国际传播能力弱小，就无法向国际社会推介一个真实的中国。

中国传统观念认为，“是麝自然香，勿需当风扬”，以为好的一面是不需要张扬的。然而，在信息时代，“沉默不再是金，酒香也怕巷子深”。中国过去 30 多年改革开放所取得的成就，以及中国现代化建设所开拓的现代化模式，如果没有自己的传播机构来宣传和推介，在外部世界看来就意味着中国缺乏足够的自信，不敢宣传和推介。

而中国所创造的发展奇迹如果仅靠西方媒体来报道，往往欠客观且存偏见。中国国际传播能力弱小严重制约了中国国家形象在国际舞台上的正面展现，在这种情况下，西方传播机构对中国的负面报道就成为国际舆论的主流。

其次，中国国际传播能力弱小，无法对国际舆论的某些负面报道予以

① 李从军：《构建现代传播格局 提升舆论引导能力和国际传播能力》，《党建》2011 年 12 月 2 日。

“纠偏”，导致中国的负面形象在西方传媒的渲染之下具有放大效应。

中国在过去 30 多年的改革发展中既取得了巨大的成就，也存在不少问题，但西方主流媒体却往往专注于中国的问题，尤其喜欢在中国的人权、民主、人民币汇率、军事力量、对外投资、全球气候变化、能源、粮食等问题上做文章，进行了大量负面报道。

然而，中国传播语境与政治宣传语境的高度一致性，表面看是强化了中国的主流声音，但实际却使得国际社会对中国传播机构传递信息的真实性产生了持久性怀疑。媒体应该是塑造国家良好形象的工具，是对负面形象“正名”的手段，但中国媒体传播能力弱小，不仅无力回应西方媒体对中国的负面报道，反而由于传递信息的真实性受到怀疑而使中国形象进一步受损，也就是说，通过中国自己媒体传递出来的中国形象往往被国际社会曲解和歪曲。

再次，中国国际传播能力弱小，无力回应国际舆论对中国形象的攻击，导致崛起的中国成为西方媒体抨击的对象。

自 20 世纪 90 年代以来，中国崛起的速度和进程都在不断加快，与此同时，西方媒体指责中国的声音也随之不绝于耳。自 1992 年美国传统基金会刊物《政策研究》秋季号刊登《觉醒的巨龙：亚洲的真正威胁来自中国》一文以后，所谓的“中国威胁论”就一直在中国发展的进程中时不时地泛起一些沉渣来，并进而演绎出不同“威胁论”的版本，包括所谓的“中国经济威胁论”、“中国军事威胁论”、“中国文明威胁论”等。与此同时，在有关发展的具体领域内，“中国能源威胁论”、“中国粮食威胁论”、“中国人口威胁论”、“中国环境威胁论”等也从西方各主流媒体中不断扩散出来。然而，面对西方媒体对中国形象的“狂轰滥炸”，中国媒体要么是沉默，要么是不会说理而失语或者因宣传色彩太浓而缺乏足够的说服力。

一国国际形象的优化可以通过两种方式来实现：行动和传媒。西方因意识形态的偏见而对中国的对外行为方式产生各种各样的曲解，因此,中国传媒在优化中国国际形象方面就有着不可推卸的责任。然而,中国弱小的国际传播能力不足以承担优化中国国际形象的重任,从而导致被西方歪曲了的中国形象长期得不到修复。中国崛起过程中挨骂的情形也就不可避免地时有发生。

二、如何提升中国国际传播能力

中国的崛起是全方位的,硬实力的崛起只是一个方面,只有在硬实力崛起的同时,软实力也随之崛起,中国的崛起才能跳出大国兴衰的"历史周期律"。软实力的核心要素是文化,文化复兴的内容虽然非常丰富,但在传播全球化的当今时代,传播是扩大文化影响力的最重要手段。因此,增强中国软实力,最关键的就是要全力提升中国的国际传播能力。

一是要构筑牢固的传播基础,打造中国自己的传播"航空母舰",用自己的传播机构向国际社会传播中国的信息。

在中国崛起过程中,国际社会中的"中国影响"、"中国因素"、"中国作用"等在不断增多,国际社会对有关中国的信息需求也不断增加。但目前这方面的信息大多不是中国传播机构发出的,基本上都是西方媒体从中国"倒卖"出去的,因此存在着严重的失真现象:要么是有意歪曲,要么是因传送渠道问题而被"污染",而网络的广泛应用进一步加强了信息的失真现象。因此,对中国来说,最迫切的就是要建立自己强大的国际传播机构。

中国和绝大多数发展中国家一样,传播产业起步较晚,传播基础薄弱,不仅传播产品的流通存在着巨大的不平衡性,而且信息流也存在着巨大的位势差。建设强大的传播基础以便为国际社会提供有关中国的真实信息,既是为了满足国际社会对中国信息的需求,也是为了让国际社会能够充分地了解一个真实的中国。

二是在传播形式上,要内外有别,少一点宣传色彩,多一些说理的内容,使中国传播机构发出的信息能够令国际社会信服。这是掌握舆论主动权的关键。

长期以来，由于我们强调“宣传有纪律”，因此，对内传播是官方语言，对外传播也一样是讲官方语言、发官样文章。从对内传播来看，官方语言是必要的，主流意识形态需要通过媒体传播，只有这样，媒体才能成为国内舆论的引导者，从而使社会不会丧失正确的价值取向。但是，从对外传播来看，任何说教式的宣传不仅不能起到正面作用，反而会让受众听而生厌。对外传播如果片面强调“宣传有纪律”，试图以对中国自己的传播媒体设置路障的方式来抵制来自外部的影响，从而达到保护自己的主流传播产品的目的，往往事与愿违。交流的阻滞最终会导致思想的贫乏，也会导致外部的误解。因此，从这一角度来看，对外传播业需要解放思想，不能说教与灌输，而是要用充分且可信的事实说理，把真实的中国传递给国际社会。

三是在传播内容上，要善于制造话题，而不是一味地应对西方传媒机构制造的话题，这是引导国际舆论能力的体现。这实际上就是要切实提高中国传播机构的话语能力。

传播机构的话语能力来自两个方面，一方面是在具体的突发事件上，信息传递要及时准确、公开透明。信息准确是话语能力的物质性来源，没有准确、真实的信息，即便是第一个报道某次事件而暂时获得了话语能力，也会在真相被识破后很快失去话语能力。中国在这一方面既有教训也有经验。另一方面是在战略问题上，要有战略眼光和宏观思维，特别是为中国自身制造话语，就更加需要中国的传播机构站在中国发展的前头，对中国的发展有前瞻性的判断。在这一方面，中国的传播机构还有很多东西要向西方同行学习。

到目前为止，国际上有关中国的话语和话题无论是积极的还是消极的，大多数的话语和话题都是西方制造出来的，如“中国威胁论”、“中国崩溃论”、“北京共识”、“中国责任论”、“中国信心论”等，有的直接就是由西方的媒体说出来的。为什么它们能提出来，而我们的媒体却提不出来呢？一个很重要的原因就是，中国自己的媒体总是跟在中国发展的步伐之后。传播并非只是“事后报道”,传播还具有事前制造话语和话题并加以引领的功能,而后一种功能的效果比前一种要大得多。

四是在管理体制上要不断创新,特别是政府要履行好传播管理职能。

长期以来,由于各种传播载体特别是图书、期刊、报纸等在相当大程度上承载着对内、对外宣传的职能,政府不敢放手交给市场,担心市场“办传播”会导致它们的内容超出主流意识形态的所划定的范围而失控,因而政府不得不自己承担起“办传播”的职责,结果不仅传播市场很难培育起来,而且传播的内容也简化到完全等同于宣传了。传播管理体制的创新就是要把政府过去“办传播”的职能转变为“管传播”的职能,从而使“办传播”成为传播市场主体的市场行为,政府则应专注于宏观的管理和指导。

最后是在营销形式上,要以提升传播产业的国际竞争力为目标,实施“走出去”战略。企业的核心竞争力是品牌,品牌是制胜的关键,西方的传媒“巨人”都拥有自己的核心品牌,如时代华纳拥有《时代》周刊、CNN、华纳兄弟等一系列文化品牌等。因此,中国的传播机构要“走出去”,首先要有自己的品牌,要加快品牌的创新步伐。

在品牌创新的基础上,还要加快传播产业的业态创新。客观地说,中国目前已经有了传播产业的各种业态,如书报刊出版、印刷和发行业、文化艺术业、广播电影、电视业、文化娱乐业、广告业,等等。但是,中国还没有综合性、多元化经营的传播业态。

西方的主要传媒如时代华纳、新闻集团、迪斯尼、维旺迪、贝塔斯曼、索尼等,走的都是综合性、多元化的发展之路,其主营的业务一般都涵盖了新闻、理财、娱乐、购物、健康、邮件、图书、期刊、版权等。这些传媒“帝国”的成功,无疑是中国传播产业业态创新的可取之路。

(来源:《社会观察》2013 年 5 月 23 日)

专题 5

建设优秀传统文化传承体系

党的十八大报告指出，要“建设优秀传统文化传承体系，弘扬中华优秀传统文化”。

中华优秀传统文化是中华民族的根基和血脉，是社会主义先进文化的深厚基础，是建设社会主义核心价值体系和中华民族共有精神家园的重要支撑。

党的十七届六中全会《关于深化文化体制改革推动社会主义文化大发展大繁荣若干重大问题的决定》指出，要“建设优秀传统文化传承体系”，强调“要全面认识祖国传统文化，取其精华、去其糟粕，古为今用、推陈出新，坚持保护利用、普及弘扬并重，加强对优秀传统文化思想价值的挖掘和阐发，维护民族文化基本元素，使优秀传统文化成为新时代鼓舞人民前进的精神力量”。

北京大学马克思主义学院院长郭建宁和中共中央党校哲学部教授、中外哲学教研室副主任王杰对于如何“建设优秀传统文化传承体系”重要观点和精神的解读和研究，希望能够为大家提供参考，为社会主义文化大发展大繁荣起到助推之力。

历史沿革

2011 年 10 月，党的十七届六中全会《决定》指出，要“建设优秀传统文化传承体系”，强调“要全面认识祖国传统文化，取其精华、去其糟粕，古为今用、推陈出新，坚持保护利用、普及弘扬并重，加强对优秀传统文化思想价值的挖掘和阐发，维护民族文化基本元素，使优秀传统文化成为新时代鼓舞人民前进的精神力量”。

2012 年 11 月，党的十八大报告指出，要“建设优秀传统文化传承体系，弘扬中华优秀传统文化”。

2013 年 8 月，习近平同志在全国宣传思想工作会议上指出，宣传阐释中国特色，要讲清楚每个国家和民族的历史传统、文化积淀、基本国情不同，其发展道路必然有着自己的特色；讲清楚中华文化积淀着中华民族最深沉的精神追求，是中华民族生生不息、发展壮大的丰厚滋养；讲清楚中华优秀传统文化是中华民族的突出优势，是我们最深厚的文化软实力；讲清楚中国特色社会主义植根于中华文化沃土、反映中国人民意愿、适应中国和时代发展进步要求，有着深厚历史渊源和广泛现实基础。中华民族创造了源远流长的中华文化，中华民族也一定能够创造出中华文化新的辉煌。独特的文化传统，独特的历史命运，独特的基本国情，注定了我们必然要走适合自己特点的发展道路。对我国传统文化，对国外的东西，要坚持古为今用、洋为中用，去粗取精、去伪存真，经过科学的扬弃后使之为我所用。

权威专家

北京大学马克思主义学院院长、教授、博士生导师　郭建宁

郭建宁，北京大学马克思主义学院院长，马克思主义基本原理研究所教授，博士生导师，北京大学社会经济与文化研究中心主任，北京大学中国特色社会主义理论体系研究中心副主任。兼任全国毛泽东哲学思想研究会理事，全国邓小平理论研究会理事。北京大学中国文化发展研究中心副理事长。

研究方向为：现当代中国哲学与文化，马克思主义中国化。

主要著作有：《艰辛探索的哲学轨迹——1956 至 1966 年毛泽东的哲学思想研究》（北京大学出版社 1993 年版）；《当代中国哲学热点问题透视》（西安出版社 1995 年版）；《当代中国哲学》（北京大学出版社 1997 年版）；《马克思主义哲学中国化的当代视野》（人民出版社 2009 年版）；《改革开放与中国特色社会主义》（主编，北京大学出版社 2010 年版）；《马克思主义中国化前沿问题研究》（主编，安徽人民出版社 2012 年版）；《中国文化强国战略》（主编，高等教育出版社 2012 年版）。其中《改革开放与中国特色社会主义》和《中国文化强国战略》分别入选新闻出版署纪念改革开放三十周年和迎接党的十八大重点图书。已发表学术论文 190 多篇。

学术兼职主要有：中宣部思政所特约研究员，中国文化软实力研究中心学术委员，北京市马克思主义大众化研究基地学术委员，北京大学中国文化发展研究中心副理事长。马克思主义理论研究与建设工程重点编写教材“马克思主义哲学史”课题组和“中国特色社会主义理论与实践”课题组主要成员。

中共中央党校哲学部教授、中外哲学教研室副主任　王　杰

王杰，1963 年生，山东淄博人。1980—1984 年就读于山东大学哲学系，获哲学学士学位；1984—1987 年就读于中国人民大学哲学系，获哲学硕士学位；1998—2001 年就读于中国人民大学哲学系，获哲学博士学位。2002 年至 2004 年在北京师范大学历史学博士后流动站从事研究工作。现为中共中央党校哲学部教授，中外哲学教研室副主任。同时还兼任中国孔子基金会季羡林研究所副所长，中国哲学史学会理事，中华孔子学会理事，国际儒学联合会普及委员会委员，现代哲学专业委员会常务理事，《领导决策参考》专家委员会副主席，中国文化力研究院常务副院长，中国管理科学研究院社会发展研究所所长，全国首家孟子学院顾问，尼山圣源书院副秘书长，《中国人》杂志顾问，《和文化》杂志学术指导委员会委员，中央社会主义学院客座教授，徽州文化研究会特邀研究员、许衡研究会特邀研究员、武当山道教医学研究所特邀研究员等学术职务。

郭建宁：坚持文化传承创新

郭建宁在《坚持文化创新 推动文化发展繁荣》[①]一文中指出，党的十七届六中全会通过了《中共中央关于深化文化体制改革、推动社会主义文化大发展大繁荣若干重大问题的决定》，这对于进一步兴起社会主义文化建设新高潮，坚持文化传承创新，推动文化发展繁荣，具有重大而深远的意义。

一、中国共产党既是中华优秀传统文化的忠实传承者和弘扬者，又是中国先进文化的积极倡导者和发展者

全会强调，中国共产党既是中华优秀传统文化的忠实传承者和弘扬者，又是中国先进文化的积极倡导者和发展者。郭建宁认为："这一重要论断充分体现了五千年优秀传统文化与当代中国社会主义先进文化的历史衔接、相互贯通和内在结合，从而使我们今天的文化建设，既有深厚的历史文化底蕴，又充满时代气息，是文化传承和文化创新的高度统一。"

中华民族具有悠久的历史和优良的传统。中华优秀传统文化对于凝聚和团结全国各族人民，起着重要的纽带和基础作用。郭建宁认为，

① 郭建宁：《坚持文化传承创新 推动文化发展繁荣》，《光明日报》2011年12月23日。

其中诸如以人为本、讲究诚信、强调和谐、重视教育、倡导德治等，在当今中国的改革开放和文化建设中，仍然是重要资源。他指出，继承优秀的中国传统文化，培育和弘扬民族精神，对于增强民族自尊心、自信心、自豪感，使全国人民始终保持奋发有为、昂扬向上的精神状态，实现中华民族的伟大复兴，具有特别重要的意义。

先进文化是健康的科学的向上的，是代表未来发展方向、推动社会前进的文化，是人类文明进步的结晶，它影响人的精神和灵魂，渗透于社会生活各个方面。是否拥有先进文化，是否代表先进文化的前进方向，决定一个政党、国家和民族的素质、能力和兴衰。郭建宁指出，社会主义现代化应该有繁荣的经济，也应该有繁荣的文化。“中国先进文化，是凝聚和激励全国各族人民的重要力量。它渊源于中华民族五千年的文明史，又植根于中国特色社会主义的实践，具有鲜明的时代特征。”①

郭建宁认为，中华文化具有悠久的历史，当代中国的文化建设，既要在文化传承方面多做扎扎实实的工作，还要与时代主题相结合，始终立于时代文化大潮的前列。我们要创造既富有民族优良传统又有鲜明时代特点，既立足中国大地又面向世界，既正视国情现实又放眼未来的新文化。任何一种优秀文化传统，只有与时俱进，不断扬弃与更新，才能永葆青春与活力。当今世界激烈的综合国力竞争，不仅包括经济实力、科技实力、国防实力等方面的竞争，也包括文化方面的竞争。保持和发展本民族文化的优良传统，同时实现文化的与时俱进和开拓创新，是关系民族前途和命运的重大问题。“中华文明的内在发展动力，在于它的刚健有力，在于它的开放包容，在于它的变革创新。在这里，悠悠古韵与勃勃生机是有机结合的，文化传承与文化创新是内在统一的。传承是基础，创新是生命，两者不可偏废。对此，我们必须始终保持清

① 郭建宁:《坚持文化传承创新 推动文化发展繁荣》,《光明日报》2011年12月23日。

醒的认识。”

当然，在文化传承创新方面我们也面临许多问题与挑战。郭建宁指出，比如从传承方面看，具体措施还不够到位，特别是在如何处理马克思主义与中国传统文化的关系，如何看待儒学、国学、孔子的当代作用方面还值得思考，一些深层次的理论问题需要进一步厘清。从创新方面看，已经取得了不少成绩，但还难以令人满意，急需提升文化品位和文化境界，产生更多无愧于历史、无愧于时代、无愧于人民的优秀作品。

二、坚持文化传承创新，在弘扬中华优秀传统文化的基础上创造出中华文化新的辉煌

文化是一个民族的灵魂和血脉，是一个民族的集体记忆和精神家园，是一个民族走向全球化进程中的名片、身份证和识别码，体现了民族的认同感、归属感，反映了民族的生命力、凝聚力。失去了民族文化传统，就如同浮萍，没有了根；就如同人，失去了灵魂；就如同流浪者，失去了家园。郭建宁指出，人类已经进入了21世纪，如何应对全球化的冲击，如何在激烈的文化竞争中生存与发展，核心是文化创新。他说，创新是一个民族进步的灵魂，是一个国家兴旺发达的不竭动力，也是一种文化生生不息的源头活水。即使是优秀的文化传统，也需要适应时代的需要，实现现代化的创造性转化，同时融入民主精神、科学精神、市场精神、法治精神、竞争精神、公平精神等新理念。“譬如树木，非岁岁有新芽苗长，则其枯槁可立待。譬如井然，非时时有新泉喷涌，则其干枯有时也。只有永远保持创新的精神，才能谱写新时代民族文化的新篇章，赋予其新的内涵和活力。”①

郭建宁在文章中指出，我们党历来高度重视运用文化引领前进方

① 郭建宁:《坚持文化传承创新 推动文化发展繁荣》,《光明日报》2011年12月23日。

向、凝聚奋斗力量，团结带领全国各族人民不断以思想文化新觉醒、理论创造新成果、文化建设新成就推动党和人民事业的发展。而马克思主义中国化毫无疑问是最重要的成果。郭建宁认为，马克思主义中国化这一过程实际上包括两个方面：一是和中国实践相结合，二是和中国文化相结合。也就是说，马克思主义中国化不仅包括实践诠释，而且包括文化解读。马克思主义中国化的本质内容要在中国社会实践和中国文化传统两个维度上展开，并由此揭示马克思主义中国化的实践意义和文化意蕴。

马克思主义如何和中国文化联结，具有关键性的作用和意义。只有实现马克思主义与中国文化的结合、融合、磨合、整合，马克思主义在中国的传播与确立以及马克思主义的中国化才能成为现实。郭建宁认为，儒家讲的“行”、“躬行”与马克思主义的实践学说之间，传统文化讲的“天下兴亡，匹夫有责”与马克思主义强调的改造世界之间，中国哲学讲的相反相成、物极必反与马克思主义辩证法之间，传统文化中的“大同社会”与马克思主义的社会理想——共产主义之间，都有某种契合和相通之处。“中国传统文化和哲学思想中所蕴涵的唯物主义和辩证法，是马克思主义在中国传播与发展，并为人们选择和接受的思想文化基础，是马克思主义中国化的文化基因。”①

【延伸阅读】

牢牢把握三个重点环节②

党的十八大报告强调“建设优秀传统文化传承体系”。建设优秀传统文化传承体系，需要从认识、评价和继承三个方面把握其重点环节。

---

① 郭建宁：《坚持文化传承创新 推动文化发展繁荣》，《光明日报》2011 年 12 月 23 日。

② 中央党校中国特色社会主义理论体系研究中心：《牢牢把握三个重点环节》，《人民日报》2012 年 12 月 10 日。执笔：王杰。

前提条件——全面系统地认识传统文化

中国传统文化相对于其他文化类型，具有独特的内容，也有严密的体系，还有自己的终极关怀。然而，近代以来，在西方列强的坚船利炮下，中国传统社会被打破，丧权辱国、亡国灭种背景下的救亡情结成为近代绝大多数知识分子的心结，以军事力量为代表的现代科技成为评价文化先进与否的重要标准，部分知识分子丧失文化自信，倡导从经济、政治、文化、教育、社会习俗、语言文字等方面都效从西方。这种文化自信的缺失，在当前部分人身上依然不同程度存在。不过，扎根于衣着饮食、言行举止等方面的文化规范却始终流淌在我们每个人的血液中。文化自信的短暂迷失之后，必然是更大范围内的文化自觉。全面系统地重新认识中国传统文化，是百余年来在西方思想冲击、打倒孔家店等过程之后必然要进行的文化清理工作，也是重新盘整文化家底以实现文化繁荣发展的必要前提。对于传统文化的清理工作，近代以来不少有识之士已多次提起，但均因时势或个人等原因而偏于支离，清理成果缺乏系统性、一贯性。在新形势下，对于传统文化的清理工作应当充分发挥党和政府的领导作用，坚持以马克思主义为指导。

为了全面认识传统文化，应该从历史发展、不同流派等方面，结合经世致用的指导原则，将传统文化的源流、发展、冲突、融合等一一列出，努力做到少遗漏乃至不遗漏，打牢文化传承的历史基础。为了系统认识传统文化，在清理过程中可以打破经史子集的框架，放下义理考据辞章的束缚，以经济、政治、文化、教育、军事等现代学科分类归纳传统文化的思想精髓，结合现当代情况进行系统化归类，尽量形成便于人们学习、评价和继承的传统文化体系。

重要基础——科学准确地评价传统文化

科学准确地评价传统文化，是建设优秀传统文化传承体系、推动社会主义文化大发展大繁荣的重要基础，也是实现中华民族伟大复兴、使中华民族巍然屹立于世界民族之林的必要条件。中华民族在五千年的历史发展中，形成了源远流长、博大精深的传统文化，其中既有皇皇二十四史可作为治国借鉴，又有关于天人合一、人与自然和谐相处的可持续发展之道，还有孝悌忠信、礼义廉耻等伦理规范作为社会活动的指南。这些传统文化中的优秀思想，对于解决当前社会发展中出现的一些问题是具有重要意义的。在全面、系统认识传统文化的基础上，理清文化遗产，区分精华和糟粕，对中国传统文化作出科学正确的评价，才能准确把握中华民族目前享有的文化遗产。

科学正确地评价传统文化，首先要求立足中国国情，既要防止以西方价值观为评价标准带来的盲目否定而产生的全盘西化思想，又要避免极端保守的全面复古思想，同时还要注意防止因机械理解马克思主义而产生的教条倾向。其次要求从建设中华民族共有精神家园的角度出发，为中华民族巍然屹立于世界民族之林提供精神支持，因而必须既要警惕单纯强调市场经济的唯物质科技发展思想，防止片面追求物质享受对人性道德带来的伤害；又要避免纯粹的精神决定论和绝对平均主义思想，在建设社会主义核心价值体系的基础上保持社会的整体活力，以全民共享发展成果应对日益复杂的各种矛盾。

必然要求——批判发展地继承传统文化

世异则事异，事异则备变。传统意味着历史，但当前的优秀传统文化传承体系建设绝不应局限于历史，而是要用历史的、发展的眼光来审视、定位优秀传统文化传承体系建设。中国近代百年屈辱的历史决定了我们今天继承传统文化绝对不能泥古不化，而是要继承优秀传统文化的精神内涵，并使其实现与外来文化的共存、共同发展。在科学准确评价传统文化的基础上，应当坚持“取其精华、去其糟粕，古为今用、推陈出新”的原则，辩证分析、区别对待，批判继承、综合创新，努力继承优秀传统文化，确保文化传承的时代性和实践性、发展性和前瞻性，建设适合当代中国发展的中华民族共有精神家园。

批判地继承，既要注重把握优秀传统文化中的优秀思想观念，尤其是能够指导中国当前社会主义现代化建设、能够解决当前发展中出现的问题、能够增强人民群众生活幸福感和满意度的思想，如隆礼重法、和而不同、博施济众、与时俱进、经世致用、重德重教、执政为民等思想；又要抛弃男尊女卑、封建等级、愚孝愚忠、权力本位、迷信鬼神等与时代发展不相适应的思想，发挥文化建设对经济发展的推动促进作用。发展地继承，要求更加关注当前文化发展的时代性，要用历史发展的眼光审视传统文化的传承，同推进马克思主义中国化、建设社会主义核心价值体系、建设社会主义和谐社会等一同思考，不仅考虑解决当前问题，而且考虑解决进一步发展以后可能出现的问题，在继承中发展传统文化，在发展中继承传统文化，突出优秀传统文化传承体系进一步发展的包容性，持续为中华民族的伟大复兴提供强大的精神文化支持。

为了具体说明这一点，郭建宁以"实事求是"为例进行了阐述，他说，我们都说"实事求是"是毛泽东哲学思想的根本点、出发点，是毛泽东哲学思想的精髓。而"实事求是"正是借用了中国的古语，即东汉班固著《汉书・河间献王传》，描写汉景帝刘启的儿子刘德治学严谨，谓之"修学好古，实事求是"。毛泽东在《改造我们的学习》中给予新解，指出"'实事'就是客观存在的一切事物，'是'就是客观事物的内部联系，即规律性，'求'就是我们去研究。"[①]

此外，郭建宁在文章中探讨了文化的内容和形式问题，他认为这很有必要。他指出，在讲新民主主义文化时，我们总是说新民主主义的内容，民族的形式。在讲社会主义文化时，我们又说社会主义的内容，民族的形式，这成了阐述文化的内容和形式的固定套路。其实，形式与内容是不能分成两截的，民族性存在于内容和形式的统一之中。也就是说，民族性是形式，又不仅仅是形式。它不仅体现在形式中，也体现在内容中。而且只有不仅体现在形式中，同时也体现在内容中的民族性，才是真正有生命力的。因此，仅仅把民族性作为形式，是远远不够的。据此，郭建宁认为"马克思主义中国化不仅需要民族性的形式，也需要民族性的内容，需要内在的文化基因和文化链接。"[②]中国文化的强大生命力，不仅在于它的兼容性和柔韧度，而且在于它的开放性和现代性，从科学发展观强调的"以人为本"，到构建和谐社会体现的"以和为贵"，都渗透着中国文化传统的思想精华，彰显出马克思主义中国化的文化内涵。

总之，要全面认识祖国传统文化，取其精华，去其糟粕，使之与当代

① 《毛泽东选集》第三卷，第 801 页

② 郭建宁：《坚持文化传承创新 推动文化发展繁荣》，《光明日报》2011 年 12 月 23 日。

社会相适应,与现代文明相协调,保持民族性,体现时代性。坚持文化传承创新,在弘扬中华优秀传统文化的基础上创造出中华文化新的辉煌。

三、在中国特色社会主义的伟大实践中进行文化创造,倡导和发展中国先进文化

中国特色社会主义的伟大实践是当代中国文化建设的基础。郭建宁在《传承优秀传统文化 发展中国先进文化》[①]一文中指出,在中国特色社会主义的伟大实践中进行文化创造,必须坚持——以科学发展为主题。郭建宁认为,必须抓住和利用我国发展的重要战略机遇期,在坚持以经济建设为中心的同时,自觉把文化繁荣发展作为坚持发展是硬道理、发展是党执政兴国的第一要务的重要内容,作为深入贯彻科学发展观的一个基本要求,进一步推动文化建设与经济建设、政治建设、社会建设协调发展。为继续解放思想、坚持改革开放、推动科学发展、促进社会和谐提供思想保证、精神动力、舆论支持和文化条件。

以建设社会主义核心价值体系为根本任务。社会主义核心价值体系是兴国之魂,是社会主义先进文化的精髓,决定着中国特色社会主义发展方向。郭建宁认为,必须把社会主义核心价值融入国民教育、精神文明建设和党的建设全过程,贯穿改革开放和社会主义现代化建设各领域,体现到精神文化产品创作生产传播各个方面。坚持用社会主义核心价值体系引领社会思潮,在全党全社会形成统一指导思想、共同理想信念、强大精神力量、基本道德规范。要坚持马克思主义指导地位,坚定中国特色社会主义共同理想,弘扬以爱国主义为核心的民族精神和以改革创新为核心的时代精神,树立和践行社会主义荣辱观。

以满足人民精神文化需求为出发点和落脚点。要维护人民群众的

① 郭建宁:《传承优秀传统文化 发展中国先进文化》,《人民日报》2011年11月4日。

文化权益，满足人民群众多层次多方面的文化需求，让全体人民共享文化改革与发展成果。郭建宁指出，人民群众是文化发展的主体，也是文化消费的主体。文化的发展繁荣不仅要体现在文化发展的良好环境和氛围，出人才出精品，归根结底要体现在人民群众的文化消费数量增加，质量提升，内容充实，形式多样，人民群众呈现出良好的精神风貌和文化形象。

以改革创新为动力。郭建宁认为，要以更大力度推进文化改革发展，必须加快文化体制改革，加快构建公共文化服务体系，加快发展文化事业和文化产业。“要推进文化观念创新，文化内容创新，文化业态创新，文化机制创新，不断激发人民群众的文化创造活力，推动社会主义文化大发展大繁荣。”

四、建设优秀传统文化传承体系，着力推进文化建设的现代化、生活化、社会化、教育化、网络化

传承与弘扬中华优秀传统文化，要有一套具体的做法和合适的路径。中华文化具有悠久的历史，但是五四以来在文化方面总的看是破的多，立的少，从近百年来的文化讨论来看，一些相同的主题几乎过几年就被重新提起，老是在批判传统——重建传统——再批判传统——再重建传统里兜圈子。结果是，在如何继承优秀传统文化方面，我们已经没有多少时间可以再犹豫彷徨了。因此，郭建宁在《传承优秀传统文化 发展中国先进文化》[①]一文中指出，要从娃娃抓起，从最基础的典籍着手，从最基本的文明礼仪和规范做起，在文化建设方面多做扎扎实实的工作，着力推进文化建设的现代化、生活化、社会化、教育化、网络化。

现代化。这里的现代化主要指的是现代化的科技手段。郭建宁指出，中华民族五千年的文明积累了极为丰富的文化遗产，既有物质文化遗

① 郭建宁：《传承优秀传统文化 发展中国先进文化》，《人民日报》2011年11月4日。

产，也有非物质文化遗产。他建议，要加强规划，加大投入，特别是运用现代科技手段，认真做好文化典籍整理工作，切实保护我们的文化瑰宝。

知识链接

物质文化遗产

又称“有形文化遗产”，即传统意义上的“文化遗产”，根据联合国教科文组织《保护世界文化和自然遗产公约》（简称《世界遗产公约》）可知，其包括历史文物、历史建筑、人类文化遗址。

文物，从历史、艺术或科学角度看具有突出的普遍价值的建筑物、碑刻和雕塑、书籍、书法与绘画、具有考古性质成份或结构、铭文、洞窟以及联合体；

建筑群，从历史、艺术或科学角度看在建筑式样、分布均匀或与环境景色结合方面具有突出的普遍价值的单立或连接的建筑群；

文化遗址，从历史、审美、人种学或人类学角度看具有突出的普遍价值的人类工程或自然与人联合工程以及考古等区域。

非物质文化遗产

根据联合国教科文组织《保护非物质文化遗产公约》定义：非物质文化遗产（intangible cultural heritage）指被各群体、团体、有时为个人所视为其文化遗产的各种实践、表演、表现形式、知识体系和技能及其有关的工具、实物、工艺品和文化场所。各个群体和团体随着其所处环境、与自然界的相互关系和历史条件的变化不断使这种代代相传的非物质文化遗产得到创新，同时使他们自己具有一种认同感和历史感，从而促进了文化多样性和激发人类的创造力。

生活化。郭建宁认为，应该逐步使仁义礼智信、温良恭俭让、礼义廉耻成为日常生活规范。培育与人为善、乐于助人的道德情感，见利思义、顾全大局的行为准则，形成相互尊重、礼让宽容的人际关系，互谅互让、友好协商、人人为我、我为人人的社会风尚，创造关爱他人、团结互助、维护公平、伸张正义的社会氛围。

社会化。郭建宁认为，应该使中华文化走入社区和社会，改造和发展具有浓郁民族特色的民间风俗礼仪，开展丰富多样、健康有益的民间民俗文化活动，保持中华民族共有的精神记忆和文化传承。

教育化。郭建宁认为，应该使中华文化成为小学、中学的重要课程。要切实做好中小学生的传统文化教育，各学科课程都要结合学科特点融入中华优秀传统文化的内容，在全国中小学生中广泛开展典籍诵读活动。

网络化。郭建宁认为，应该把中华文化的丰厚资源与现代数字、网络技术结合起来，使网络成为传播中华文化的重要载体。使更多的人了解传统文化，喜爱传统文化，成为优秀传统文化的承载者和传播者。

“传统文化是一个复杂的矛盾体，需要具体分析。要全面认识祖国传统文化，取其精华，去其糟粕，使之与当代社会相适应，与现代文明相协调，保持民族性，体现时代性。”

总之，当前构建中华传统文化传承体系的主体与环境早已发生了变化。中华传统文化也由以往被误认为维护腐朽制度的说教和“文化大革命”极力扫除的精神垃圾，变成了建设中华民族共同的精神家园，推进马克思主义中国化的文化资源，恢复了其中华民族生命之根的历史地位，显示出她以民族复兴推进世界和谐的普世价值。正如任何伟大民族的生存发展都离不开自己的文化之根一样，我们只有根据“繁荣国学，复兴中华，传播国粹，和谐世界”的宗旨，把国学从寻章摘句、拾人余唾的陈旧格局中解放出来，才能追随世界和平发展的大潮，吸收消化其他民族的优秀文化，使得由人文始祖伏羲画卦开始，经数千年先贤大哲于仰观天象、俯察地理、负阴抱阳、道法自然、参悟天机、格物致知、直达人心、融汇百科后，所形成的博大精深、和谐为魂、协和万邦、化生万物的中华易经文化系统，在建设中国特色社会主义进程中发挥巨大深远的作用，培育出既精通中华国学精髓，又兼有琴棋书画修养、气质儒雅的国学大师，为民族振兴构建一个既有民族风采，又有时代精神、融汇中西的中华传统文化传承体系。

王杰:传承传统文化要防止几种不良倾向

"建设优秀传统文化传承体系",对于继承、弘扬中华文明,满足国人精神需求,建设社会主义文化强国,实现中华民族伟大复兴具有重要意义。但是必须认识到,建设优秀传统文化传承体系,不是要简单的复归传统文化。王杰在《传承传统文化要防止几种不良倾向》[①]一文中指出,为保障优秀传统文化健康发展,我们一定要坚持"取其精华、去其糟粕,古为今用、推陈出新"的原则,辩证分析,区别对待,特别是要防止当前兴起的几种不良倾向。

一、防止传统文化被迷信化的倾向

王杰指出,伴随着上世纪 80 年代出现中国文化热,在我国一些地区,已经销声匿迹的封建迷信又有死灰复燃、卷土重来的趋向。一些人借传统文化热之机,用种种封建迷信活动来预测一个人、一个家庭、一个企业的未来命运。一些人假借科学之名,以"信息咨询、社会服务"为幌子,招摇撞骗,败坏传统文化的名声。譬如在广大农村,在一些城市,甚至还有相当一些企业老板和某些党政领导干部,由于对中国传统文化知之甚少,分不清传统文化的精华与糟粕,误把封建迷信的东西当作传统文化的内容。封建迷信害人害己。"建设优秀传统文化传承体系,一定要警惕以传统文化为幌子,宣传封建迷信的东西。要积极弘扬科学精神,普及科学知识,倡导移风易俗、抵制封建迷信。"

二、防止传统文化过分商业的倾向

优秀传统文化实现产业化,追求一定的经济利益,无可厚非。但我们一定要警惕借复兴传统文化之名,行谋求经济利益之实,警惕传统文

① 王杰:《传承传统文化要防止几种不良倾向》,《北京日报》2012 年 5 月 21 日。

化过分商业化的倾向。

王杰指出，中国历史悠久，每一省、每一市都有大量的历史文化遗产和历史名人。目前，在很多地方，确实有历史文化复兴的势头，各种各样的艺术节、文化节、名人节此起彼伏。但是，我们仔细考察，这些文化复兴的背后无不与经济与利益联系在一起，是变了味的复兴。为此，王杰举例说，近年来，全国不少城市花巨资兴建了一座座"仿古"制品、赝品，这些假冒品与千百年来流传下来的古迹相比，没有任何的文化价值和意义，没有承载任何有价值的文化信息，它是一些地方在弘扬传统文化的名义下所从事的经济和旅游开发项目，经济利益的驱动是唯一目的。这些谋求经济利益的行为和做法，与我们复兴传统文化的做法是背道而驰的。

三、防止传统文化保守复古的倾向

在近些年的传统文化热或国学热中，始终有这样一股思潮，似乎中国文化一切都是好的，只有中国文化才能解决中国及人类面临的一切问题，21 世纪就是中国文化的世纪，等等。王杰认为，这种思潮的结果，必然会导致复古主义和狭隘的文化保守主义。他认为，我们弘扬、复兴优秀传统文化的目的不是为了简单的"复古"，而是为了"古为今用"，那种借弘扬传统文化之名大搞复古活动的做法，实在是要不得的；那种在各种场合宣扬只有中国文化才能拯救人类危机的说法，也是万万要不得的。当然，我们还应该注意另一种极端的倾向，就是认为要彻底批判和否定传统文化。这两种都是极端的观点。

王杰还指出，建设优秀传统文化传承体系，一定要警惕以传统文化为幌子，抵制和排斥人类文明，走保守复古的老路。他说，一个自信的民族，应该勇敢去面对和尊重文化的差异性和多元性。我们应该有大国的胸怀，用开放的心态去面对一切，盲目抵制，本身就是一种对自身传统文化不自信的表现，是一种文化自卑的心理。"在全球化的大背景下，在中西文化交流更加频繁的情况下，我们更应该进一步深入了解和研究西方文化，大胆地吸收西方文化的文明成果，不断繁荣和发展中华民族的先进文化。”①

文化传承体系的“集成之道”

党的十八大强调“建设优秀传统文化传承体系”的战略要求，凸显通过文化来强盛国家与创建文化强国双重目标的实施路径。

传统是令人纠结的词汇之一，因存在将其归为历史、陈旧、保守的误解，所以每个时代都有人喊出激进口号，以切割跟“传统”的关系。其实，传统只是相对于当代和未来的一种概念，一个与时俱进、不断壮大自身阵容、代表着浓厚积淀与传承气息的概念。就像“古代”等时间区划，外国有视 80 年、120 年以前为古的推移式标准；新中国虽然沿用 1911 年辛亥革命以前为古的惯例，但是谁能说 300 年后的人们不称我们为古人？因此，今日之说法、行为、工艺，一旦构成经验、习惯、模式而被传承，就可成为明日之传统。至于被社会津津乐道的优秀传统文化，更是闪烁着岁月精华、民族经典、人类瑰宝的光辉。

传统与传统文化是文化大发展大繁荣必须直面的根基、要素、标志，关系民族的文明积淀、文化繁衍、风貌特质等要务。“建设怎样的”和“怎样来建设”优秀传统文化传承体系，是志在弘扬优秀传统文化者的决策前提。

务实性体系建设的迫切性

正确与科学地选择传统，用建设优秀传统文化传承体系推进国家文化、

① 王杰：《传承传统文化要防止几种不良倾向》，《北京日报》2012 年 5 月 21 日。

民族文化、社会文化的强势化进程，既是时代的需要，又是曾经拥有辉煌成长历史，还将拥有灿烂未来前景的人类族群的路径依赖。十八大文化战略目标有着清晰的问题指向，源于深刻的现状缺陷。特定时期的政治、经济在推动社会迅猛前行的同时，荡涤着国民的思想文化行为规则；“破”字当头的摧枯拉朽与“立”字滞后的缓慢无力，在制造诸多头脑式文化空巢的同时引发社会文化失范；作为有强大引导力、组织力、约束力的优秀传统文化，因系统论意义上的完整性在实践中不复存在，更多仅以商业资源意义上的“元素”或“因素”而碎片状残留，对社会的维护规范功能严重弱化。

决意建设优秀传统文化传承体系，彰显出长远的积极作用：它将用先进文化、人类美德、科学精神重新强化国民的文化认知，用改革开放、文化与科技创新的双轮驱动战略重新建立社会的文化认同，用魅力型思想旗帜、制度框架、内容、形式载体重新塑造生产力团队的文化共识，从而在荟萃精华基础上展现中国特色民族文化特质，在兼收包容基础上汲取国际优秀的文化成果，在良好心态与正确方法基础上拓展创新、不断丰富优秀传统文化的资源宝库，作出当代中国应有的贡献。

东亚近邻在单一民族文化传承体系方面的作为，可充当方法论和执行力的参照系。日本在半个多世纪前，已开始明确民族文化整体建设目标，全面系统地开展文化内容的经典化努力，逐步形成以日本自身诠释本民族文化为主体、以魅力优势表述日本文化为主导的文化传承体系，对内用于系统化国民人格的传承培育、对外用于美好国家形象传播的话语体系塑造。日本跻身发达社会，长期居于世界第二经济大国高位，在国际上广泛获取“优质国民”和现代文明的赞誉，其文化传承传播体系的经典化战略功不可没。

韩国近20余年携经济起飞和科技革命的声威，扎实开展优秀传统文化的资源化建设。首先，全面搜集、梳理、优化内容资源；其次，完成形象展示、内涵说明、使用流程的数字化处理，实现公共传播平台、路径、方便度的现代化。韩国优秀传统文化传承体系的形成并投入社会运行，既使国家、机构、个人能够便捷接触统一权威的民族文化知识，减少因不知或无处得知而遭遇的困窘，又明显提高传承传播的魅力吸引和活化功能——任何人相逢某一风俗节日时，都可从公共文化平台查询关于程序礼仪、服饰用具的详细内容，所涉物品用彩色形象显示，用动画或文字标明了相关器物的材质、尺寸、用法于是，本民族的生产、生活、娱乐方式，个人、家庭、群体追求的"特质性"传统文化行为，有了统一而专业的依据。在竞争激烈的全球环境中，韩国的民族凝聚力脱颖而出，已享有世界第十一大经济体的殊荣，其民族文化传承传播体系的建设运行居功至伟。

中国作为有着众多民族、悠久历史、深厚底蕴、丰富多彩传统文化的大国，遴选、优化、建设优秀传统文化传承体系的难度堪称世界第一；但是，邻国的文化见识、文化自信、文化自觉、文化建设运作的能力值得学习，所获成果值得思考。若仍无法开展务实体系的建设，还满足于继续顶着"博大精深"的帽子，却容忍国民对优秀文化客观上普遍不知、多数不信的状态，任其长期碎片化而走向萎缩消亡，"中国梦"就将因优秀传统文化的缺位，而陷入忧患之境。

"湖南集成"的起步境界

十八大所倡导的道路自信、制度自信、理论自信，同时也是一种植根于对政党、民族、国家、世界、人类优秀传统基础上的文化自信；唯有在此文化自信中升华的文化自觉和不断增强的文化能力，才能帮助我们可持续地走出中国特色科学发展之路，让中国为世界呈上无愧于时代的精彩。优秀传统文化传承体系所需的体制机制安排，属于发展方式模式等战略要素要务，创立战略管理 5P 模型的著名战略管理学家明茨伯克就曾论述：从未来发展的角度，战略表现为一种计划（Plan）；从过去发展历程的角度，战略表现为一种模式（Pattern）。

传统文化被人说成是"文明演化而汇集的一种反映民族特质和风貌的民族文化，是民族历史上各种思想文化、观念形态的总体表征"，因为它有汇集、积淀、习惯的特点。优秀传统文化传承体系要求“优秀”概念下的集成和相对整体性的特点。

日前，在湖南之行中，笔者喜见公共文化设施与博览行业的“集成”色彩增多：一系列主题展陈，不同程度地集纳相关知识信息，使观者于一处便略知天下同类状况，并能欣赏相关领域族群的异同，对中国优秀传统文化加深了某种全景式印象。

其具体做法包括：同类信息与知识的集成，这是体系建设的基础业态。长沙市天心阁景区一处不过数米长的过廊中，竟设有冠名“中国古城墙”的刻石展区，以11块碑石的篇幅，以浮雕线图的方式，先概述中国古城墙主题的来龙去脉，再分述北京、南京、西安、济南、崇武、襄阳、苏州、兴城、平遥、赣州等地古城墙具象；上图下文并附英文，尽量注明地址、年代、质地、长度、现状等相关信息，大有通过弹丸空间“话说”中华城墙的效果。隔壁二层则以一间约30平方米的斗室，设立了一个“中国名楼”固定展；它与天心阁主体建筑及其介绍天心阁历史、价值、人文故事的主展区相映成趣，采用最低成本、最大信息量的图片与文字的集中罗列形式，达到以一楼而放眼神州十余楼的功效。

在岳阳君山，沿湘妃祠、洞庭庙、二妃墓走去，内外说明文字串起远溯尧女舜妃的传说历史。这里的集成标志由柳毅井与传书亭为代表，先是铭牌上的“六大民间传说”引发关于不同时期几十个传说故事的联想和争议，再通过2011年8月所立的中国古代四大爱情故事（即：梁山伯与祝英台、牛郎织女、白蛇传、柳毅传说）的结盟纪念碑予以升华。

在历史日渐尘封、传统多显弱势、一代代新人对往昔的常识渐趋茫然时，用“集成”特有的场与势，向往并追求优秀传统文化体系的复兴，比起碎片状的单打独斗，不失为有比较优势的操作方式。

实践证明，无论是公共文化服务还是文化产业运行，在文化项目创意、制作、传播中，如果能有覆盖领域的把握意识，为有限的本地文化资源设置取自中国或世界接近无限文化资源的背景，就是以某类优秀文化供应、服务、集成者的身份，用经典化手法在构建传承体系。

关联内容的辐射集成，是体系建设的魅力业态。长沙简牍博物馆依托1996年在当地走马楼出土的十万余枚三国孙吴简牍而营建，倘若仅就简说简，虽有出土总量超过以往年代全国简牍总数的优势，但也有实物接近于千年简牍文明尾端的劣势；面对这样的情况，怎样说、说什么，如何让普通观众喜闻乐见是个考验。为应对这一挑战，该馆策展设计大有实施内容集成辐射延伸之气，理直气壮地由简牍知识讲到简牍文化，再延展到特定时代社会文化全景。展陈现场分作简牍文化与精品文物两大部分，主题内容深入浅出，辅以精彩的志愿者讲述，处处注意联系现实、表达简牍与人们熟悉的事物的关系，让一个专业且地方的新建馆有了领域集成、国家侧面的“范儿”。

超越形式内容的规律集成，是体系建设的经典业态。中国书院博物馆是近年置身湖南大学与岳麓书院领地的新成员，该馆在优秀传统文化传承体系建设中的地位，因规律内涵的成果而高于一般信息，内容的集成度和辐射性，达到体现价值、传播价值的较高境界。该馆关于书院文化规律、真谛、解读的集成，有知其然又知其所以然的深度，对中国乃至东方特有书院文明的兴衰有完整而深刻的揭示，与岳麓书院形成优势互补、相得益彰的关系。

目前在加强文化建设的大潮中，有太多的文化项目止步于尾随式、跟进式、模仿式的雷同，处在有庙无“神”、有体无“魂”、有术无“道”的低端，因不了解思想文化在社会行为金字塔结构顶端的旗帜作用，不能符合文化生产与传播的规律，而游离于文化供应链与价值链要素环节之外，导致由于文化内容与科技含量的品质不足而举步维艰。因此，讲求文化产品、服务、项目的精神价值和规律属性，是公共文化服务、文化产业运行的战略目标，一旦内容、载体、形象达到集成经典的境界，就将带来“较高水准唯一性”的文化魅力和市场动员力，和国内外文化产品同台论剑的实力。

（来源：《瞭望》2013年8月30日）

专题 6

加快城乡文化一体化发展

加快城乡文化一体化发展，是社会主义文化建设的重要任务，是满足人民基本文化需求、保障人民基本文化权益的重要途径。党的十七届六中全会《决定》深刻阐述了加快城乡文化一体化发展的极端重要性，强调指出："增加农村文化服务总量，缩小城乡文化发展差距，对推进社会主义新农村建设、形成城乡经济社会发展一体化新格局具有重大意义。"

党的十八大报告指出："坚持面向基层、服务群众，加快推进重点文化惠民工程，加大对农村和欠发达地区文化建设的帮扶力度，继续推动公共文化服务设施向社会免费开放。"

这些既充分体现了党中央在新的历史条件下的高度文化自觉，也是从党和国家发展全局的战略高度对推动社会主义文化大发展大繁荣作出的重大部署，我们一定要认真学习、深刻领会，切实抓好贯彻落实。加快城乡文化一体化发展是深入贯彻落实科学发展观的必然要求，是进一步深化文化体制改革、推进文化体制机制创新的必然要求。

历史沿革

1982 年，中共中央发出第一个关于“三农”问题的“一号文件”——《全国农村工作会议纪要》，提出在广大农村开展深入的思想政治教育和政策教育，并把这种教育经常化，不断对农民灌输社会主义思想，为建设具有高度精神文明和高度物质文明的新农村而努力。

1983 年，国务院《关于第六个五年计划的报告》明确提出了“县县有图书馆、文化馆，乡乡有文化站”的具体要求。

1984 年，中共中央发出《关于 1984 年农村工作的通知》，文件强调要继续稳定和完善联产承包责任制，并指出要加强农村思想政治工作和文化教育工作。

1993 年，文化部成立文化扶贫委员会，开启万村书库、手拉手、电视扶贫、为农村儿童送戏、送报下乡等工程。

1998 年，党的十五届三中全会通过的中共中央《关于农业和农村工作若干重大问题的决定》，从经济、政治、文化三个方面，提出了从现在起到 2010 年建设有中国特色社会主义新农村的奋斗目标，对我国农业和农村的跨世纪发展作出了全面部署。文化部印发关于进一步加强农村文化建设的意见。

2005 年，中共中央办公厅、国务院办公厅颁发《关于进一步加强农村文化建设的意见》，阐述了农村文化建设所具有的重大理论意义和现实意义。

2005 年，中共中央、国务院《关于深化文化体制改革的若干意见》指出，要加大农村文化基础设施建设的投入，逐步解决农村文化产品和服务相对缺乏的问题，丰富农民群众精神文化生活。

2007 年 3 月，新闻出版总署会同中央文明办、国家发展改革委、科技部、民政部、财政部、农业部、国家人口计生委联合发出了《关于印发〈农家书屋工程实施意见〉的通知》，开始在全国范围内实施“农家书屋”工程。

2007年12月，中共中央、国务院《关于切实加强农业基础建设进一步促进农业发展农民增收的若干意见》下发，指出繁荣农村公共文化，加强农村精神文明建设，用社会主义荣辱观引领农村社会风尚。深入实施广播电视“村村通”、农村电影放映、乡镇综合文化站和农民书屋工程，建设文化信息资源共享工程农村基层服务点。大力创作和生产农民喜闻乐见的优秀文化产品，积极开展健康向上的农村群众文化活动，着力丰富偏远地区和进城务工人员的精神文化生活。广泛开展农村体育健身活动。引导和鼓励社会力量投入农村文化建设。

2008年，党的十七届三中全会通过中共中央《关于推进农村改革发展若干重大问题的决定》，研究了新形势下推进农村改革发展的若干重大问题，作出加快发展农村公共事业，促进农村社会全面进步的决定。

2011年10月，党的十七届六中全会通过的《中共中央关于深化文化体制改革、推动社会主义文化大发展大繁荣若干重大问题的决定》指出：加快城乡文化一体化发展。增加农村文化服务总量，缩小城乡文化发展差距，对推进社会主义新农村建设、形成城乡经济社会发展一体化新格局具有重大意义。要以农村和中西部地区为重点，加强县级文化馆和图书馆、乡镇综合文化站、村文化室建设，深入实施广播电视村村通、文化信息资源共享、农村电影放映、农家书屋等文化惠民工程，扩大覆盖、消除盲点、提高标准、完善服务、改进管理。加大对革命老区、民族地区、边疆地区、贫困地区文化服务网络建设支持和帮扶力度。深入开展全民阅读、全民健身活动，推动文化科技卫生“三下乡”、科教文体法律卫生“四进社区”、“送欢乐下基层”等活动经常化。引导企业、社区积极开展面向农民工的公益性文化活动，尽快把农民工纳入城市公共文化服务体系。建立以城带乡联动机制，合理配置城乡文化资源，鼓励城市对农村进行文化帮扶，把支持农村文化建设作为创建文明城市基本指标。鼓励文化单位面向农村提供流动服务、网点服务，推动媒体办好农村版和农村频率频道，做好主要党报党刊在农村基层发行和赠阅工作。扶持文化企业以连锁方式加强基层和农村文化网点建设，推动电影院线、演出院线向市县延伸，支持演艺团体深入基层和农村演出。中央、省、市三级设立农村文化建设专项资金，保证一定数量的中央转移支付资金用于乡镇和村文化建设。

2012 年月 11 月，党的十八大报告指出："坚持面向基层、服务群众，加快推进重点文化惠民工程，加大对农村和欠发达地区文化建设的帮扶力度，继续推动公共文化服务设施向社会免费开放。"

权威专家

国家新闻出版广电总局党组书记、副局长　蒋建国

蒋建国，1956 年 12 月出生，男，生于湖南汉寿，籍贯湖南桃江。中国共产党党员。湖南大学国际商学院工业外贸专业毕业，工学硕士。曾任新闻出版总署副署长、党组书记。现任国家新闻出版广电总局党组书记、副局长。十六大、十七大代表，第九届全国人大代表。

中华人民共和国文化部政策法规司副司长　孙若风

孙若风，1960 年 1 月出生，1977 年 3 月参加工作，1996 年 11 月入党。四川联合大学中文系毕业，博士研究生学历。2001 年 5 月，中国文化报社总编辑。2007 年 7 月，中华人民共和国文化部文化产业司副司长(正局级)。2009 年至今，中华人民共和国文化部政策法规司副司长(正局级)。

专家观点

蒋建国：加快城乡文化一体化发展

加快城乡文化一体化发展，是社会主义文化建设的重要任务，是满足人民基本文化需求、保障人民基本文化权益的重要途径。党的十七届六中全会《决定》深刻阐述了加快城乡文化一体化发展的极端重要性，强调指出："增加农村文化服务总量，缩小城乡文化发展差距，对推进社会主义新农村建设、形成城乡经济社会发展一体化新格局具有重大意义。"蒋建国认为，这既充分体现了以胡锦涛同志为总书记的党中央在新的历史条件下的高度文化自觉，也是从党和国家发展全局的战略高度对推动社会主义文化大发展大繁荣作出的重大部署，我们一定要认真学习、深刻领会，切实抓好贯彻落实。

加快城乡文化一体化发展是深入贯彻落实科学发展观的必然要求。科学发展观的第一要义是发展。发展既包括经济又好又快发展，也包括实现文化在内的各方面事业全面发展；既包括经济社会协调发展，也包括城乡、区域协调发展。蒋建国指出，当前，我国发展中不平衡、不协调、不可持续问题依然突出，城乡二元结构尚未根本改变，城乡发展差距有扩大的趋势。这种差距，既体现在经济社会方面，也体现在文化方面。深入贯彻落实科学发展观，就要坚持全面协调可持续，理顺文化与经济社会发展的关系，把文化建设纳入经济社会发展全局，努力实现文化建设与经济建设、政治建设、社会建设整体推进、同步发展。"深入贯彻落实科学发展观，就要坚持统筹兼顾，着力改变文化领域的城乡二元结构，缩小城乡文化差别，推动城乡文化协调发展，实现城乡在文化权利上平等、文化政策上一致、文化资源上互补、文化发展上互动，以更好地促进经济社会全面协调可持续发展。"①

加快城乡文化一体化发展是加快全面建设小康社会进程的必然要求。蒋建国认为，全面建设小康社会，既要有发达的经济，又要有繁荣的文化；既要让人民过上殷实富足的物质生活，又要让人民享有健康丰富的文化生活。要实现全面建设小康社会的宏伟目标，最艰巨最繁重的任务在农村，最广泛最深厚的基础也在农村。没有农村小康，就没有

① 蒋建国：《加快城乡文化一体化发展》，《求是》2011年12月1日。

全面小康；没有农村文化的大发展大繁荣，就没有社会主义文化的大发展大繁荣，也就没有更高水平的小康社会。改革开放以来，我国文化建设快速发展，但农村文化建设远远落后于城市文化建设。只有加快城乡文化一体化发展，推动文化资源向农村倾斜，推动文化服务向农村延伸，向农民群众提供更多更好的文化产品和文化服务，丰富农民群众的精神文化生活，提高农民群众的思想道德素质和科学文化素质，形成文明健康的生活方式，培育良好的社会风尚，才能为全面建设小康社会奠定更加坚实的基础。

加快城乡文化一体化发展是推进社会主义新农村建设的必然要求。蒋建国认为，建设社会主义新农村，涉及新形势下农村经济、政治、文化、社会和生态等方方面面，是一项经济建设、政治建设、文化建设、社会建设以及生态文明建设全面推进的综合工程。农村文化建设作为社会主义新农村建设的重要内容，担负着为社会主义新农村建设提供思想保证、精神动力、智力支持的重要责任和使命。只有在大力发展农村经济的同时，充分利用和依靠文化的力量，才能加快改变农村落后面貌，推动城乡经济社会协调发展。只有加快城乡文化一体化发展，推进公共文化资源下移、服务下移，用社会主义先进文化占领农村阵地，切实发挥文化在促进农村生产发展、生活宽裕、乡风文明、村容整洁、管理民主方面的重要作用，推动农村物质文明、政治文明、精神文明、生态文明协调发展，才能为社会主义新农村建设提供更加有力的支撑。①

加快城乡文化一体化发展是保障人民基本文化权益的必然要求。保障人民基本文化权益，是社会主义文化建设的根本任务。为此，必须不断完善覆盖全社会的公共文化服务体系，努力实现公共文化服务均等化。蒋建国认为，所谓均等化，就是不分男女老少，不分富人穷人，不分城市农村，不分东中西部，都平等地享受基本公共文化服务。蒋建国

① 蒋建国：《加快城乡文化一体化发展》，《求是》2011年12月1日。

指出，改革开放以来，我国公共文化服务体系建设取得了长足进步，但广大农村还存在基本文化设施总量不足、质量不高、结构不优、运行不力和公共文化产品匮乏、服务能力不强等问题。只有加快城乡文化一体化发展，打破城乡分离的公共文化服务体制，把由政府提供或主导的公共文化服务覆盖到广大农村，着力满足农民群众看电视、听广播、读书看报、进行公共文化鉴赏、参与公共文化活动等基本文化需求，使全体人民共享文化发展成果，才能实现好、维护好、发展好人民群众的基本文化权益。

知识链接

人民基本文化权益

人民基本文化权益内涵丰富，无论是文化生产与创造，还是文化消费与享受，都是人民基本文化权益所应触及的界域和所应指向的对象。具体而言，就是人民自由平等地参与社会文化活动的生产与创造，人民能够充分公平地享受社会文化成果的权利，人民在文化生产和创造上有展示和发挥个人才能的权利，人民在进行文化生产和创造中所形成和产生的各种内容与形式的文化成果不受损失与侵犯。

加快城乡文化一体化发展，是我们党适应经济社会发展的新情况新形势，对文化建设提出的新任务新要求。蒋建国指出，我们要按照《决定》要求，把农村文化建设作为战略任务，把实现公共文化服务均等化作为基本方向，把加快形成城乡经济社会发展一体化新格局作为根本要求，采取更加扎实有力的措施，努力缩小城乡文化建设差距，推动城乡文化一体化发展。

第一，坚持统筹兼顾，科学规划和建设农村公共文化服务设施网络。蒋建国认为，公共文化设施是政府提供公共文化产品和文化服务的载体。加快农村公共文化基础设施建设，实现公共文化服务网络的全面覆盖，是今后一个时期我国文化建设的重点任务。必须立足长远、统筹兼顾、科学规划、加大投入，加快完善农村公共文化设施网络布局。一要把农村文化建设摆在更加突出的位置。按照科学发展观和全面建设小康社会的要求，把农村文化建设纳入经济社会发展的总体布局，把规划好、建设好、管理好、使用好公共文化设施服务网络作为各级政府履行公共服务职能的重要内容，纳入各级党委和政府工作的重要议事日程，纳入地方经济社会发展和社会主义新农村建设的总体规划，纳入党政干部考核指标，确保各项任务目标的实现。二要科学规划和建设农村公共文化服务设施网络。按照国家"十二五"规划纲要，明确思路，设定目标，科学布局，构建完善的城乡公共文化服务设施网络。坚持城乡统筹，实行重点突破，优先安排涉及农村的文化建设项目，重点加强县级文化馆和图书馆、乡镇综合文化站、村文化室建设。加大对革命老区、民族地区、边疆地区、贫困地区文化服务网络建设支持和帮扶力度，增加公共文化设施总量，有效解决城乡、区域公共文化设施布局不平衡问题。三要深入实施文化惠民工程。按照扩大覆盖、消除盲点、提高标准、完善服务、改进管理的要求，以农村和中西部地区为重点，深入实施广播电视村村通、文化信息资源共享、农村电影放映、农家书屋等文化惠民工程，实现农村文化设施网点化。加强流动文化设施建设，在西部及其他革命老区、民族地区、边疆地区、贫困地区等地广人稀需要进行流动服务的地区，配备多功能流动文化车，开展灵活、多样、方便的流动文化服务。四要推进城乡公共文化设施互联互通。坚持建设与管理并重，加大统筹协调力度，发挥不同部门文化资源相互补充、相互促进的作用，建立责任明确、行为规范、富有效率、服务优良的运行机制，推动城乡公共文化设施扩展功能、互联互通、共建共享，不断提高使用效能。①

---

① 蒋建国:《加快城乡文化一体化发展》,《求是》2011 年 12 月 1 日。

知识链接

农家书屋及其成立背景

农家书屋是为满足农民文化需要，在行政村建立的、农民自己管理的、能提供农民实用的书报刊和音像电子产品阅读视听条件的公益性文化服务设施。每一个农家书屋原则上可供借阅的实用图书不少于1000册，报刊不少于30种，电子音像制品不少于100种(张)，具备条件的地区，可增加一定比例的网络图书、网络报纸、网络期刊等出版物。

为深入贯彻落实中共中央、国务院《关于推进社会主义新农村建设的若干意见》和《关于进一步加强农村文化建设的意见》，切实解决广大农民群众“买书难、借书难、看书难”的问题，2007年3月，新闻出版总署会同中央文明办、国家发展改革委、科技部、民政部、财政部、农业部、国家人口计生委联合发出了《关于印发〈农家书屋工程实施意见〉的通知》，开始在全国范围内实施“农家书屋”工程。

农家书屋工程坚持以邓小平理论和“三个代表”重要思想为指导，以科学发展观为统领，全面贯彻党的十六大和十六届三中、四中、五中、六中全会精神，加大政府对新农村文化建设的投入，充分调动社会各方面力量，大力发展社会主义先进文化，保障农民群众最基本的文化权益，推动农村经济社会发展和社会主义和谐社会的建设。

农家书屋工程按照“政府组织建设，鼓励社会捐助，农民自主管理，创新机制发展”的思路组织实施，把各部门、各地区在农村文化建设中的类似项目结合起来，相互补充，同步推进，实现资源整合，同时，广泛动员社会力量参与，鼓励国内外各界采用多种形式、多种渠道进行捐助，农家书屋建立之后，将按照农民自主管理、自我服务的模式进行管理和运行，具备条件的书屋，政府将鼓励支持其开展出版物经营活动，通过经营收入进一步支持“农家书屋”的良性发展。工程计划“十一五”期间在全国建立20万家农家书屋，到2015年基本覆盖全国的行政村。

第二，做到资源共享，不断扩大农村基本公共文化服务覆盖面。蒋建国认为，促进文化资源向农村合理流动，是缩小城乡文化差距、实现城乡文化一体化发展的有效途径。必须坚持“二为”方向和“双百”方针，多提供适合农民群众实际需要、对生产生活有指导作用的文化产品，多开展农民群众乐于参与、便于参与的文化活动，着力丰富农民群众文化生活，扩大基本文化服务覆盖面。一要广泛深入地开展群众性文化活动。坚持业余自愿、形式多样、健康有益、便捷长效原则，贴近群众生产生活实际，打造一批具有影响力的群众文化活动品牌，建立点面结合、上下联动的群众文化活动长效机制，推动农村群众性文化活动持续开展。深入开展重大节庆文化活动，吸引农民群众参与，丰富农民群众业余文化生活。深入组织开展读书日、读书月、读书节等全民阅读活动，鼓励社会各界开展捐赠助读行动，着力解决农村未成年人的基本阅读需求。大力推广竞技性强、普及率高的体育项目，组织开展群众喜闻乐见、简便易行的健身活动，不断提高农民群众身体素质。二要建立向基层群众“送”文化的长效机制。根据时代特点和群众精神文化需求的变化，推动文化科技卫生“三下乡”、科教文体法律卫生“四进社区”、“送欢乐下基层”等面向基层的公益性文化活动制度化、经常化，建立健全“送”文化的长效机制。鼓励和组织专业文化工作者深入农村开展群众性文化培训、辅导、讲座和展演、展示等文化服务，引导和培育各种形式的自办文化，增强农村文化的造血功能，把“送”文化与“种”文化结合起来。三要切实满足特殊群体的基本文化需求。加强对农民工的文化关怀，尽快把农民工纳入城市公共文化服务体系，建立政府主导、企业共建、社会参与的农民工文化服务机制。针对农民工流动性大的特点，以城市社区为载体，将农民工纳入社区管理范围，融入社区文化生活。深入研究农民工的需求特点，引导、支持和鼓励社区、企业积极开展面向农民工的公益性文化活动，提供具有针对性的文化产品和文化服务，切实维护和保障农民工基本文化权益。

第三，实行以城带乡，努力提高农村公共文化服务科学化水平。蒋建国指出，目前，我国总体上已经进入以工促农、以城带乡的发展阶段，进入着力破除城乡二元结构、形成城乡经济社会发展一体化新格局的重要时期。以城带乡，拓宽公共文化服务领域，是破除城乡文化二元结构、实现城乡文化一体化发展的重要手段。必须充分发挥城市的辐射带动作用，建立以城带乡、城乡联动机制，促进城乡文化资源优化配置、科学整合和综合利用，形成城乡一体的公共文化服务网络，不断提高公共文化服务水平。一要完善城乡文化帮扶机制。鼓励城市对农村进行文化帮扶，把支持农村文化建设作为创建文明城市基本指标，建立城乡文化帮扶责任制。将支持农村文化建设纳入对口扶贫计划，建立和完善东部地区对西部地区、发达地区对欠发达地区、城市对农村的文化援助机制。动员党政机关、企事业单位和群众团体广泛开展城乡文化共建活动，采取捐赠设备器材和文化产品，开展业务合作、人员培训、工作指导等多种形式，推动农村文化建设。二要打造农村文化传播平台。面向农村的中央和省级主流媒体必须坚持为“三农”服务的方向，按照增加数量、提高质量的要求，切实办好农村节目、栏目，加大农村报道分量。支持农业大省的主流媒体办好农村版和农村频率频道。把面向农村、服务“三农”作为市县级媒体的基本任务。做好主要党报党刊在农村基层发行和赠阅工作，拓宽发行渠道，提高阅读利用率，扩大对农民群众的有效覆盖面。三要创新农村公共文化服务方式。积极探索适合农村特点、适应农民群众需要的文化服务方式，不断提高服务质量。发挥公益性文化单位的主体作用，鼓励公共图书馆、博物馆、文化馆等公益性文化单位面向农村提供网点服务、流动服务，建立流动服务平台。扶持文化企业以连锁方式加强基层和农村文化网点建设，推广新型代理配送制度，构建贯通城乡的文化产品流通网络。推动电影院线、演出院线向市县延伸，支持演艺团体深入基层和农村演出。运用现代数字技术、网络技术、信息技术拓宽农村基层公共文化服务空间，增强服务效果，提高服务品质。①

① 蒋建国:《加快城乡文化一体化发展》,《求是》2011 年 12 月 1 日。

【延伸阅读】

走进图书馆不仅是读书 “流动中”的知识盛宴[①]

图书馆事业的发展，是实现公民文化权利的根本。在打造“图书馆之城”的道路上，很多国家都有诸多宝贵的经验。美国图书馆提供的服务已远远超过“藏书楼”的概念；日本社区图书馆十分注重保护发扬本地文化；欧洲的图书馆是可以提供流动着的知识盛宴的信息中心；而韩国的社区图书馆更成为居民互动、人际交往的重要场所。

日本：图书馆又是地区博物馆

韩国：居民互动人际交往的场所

日本十分注重保护本地文化，在图书馆设置方面也处处体现尊重各地文化的巧妙心思。

以盛产日本和纸闻名的埼玉县小川町社区图书馆为例，为了与街道上随处可见的古色古香的日式建筑相适应，小川町图书馆的外观也被建造成类似古式库房的样子，而内部的装饰和活动空间，让人难以把它仅仅称作“图书馆”。

小川町图书馆的室内装潢大量采用了当地生产的日本和纸，使这里不仅充满了地方的乡土特色，也使来到这里的社区居民倍感亲切，有一种归属感。

韩国的社区图书馆还利用现代化的技术手段在社区里建立起不同的知识用户联盟，女性读者有“女性沙龙”，孩子们有“童子军读书营”，不同类型的读者协会就多达七、八个。读书会吸收长期的固定会员，有专门的馆员负责与他们建立联系，及时从网上传递相关信息，定期或不定期地组织专题交流研讨会。兴趣相投的读者可以彼此相识，成为朋友。

美国：远远超越“藏书楼”概念

2009 年，美国公共图书馆达到 16968 家，总数比麦当劳餐厅还要多。美国 63%的成年人有图书馆卡，图书每年的流通量远远高于馆藏量。

在美国办个图书馆借阅卡非常简便。办理借阅卡只要出示最近的水电或者电话账单，再加上驾照，以证明在附近居住和本人身份即可。即使

---

① 王璜：《走进图书馆不仅是读书 “流动中”的知识盛宴》，《广州日报》2012 年 8 月 4 日。

在纽约的市立图书馆，整个办证时间也不超过10分钟。

美国公共图书馆有几个特征：为市民提供不同的教育、培训、辅导、信息服务和娱乐活动，倡导终身学习；欢迎每个人参与，包括不同年龄段、不同种族民族、残疾人和新移民；提供公开而方便的阅览；隶属于社区。

图书馆的资金来源84%是当地税收，因此图书馆对社区居民免费开放，68%的图书馆工作人员拥有图书馆专业硕士学位。

欧洲："流动中"的知识盛宴

芬兰是世界上图书馆密度最大的国家之一，作为对全国公共图书馆网络的补充，早在1966年芬兰就建立起流动图书馆。这些流动图书馆由大型专用图书车组成，其中有很多儿童流动图书馆。每周固定时间，这些儿童流动图书馆都会"开"进居民小区，为那里的小朋友们服务。目前芬兰的全国各地有近200个流动图书馆，这些流动图书馆穿梭于城市和乡村之间，为离图书馆较远地区的居民提供图书借阅服务。

而近日，西班牙首都马德里的居民能享受到更方便的图书借阅服务。马德里在全欧洲率先建立首家地铁图书馆，乘客可在地铁站里借书、看书，在消磨时间的同时，又可获取知识。马德里的一类大型车站都放置了该机器，其中在西班牙广场这样的大车站放置了好几台借书机供乘客使用。

第四，加强投入保障，充分发挥公共财政对农村文化建设的支撑作用。蒋建国认为，完善公共财政制度，健全政府投入机制，是推动农村文化建设、促进城乡文化一体化发展的根本保障。一要强化政府的保障责任。坚持以政府为主导、财政为支撑，强化农村文化建设投入保障，合理界定财政支出范围，探索财政资金整合使用的有效途径，充分发挥公共财政对农村文化建设的支撑作用。进一步明确中央与地方的事权，健全财力与事权相匹配的农村文化建设投入机制。把主要公共文化产品和服务项目、公益性文化活动纳入公共财政经常性支出预算，完善中央和地方按项目、按比例分担的农村文化建设和运营经费保障机制。二要加大财政转移支付力度。进一步完善财政转移支付制度，规范和调整转移支付办法，加大对农村的财政支持。落实国家关于建立公共文化服务专项资金和基金等政策措施，采取专项财政转移支付的方式，中央、省、市三级设立农村文化建设专项资金，保证一定数量的中央转移支付资金用于乡镇和村文化建设。三要实行向农村基层倾斜的财政政策。按照存量适度调整、增量重点倾斜的原则，明确公共财政预算安排的优先领域，优化中央和地方财政支出结构，把更多的公共财政资金投向公共文化服务薄弱的农村。制定支持和保障农村公共文化服务体系建设的投入办法，加快建立农村文化建设投入稳定增长机制，确保年度投入增幅高于同级财政经常性收入增幅。改进财政投入方式，采取政府采购、项目补贴、定向资助、贷款贴息、税收减免等多种办法，保障农村重点文化建设的资金需求，扩大公共财政覆盖农村的范围，提高财政资金使用效益。[①]

孙若风：文化深度介入城乡一体化

孙若风在《文化深度介入城乡一体化》[②]一文中指出，借助工业化、城镇化和农业现代化的强力推进，全国范围内的城乡一体化势如破竹，最近统计表明，中国的城市化率已超过 50％。中国是一个农业大国，也是一个文明古国，面对如此急速的转变，学界始终在文化上怀有强烈的忧患与期待，各级政府也在统筹城乡发展中纳入了文化考量。孙若风认为，文化对城乡一体化的深度介入，有可能成为中国城市化的一个显著特色。

孙若风指出，文化介入中国城乡一体化最显性的表现，是文化在各级统筹城乡发展的规划中成为必不可少的内容，这可能在世界上是少有的。他认为，中国的统筹城乡发展，实际上有两种含义：首先是统筹城市与乡村的协调发展，同时又统筹城乡经济、政治、文化、社会、生态等各方面的协调发展，这样，把文化写入规划就成了“规定动作”。“事

① 蒋建国：《加快城乡文化一体化发展》，《求是》2011 年 12 月 1 日。

② 孙若风：《文化深度介入城乡一体化》，《中国文化报》2012 年 4 月 12 日。

实上在不少地方，统筹城乡发展的规划还没有出台，文化系统已经闻风而动，按照城乡一体化的思路开展探索，既在当地先行一步，也为全国积累了经验。”①

在孙若风看来，不只如此，文化还成为一些地方走活统筹城乡发展这盘棋的关键，甚至是整个城乡一体化的轴心。他指出，浙江乌镇、成都三圣乡、西安临潼的探索具有代表性。理论上说，任何具备发展文化产业条件的地方，文化都可以在城乡一体化中有更大作为，如果文化产业能够成为当地的支柱产业，那么文化也就能成为统筹城乡发展的支柱力量。文化产业作为新兴第三产业，文化的影响力、凝聚力与产业的辐射力、集聚力相重合，形成了强烈的叠加效应，能够明显促进城乡一体化。而且，文化产业就业需求弹性大，对资金、技术、规模的要求低，进入门槛不高，这正可以成为贯通城乡的产业平台和转移农村剩余劳动力的出口。

文化的介入更多还是无形的。孙若风指出，首先，文化影响城乡一体化的走向。城乡一体化无可回避城市与乡村各自的价值观与生活方式，这正是文化介入的着力点。以人为本的思想、公平正义的精神、扶助弱势的情怀、城乡共同发展的追求，特别是不以牺牲乡村前途和农民利益为代价去实现一时目标的准则，这些理念都决定着城乡一体化的性质和面貌。其次，文化影响城乡一体化的进程。一些地方对二元化体制的改革相对迟缓，惠农政策措施不到位，与思想观念有关，解决了思想问题，就会有紧迫感，就会有效率。文化的参与还将提高农民的素质，营造有利的氛围，促进农业与科技的融合，加快实现农业现代化和农民市民化。第三，文化影响城乡一体化的方式。文化的介入，是精神、智慧、情感的介入，作用于农民的生产方式和生活方式，也作用于领导部门以及当地城市居民的集体意识，使得城乡一体化无论是过程还

① 孙若风:《文化深度介入城乡一体化》,《中国文化报》2012 年 4 月 12 日。

是结果，都更加积极、健康，也更加协调、全面。

知识链接

城乡一体化

城乡一体化是我国现代化和城市化发展的一个新阶段，城乡一体化就是要把工业与农业、城市与乡村、城镇居民与农村居民作为一个整体，统筹谋划、综合研究，通过体制改革和政策调整，促进城乡在规划建设、产业发展、市场信息、政策措施、生态环境保护、社会事业发展等方面的一体化，改变长期形成的城乡二元经济结构，实现城乡在政策上的平等、产业发展上的互补、国民待遇上的一致，让农民享受到与城镇居民同样的文明和实惠，使整个城乡经济社会全面、协调、可持续发展。

党的十八届三中全会《决定》指出："城乡二元结构是制约城乡发展 体化的主要障碍。必须健全体制机制，形成以工促农、以城带乡、工农互惠、城乡一体的新型工农城乡关系，让广大农民平等参与现代化进程、共同分享现代化成果。"

在城乡一体化中文化担纲，是文化对当今中国经济社会全面覆盖和深入渗透的一个重要侧面，同时体现了城乡一体化的内在要求。

首先，转变发展方式的社会背景。中国启动城乡一体化正值国家确立了以科学发展观为主题、以转变发展方式为主线的战略，因此，无论是城市经济、农村经济的转型，还是城乡一体化经济的形成，都将注重协调发展和综合推进，注重其中的文化作用，特别是增加文化、智慧和创意的含量，而不能简单地依靠财力、物力的投入，更不是采取高污染、高消耗的办法。文化的介入不是要改变城乡一体化的经济中心，但它要赋予这个过程更多的内容、层次和色彩，特别是赋予文化以灵魂，实现从外延式发展到内涵式发展，从片面发展到全面均衡发展的转变。[①]

① 孙若风：《文化深度介入城乡一体化》，《中国文化报》2012 年 4 月 12 日。

第二，重视文化的传统与现实。孙若风强调，中国是一个重视文化的国度，耕读传家，诗书垂香。近代以来，当中国乡村问题以及背后的社会问题暴露出来，首先引起的是有识之士的文化思考，他们强烈感觉到工业文明给中国乡村、中国社会的继承性和可持续性提出的挑战。新中国成立以来，每次提出解决农村问题，无一例外地强调文化的作用。特别是党的十七届六中全会之后，全党全社会对文化更加重视，统筹城乡文化发展的思路也更清晰。此外，文化产业作为朝阳产业蓬勃兴起，文化的商品属性和经济功能为社会所认识，文化产业推动相关产业发展、促进就业等作用逐步彰显，这也为文化跻身前台提供了新的契机。

第三，对城乡一体化规律的把握。孙若风认为，城乡一体化的原始动因是经济，但无论是其过程还是结果，都离不开文化，文化现象从来就是与经济现象同步发生的。而且，城乡融合的关键，是文化的最终融合，并且这种文化能够关怀人、陶冶人。这种判断基于对国内外城乡一体化基本规律的认识，也基于对文化的认识。“文化的介入将为城乡一体化提供正确的导向和精神动力、智力支撑，促进城乡居民形成文化认同感和归属感，有利于当地经济社会的协调发展，有利于保持城市与乡村各自的特色和优势，并且以这种文化上的两极形成促进当地发展的张力，造就更多的田园城市和美丽乡村。”①

一些发达国家已经在我们前面解决了城乡一体化，创造了各国模式，也提供了有益经验。但从文化的角度反思，其城市文化对农村的强势进入，是不是带来了西方文明的不平衡甚至是现代化的不平衡？对此，孙若风认为，至于有些国家进入中等收入水平后坠入“现代化”陷阱，其民族文化被掏空与乡村文化被淹没同步发生，应该不是偶然。他分析：其实，就目前中国的情况而言，强调防止某一个方面的突进甚至

---

① 孙若风：《文化深度介入城乡一体化》，《中国文化报》2012年4月12日。

是跃进遮蔽了城乡一体化的矛盾与问题，也并非危言耸听。当今世界，文化引导未来成为越来越多国家的共识和发展战略，中国的城乡一体化正好与这一潮流相遇。自觉发挥文化在城乡一体化中的作用，是中国特色，也是中国的后发优势。

【延伸阅读】

德国乡村文化有点“花”[①]

在人们印象中，德国人一向比较严肃、克板，实际上，德国农民的文化生活非常丰富。

德国政府对农村文化生活的投入也非常大。政府通过组织作家访问、举行音乐会、办展览等形式，丰富农村文化生活。

由于德国农村分散，一些边远农村的农民文化生活比较单调。为此，德国政府开展了“送书下乡”活动，投入巨资建立“汽车图书馆”，为德国 1.3 万个村镇送书送报。农村文化生活的日渐丰富，也改善了德国农村的社会风气。

几乎每周都有一个节日

在德国一些小城镇的农民，几乎每周都有一个节日，除了国家节日和宗教节日，如国庆节、万圣节等；还有民俗节日、小镇特色节，如丰收节、健身节、啤酒节、读书节等等各种常规性的主题节日。

比如一年一度的“读书节”已经有 827 年的历史。读书节设在城镇的中心广场上，分为演讲区、表演区、阅读区和交易区等。例如，演讲区请来了德国当代作家芬克等人，与当地读者交流。交易区里既有书店设摊销售新书，也有农户们自设的“二手书市”。

户户有文化娱乐生活

斯诺是德国柏林泰乌罗镇里颇有名气的农民企业家。他不仅拥有大片土地和大量家畜，还开办了自己的公司。他说，平时的文化生活主要是私人聚会、欣赏戏剧和一年两次的国外旅游等。周末，一家人还喜欢骑自行车出游。

---

① 来源：《农业科技报》2011 年 12 月 6 日。

斯诺一家是普通的农民，但他们的业余生活也很丰富，家庭聚会、听音乐、看书、看电视、散步和在花园里干活等。斯诺觉得，最重要的文化生活场所应该在自己家里。

笔者注意到，咖啡馆是这个小镇的居民休闲、娱乐、会友最常去也是最重要的场所。平时在咖啡馆里常见到的顾客是中老年人，他们只要一瓶啤酒、一杯果汁或是一杯咖啡，或者再拿一本书，一坐就是个把钟头。

玩足球拍挂历样样在行

在农村文化活动中，乡土艺术家扮演了重要角色。这些活跃在民间的积极分子，可以为农民做许多政府做不了的事情。他们生在农村、长在农村，艺术素材直接来自农村，和农民宛如家人。乡土艺术家们开设以农民为主要题材的画廊、组建乡村乐队，欢唱乡村歌曲，演乡村戏剧，为小镇农民的文化娱乐生活增色不少。

德国的许多小镇还组建了传统社团组织，社团活动得到加强，消防队、足球队、网球队等，每逢周末，这些社团都会开展活动，而没参加的家人则为其鼓劲加油。

此外，一些农民还自拍起挂历，展现他们的农村生活。2011 年 5 月，几名年轻的巴伐利亚农妇在慕尼黑附近的农场拍摄“农场女孩”主题挂历。此挂历的女主角均为在德国和奥地利工作的农场主妻子。

跳着乡村舞蹈迎接劳动节

“五一”是德国人一个非凡的日子。这天被定为法定休假日，因为这一天既是全世界劳动者的节日，同时又是德国富有传统民俗的日子。德国人说，经历了漫长、阴冷的冬天和像孩子脸蛋一样变化无常的四月，明媚的五月给人们带来了希望。

在“五一”前夜，德国农民就开始举行各种各样的庆祝活动。4 月 30 日夜晚是德国的“瓦普几司”之夜，在德国乡镇的各个舞场上，身着节日盛装的人们跳起了欢快的舞蹈。农民自编的农家舞蹈与幽雅的华尔兹、探戈等“同场竞技”。劳动节的日子里，许多一向一脸严厉的德国人脸上平添了不少笑脸。

对城市化这一世界性课题，文化介入可能是最具特色的中国解答。从客观效果看，任何国家的城乡一体化都不可能与文化无关。孙若风认为，我们的区别是，把潜在的文化角色召唤出来，使文化的能量得以充分开掘、激发和释放——这体现了今天中国的文化自觉和文化自信。如果说中国的城市化是一次进城赶考，那么文化也将迎接这样的大考。

一是增强文化介入城乡一体化的意识。孙若风建议，首先要增强有关领导和部门的意识，注重文化作用，加大文化分量，而不是把文化当作累赘和包袱。同时要增强社会意识，让城乡居民都体会到城乡一体化并不远，就在大家的身边，形成公平正义、团结互助、共同富裕的社会氛围。还要增强文化工作者和文化经营者的意识，跳出“三农”看“三农”，跳出文化看文化，从而找到文化的应有位置和发展空间。

二是提升文化介入城乡一体化的能力。一手抓公益性文化事业，一手抓经营性文化产业，是文化体制改革的基本思路和文化发展的基本战略，也是城乡一体化过程中文化发挥作用的主要载体和渠道。孙若风指出，按照这样的思路，必须在公共文化服务体系建设中坚持政府主导、社会参与，体现公益性、均等性和便利性；在发展文化产业中，培育壮大市场实体，利用现代企业制度和市场机制，为社会提供更加丰富多样的文化产品。

三是寻找文化介入城乡一体化的路径。孙若风建议，应该一方面探索文化介入城乡一体化的普遍规律，包括介入的方面和介入的方法，充分注意到市场规律和文化规律，实现科学化和规范化；另一方面，各地从自身实际出发，因势利导，寻找用武之地。

最后，孙若风指出：“从深层次看，城乡分离就是从文化开始的，甚至是文化的产物。”[①]他说，马克思指出，“物质劳动和精神劳动的最大的一次分工，就是城市和乡村的分离。”如果说在那次革命性的大分工中

① 孙若风：《文化深度介入城乡一体化》，《中国文化报》2012 年 4 月 12 日。

文化成了扳道工，那么，如今重建城乡关系，文化又一次介入，使城乡一体化同时成为“城乡文化化”，恰恰是回到了原点、抓住了根本，意义同样重大。诺贝尔经济学奖得主斯蒂格利茨提出，中国的农村城市化进程与美国的高科技发展是影响21世纪人类社会发展的两件大事。据此，文化深度介入城乡一体化的模式不仅对中国而且对人类发展都将产生深刻影响。

成都市加快构建城乡一体化发展的公共文化

2011年12月，成都市委提出“到2020年，把成都建设成中西部最具影响力、全国一流和国际知名的文化之都”的奋斗目标，并将国家公共文化服务体系示范区作为建设文化之都的基本任务，同时，在全市区(市)县开展公共文化建设“免检区”、“先行区”创建工作，充分调动区(市)县创建的主观能动性，形成区(市)县创成都先行区、成都创国家示范区的生动局面。经过两年创建，示范区创建规划的2项总体目标、6项示范目标，创建标准的61项指标，全部超标完成。在完成创建工作的同时，坚持创新发展，积极构建具有成都特色的、城乡一体化发展的先进公共文化。

一、整体推进城乡公共文化建设标准化

一是实现城乡一体的公共文化设施建设，文图两馆全部达到国家三级馆以上标准，其中二级以上馆占87.5%；乡镇文化站按照规划设计、风格标识、招标建设、设备配置、评定等级“五统一”实行标准化建设，最小500平方米，最大4000平方米；村级文化活动室按照“两室一厅”不低于200平方米标准由政府配备。二是实现城乡一体的流动文化服务，文化馆实现“一馆一团一车”，图书馆、艺术院团实现“一馆一车”，全市每年送文化下乡活动达5000余场次。三是实现城乡一体的数字文化服务，建成数字文化文物信息平台公众导航系统、成都数字图书馆、成都3D数字美术馆、360度全景成都数字文化馆，“两馆一站一室”公共电子阅览室和共享工程服务点实现全覆盖，城乡群众均可免费享用全市所有公共文化数字资源。

二、政府主导推进服务供给均衡化

一是实施公共文化“百千万工程”，设立了300余个市民文化艺术学校（辅导点），培训了1000余名专业文化辅导员，招募了15000余名文化志愿者，市民文化艺术学校已免费培训30万余人次。二是创新群众文化活动模式，打造“中国成都国际非遗节”、“成都文化四季风”、“百姓故事会”等群众广泛参与的品牌文化活动，其中与企业、媒体合作开展的“成都文化四季风”群众文化电视大赛活动，收视率始终保持在2.0以上的高位。三是积极建设“青工文化驿站”，针对工业集中发展区年轻人集聚高、文化生活较匮乏的情况，设立青工文化驿站，比如成都郫县工业园区青工驿站单体面积达3000余平方米，有20余项文化服务功能，深受园区务工人员欢迎。

三、创新机制推进运行管理科学化

一是建立文化服务按需定制配送机制，以农民工、老人、少年儿童、残疾人等特殊人群为重点，建立订单式公共文化服务模式，定制提供文艺演出、数字电影、艺术培训、公益讲座、图书借阅等服务。二是建立公共图书总分馆流转运行机制，县域公共图书实现“一卡通”，成都图书馆在部队、机关、学校和监狱等地设立72处分馆，进一步提高公共图书利用效率。三是建立公共文化宣传动员机制，通过发布公共文化公益广告、搭建公共文化短信平台、设立文化官方微博、印发《成都公共文化阵地分布地图》、《成都市博物馆导览地图》等措施，有效扩大公共文化的市民知晓度。同时，成功研发“成都公共文化数字化服务管理系统”，夯实运行管理科技支撑。

四、保障机制推动公共文化建设长效化

严格落实经费保障，2012年起市财政设立1亿元的公共文化服务专项资金、5000万元的公共文化政府采购资金、1.1亿元的乡镇(街道)公共文化服务经费、1亿元的村级公共文化服务经费，并明确每年随财政经常性收入同步增长。切实加强人员配备，对照标准配齐配好公共文化工作人员，文化站工作人员和村(社区)宣传文化辅导员实行垂直管理，文化站长享受乡镇中层以上干部待遇。着力强化评估检查，建立公共文化目标管理考核机制、第三方测评机制、文化站评估定级机制，考核结果与单位表彰和个人进步挂钩。

(来源：中华人民共和国文化部网站2013年11月11日)

专题 7 加快发展文化产业

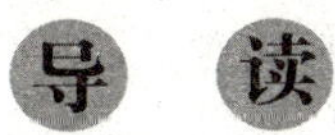

党的十八大明确提出："要坚持把社会效益放在首位、社会效益和经济效益相统一，推动文化事业全面繁荣、文化产业快速发展。"党的十八届三中全会《决定》也强调，"推动文化企业跨地区、跨行业、跨所有制兼并重组，提高文化产业规模化、集约化、专业化水平"。

文化产业，这一术语产生于二十世纪初。最初出现在霍克海默和阿多诺合著的《启蒙辩证法》一书之中。它的英语名称为 Culture Industry，可以译为文化工业，也可以译为文化产业。文化产业作为一种特殊的文化形态和特殊的经济形态，影响了人们对文化产业的本质把握，不同国家从不同角度看文化产业有不同的理解。联合国教科文组织关于文化产业的定义如下：文化产业就是按照工业标准，生产、再生产、储存以及分配文化产品和服务的一系列活动。

加快发展文化产业，是中央科学把握国内国际形势和文化发展规律作出的重大战略决策，是推动科学发展、转变经济发展方式的客观要求，是满足群众精神文化需求、保障人民文化权益的重要途径，是提高国家文化软实力、扩大中华文化影响力的必由之路。

历史沿革

1998 年,文化部于政府机构改革之时成立文化产业司,内设研究规划处和综合指导处,对已经蓬勃发展的文化经营活动进行规划指导,负责研究拟定文化产业发展规划和文化产业发展政策、法规,扶持和促进文化产业的发展和建设,协调文化产业运行中的重大问题。

1999 年,首次提出有关文化产业的内涵和外延,但主要是针对文化系统的文化经营活动。总体上,这一时期多种文化经营活动逐步展开,然而作为文化产业的主体定位、具体范围、指标体系、财税政策、管理规范等,都还没有在国家政策的层面上予以明确,在整个国民经济发展中并没有确定真正意义上的文化产业。

2000 年,党的十五届五中全会在研究制定我国“十五”经济社会发展计划时,认真吸收有关文化产业的调研成果及宣传文化部门的建议,第一次在党的中央全会文件中使用文化产业概念,提出要推动有关文化产业发展。此后文化产业逐步引起社会各方面的关注,有了较大的发展。

2002 年,党的十六大在积极总结文化改革发展的基础上,鲜明提出深化文化体制改革的总体部署,明确划分了文化事业和文化产业,强调一手抓公益性文化事业、一手抓经营性文化产业,“两手抓、两加强”,在文化建设思路上实现了重大突破,把文化产业作为文化建设发展的一个重要方面单独鲜明地提了出来,对文化产业发展具有里程碑意义。为此,中央专门成立文化体制改革试点工作领导小组协调指导文化体制改革试点工作,并在中宣部增设文化体制改革和发展办公室,承担中央文化体制改革试点工作领导小组办公室的日常工作,对文化体制改革和文化事业、文化产业发展情况进行调研,提出政策性建议。

2003 年,中宣部会同国家统计局等有关部门组织开展文化产业统计课题调研,从经济社会发展全局的角度,第一次明确提出了文化产业定义,即:为社会公众提供文化、娱乐产品和服务的活动,以及与这些有关联的活动的集合。

2004 年，正式编制出台了《文化及相关产业分类》和《文化及相关产业统计指标体系框架》，确定了文化产业的三个层别：“核心层”主要包括新闻服务、出版发行和版权服务、广播电影电视服务以及文化艺术服务等；“外围层”主要包括以互联网信息为主的网络文化服务，以旅游、娱乐为主的文化休闲娱乐服务和以广告、会展、文化商务代理为主要内容的其他文化服务等；“相关层”主要包括文化用品、设备及相关文化产品的生产和销售活动。

2006 年，《国家“十一五”时期文化发展规划纲要》提出要加快发展九大重点文化产业。

2009 年，《文化产业振兴规划》把文化创意作为重点发展的文化产业门类之一。

2010 年 10 月，党的十七届五中全会明确提出了推动文化产业成为“国民经济支柱性产业”，而在一年前，国务院发布的《文化产业振兴规划》中，提法还是“将文化产业培育成为国民经济新的增长点”。文化产业一下子从国民经济“新的增长点”跃升到“支柱产业”的高度，史无前例，令人鼓舞。

2011 年 10 月，党的十七届六中全会明确提出，要按照全面协调可持续的要求，推动文化产业跨越式发展，使之成为新的经济增长点、经济结构战略性调整的重要支点、转变经济发展方式的重要着力点，为推动科学发展提供重要支撑。

2012 年 2 月，《国家“十二五”时期文化改革发展规划纲要》又根据实践发展需要提出，要发展壮大出版发行、影视制作、印刷、广告、演艺、娱乐、会展等七大传统文化产业，加快发展文化创意、数字出版、移动多媒体、动漫游戏等四大新兴文化产业。

2012 年 7 月，文化部下发了《关于鼓励和引导民间资本进入文化领域的实施意见》(以下简称《意见》)。《意见》提出，鼓励和支持民间资本以投资、控股、参股、并购、重组、项目合作等多种方式，积极参与国有文艺院团转企改制；支持民间资本参与重大文化产业项目实施，鼓励民营文化企业跨区域、跨行业兼并重组等。

2012年8月，中宣部、国家统计局抓紧组织开展对2004年《文化及相关产业分类》的修订工作，并正式印发了《文化及相关产业分类(2012)》，具体分类标准吸收了近年来发展较快的一些新的文化产业门类，包括创意产业、文化新业态、相关软件服务及部分地方特色文化产业等相关内容，将文化及相关产业定义为“为社会公众提供文化产品和文化相关产品的生产活动的集合”。

2012年11月，党的十八大明确提出：“要坚持把社会效益放在首位、社会效益和经济效益相统一，推动文化事业全面繁荣、文化产业快速发展。”

2013年11月，党的十八届三中全会《决定》强调，要“推动文化企业跨地区、跨行业、跨所有制兼并重组，提高文化产业规模化、集约化、专业化水平”。

权威专家

国家行政学院副院长、党委委员　周文彰

周文彰，男，汉族，笔名弘陶，1953年8月生，江苏宝应人。现任国家行政学院副院长、党委委员。兼任中国人民大学哲学院博士生导师，发展中国论坛(CDF)顾问，中国书法家协会理事，中央国家机关工会书法协会副主席，绍兴兰亭书法艺术学院客座教授等职。

中国人民大学文化产业研究所所长　金元浦

金元浦，浙江浦江人。中国社会科学院文学博士。现为中国人民大学文化产业研究所所长。中国中外文学理论学会副会长，北京市科技美学学会会长，教育部、文化部高等学校动漫类教材建设专家委员会副主任，中宣部《文化体制改革总体方案》和《中国文化发展纲要》起草工作小组专家组成员，中国人民大学学术委员会委员，中国人民大学文化创意产业研究中心执行主任，中国人民大学人文北京研究中心执行主任，中国创意产业国际论坛秘书长。

上世纪 80 年代以来在《中国社会科学》、《求是》、《人民日报》、《光明日报》等国内外报刊发表《文化生产力与文化产业》、《文艺学的问题意识与文化转向》等论文 260 余篇。出版《范式与阐释》、《间性的凸现》、《阐释中国的焦虑——转型时代的文化解读》专著 10 余种，主编《当代文化产业论丛》(5 种)、《文化创意产业译丛》(7 种)、《跨越世纪的文化变革——中国当代文化发展研究》、《北京：走向世界城市》等大型报告，主编英文文集 Cultural Studies in China 等 30 余种。

周文彰：文化产业要科学发展

文化产业作为文化经济的重要组成部分，在我国是一个新型产业、朝阳产业。在中央精神的激励下，在相关配套政策的推动下，可以预见，各级政府发展文化产业的自觉性和主动性将会出现爆发式高涨，各类企业和个人投资文化产业的冲动将会出现集中式增长。面对这种良好发展形势，周文彰在《文化产业发展导入科学之轨》[①]一文中却提出了警告，他指出：历史经验告诉我们，越是在这样的情况下，越是需要理性。而理性发展就是科学发展。

① 周文彰：《文化产业发展需导入科学之轨》，《瞭望》2012 年 5 月 26 日。

知识链接

国际上关于文化产业概念的提法

世界各国和国际组织根据自身实际及发展重点对文化产业的概念有不同理解，分别在其经济规划和政策制定中使用“文化产业”、“文化创意产业”、“版权产业”、“文化和休闲产业”、“内容产业”等概念，比较有代表性的有：(1)文化产业。1986 年，联合国教科文组织文化统计框架使用了文化产业的概念，将其定义为“按照工业标准生产、再生产、储存以及分配文化产品和服务的一系列活动。”2000 年又提出：“文化产业这个概念是指那些包含创作、生产、销售‘内容’的产业”，“一般包括印刷、出版、多媒体、视听、录音和电影制品、手工艺品和工艺设计等行业。在一些国家，这个概念也包括建筑、视觉和行为艺术、体育运动、乐器制造、广告和与文化有关的旅游业。”2009 年，联合国教科文组织发布该统计框架的修订版本，继续延用文化产业概念。芬兰、韩国、加拿大等国使用这一概念。(2)创意产业。1998 年，英国将创意产业定义为：“源于个人创造性、技能与才干，通过开发和运用知识产权，具有创造财富和就业潜力的行业。”强调创意产业有别于传统产业，具体包括广告、建筑、艺术品与古董市场、工艺、设计、流行设计与时尚、电影及录像带、休闲软件与游戏、音乐、表演艺术、出版、软件及计算机服务、广播电视等行业。新西兰、新加坡等国也使用这一概念。(3)文化创意产业。英国经济学家约翰·霍金斯将创意产业分为“文化类创意产业”和“科技类创意产业”。我国香港最初沿用英国“创意产业”概念，2005 年特区政府提出：“在全球化的新竞争年代，要提升产品和服务的附加值，便要通过设计、包装、形象和广告等手段，实际上是凝结和体现文化的无形价值”，并将“创意产业”改称为“文化及创意产业”。我国台湾也借鉴英国创意产业发展经验，提出发展文化创意产业，注重创意或文化累积，具体包括视觉艺术、音乐与表演艺术、电影、广播电视、出版、广告、数字休闲娱乐、创意生活、建筑设计等 13 个产业。(4)版权产业。从 1990 年起，美国国际知识产权联盟开始运用这个概念来计算该产业对美国整体经济的贡献，具体分为四类：一是核心版权产业，指创造享有版权的物品，包括电影、电视、录音、音乐、书报刊、软件、广告等。二是部分版权产业，如纺织品、玩具、建筑等。三是边缘版权产业，指版权产品的有关运输、批发与零售等。四是交叉版权产业，其所生产和发行的产品与版权物品配合使用，如计算机、收音机、电视机等。总的看，世界主要国家和国际组织对文化及相关产业的定义各有不同，使用范围宽窄不一，尚未形成完全统一的严格标准。

而关于文化产业如何科学发展，周文彰提出了六点建议：

第一，文化产业要大力实践“发展是硬道理”。周文彰认为，“十二五”时期是中国大有可为的重要战略机遇期，更是文化产业蓬勃发展的春天。要紧紧抓住和充分利用好这一重要战略机遇期，推动文化产业大发展大繁荣。近几年，我国文化产业发展很快，出现了一批经营红火的文化产业项目，出现了一批双过“百亿”的文化产业集团，出现了一批文化上市公司，出现了一批文化产业增加值占 GDP5%以上的省市。然而，就全国来讲，文化产业增加值占 GDP 的比重仍比较低，2010 年这一比例还不足 3%，与发达国家 20%左右的水平相差甚远。这既说明我国经济结构尚不优化，也说明我国文化产业发展空间很大。推动文化产业超常规发展，是我们的重要任务。

知识链接

中国文化产业“十二五”发展目标

演艺业：建设 10 家左右覆盖全国主要城市的全国性或跨区域的文艺演出院线，形成 1 至 2 个国际知名的演艺产业集聚区，为实现从演艺大国到演艺强国的跨越奠定基础。

娱乐业：打造 5 至 10 家具有较大产业规模和较强竞争实力的娱乐业品牌，使国产娱乐设备、国产原创娱乐内容占据国内市场 60%以上份额。

动漫业：力争到 2015 年，动漫业增加值超 300 亿元，着力打造 5 至 10 个在国际上具有较强竞争力和影响力的国产动漫品牌和骨干动漫企业。

游戏业：到 2015 年，游戏业市场收入规模达到 2000 亿元。

文化旅游业：使文化旅游成为文化产业和旅游产业新的经济增长点和重要支撑。

艺术品业：到 2015 年，艺术品市场交易总额达 2000 亿元。

工艺美术业：到 2015 年，全国工艺美术业增加值超过 6000 亿元，出口额超过 200 亿美元。

文化会展业：形成 3 至 5 个覆盖全国并具有国际影响力的文化会展。

创意设计业：举办1至2个具有国际影响力的创意设计展会和赛事活动，支持打造3至5个世界知名的“设计之都”。

网络文化业：提高网络文化产品的原创能力和文化品位，进一步增强网络文化核心竞争力。

数字文化服务业：形成一批采用数字技术提供制作、传播、营销、推广等服务的文化服务企业，为文化产业和高新技术融合发展提供支撑。

第二，文化产业要避免浪漫式发展。浪漫发展观念突出表现在我国1958年的“大跃进”时期，典型口号是“不怕做不到，就怕想不到”，“只要想得到，就能做得到”。发展成了不受客观规律支配、不受客观条件制约而任凭人的主观愿望随意摆布的东西，结果必然遭受客观规律的报复，欲速则不达。周文彰指出，文化产业受流通、消费和分配（生活水平）的制约很大。固然生产可以推动流通和消费的发展，但流通和消费的发展状况也制约着生产的发展。发展文化产业不能仅靠关门想项目，不能仅靠外脑出“创意”，而要充分根据流通和消费的现实状况适度超前发展。

第三，文化产业要防止一哄而上、重复建设。周文彰指出，这些年，新兴产业或新兴项目都曾出现过盲目跟风、一哄而上的重复建设。他举例说，例如，上世纪80年代末严重重复的彩电生产线、冰箱生产线、乳胶手套生产线；近几年，大批传统制造企业向新能源产业转型，纷纷投资新能源灯具、光伏面板等，致使同质化的产品大量涌现，产生恶性竞争。文化产业上也易出现这种情况，大量歌舞厅、夜总会等文化娱乐项目，许多大型主题公园、都市报、电视选秀节目、电视连续剧等，都曾因为跟风发展而相互贬值。动漫企业在短时间内产生一万多家，却不知道市场出路在哪里，结果只有少数企业能够盈利，大部分血本无归。当前文化产业高调登场，最需要规划引导、产业引导、政策引导、市场引导，包括专家学者的理论引导，新闻界的舆论引导，防止一些项目一哄而上，坚持全面协调可持续发展。

第四，文化产业要警惕糟蹋和破坏文化资源。周文彰认为，挖掘并利用历史的、传统的文化资源是发展文化产业的思路之一，历史的、传统的文化资源也需要文化产业去挖掘和利用。但是，正如自然资源易遭滥采滥伐一样，文化资源也存在被“滥采滥伐”的风险。不具备必需的开发财力，不具备必要的开发技术，不具备合理的开发思路，而对文化资源进行低水平的、低俗的、粗糙的开发，就是糟蹋，就是破坏。这样的开发，既破坏了先人的文化遗产，也砸了后代的文化饭碗。一定要谨防这样的开发。

第五，文化产业要杜绝破坏自然资源和生态环境。周文彰指出，较之消耗资源和污废排放严重的其他产业，文化产业是低能耗、低排放，有些甚至是零能耗、零排放的绿色产业，但是文化产业不是绝对没有能耗和污染问题。有的文化项目曾对居民造成严重的光源污染、噪音污染，有的文化项目曾对历史或自然景观造成严重破坏，有的文化项目产生的垃圾曾对周边造成严重的环境污染，有的文化项目也消耗大量电能，加剧当地电力短缺等等。对此，我们今天应当引以为戒。发展文化产业同样不能以破坏生态环境为代价，应该以有利于建设资源节约型和环境友好型社会为前提。至于以文化产业项目为由头，意在“圈地”、“囤地”，意在房地产开发的“文化产业”，就更值得我们小心了。

第六，很多文化产业属于内容产业，要求健康无害、积极向上，有利于科学发展，有利于精神文明建设，有利于和谐社会建设。周文彰认为，从这个意义上，文化产业要坚持科学发展就更加重要。

“毫无疑问，在我国，文化产业是因社会主义市场经济体制的形成和发展而催生的，也是以市场调节为基础的。这正是文化产业和文化事业的基本区别。市场调节并不排斥政府作为，笔者感到，尤应发挥好政府对发展文化产业的主导和引导、规划和规范、推动和推广的关键作用，将文化产业发展纳入科学之轨。”①

① 周文彰：《文化产业发展需导入科学之轨》，《瞭望》2012 年 5 月 26 日。

【延伸阅读】

美国:文化产业靠啥生存?①

【编者按】

目前,国外文化产业发展模式主要有三种:以美国为代表的北美模式,乃市场驱动型;以英法德为代表的欧洲模式,乃资源驱动型;以日韩为代表的东亚模式,乃政策驱动型。观察与了解国际主要文化产业发达国家的发展模式,需要我们熟知国际文化市场的发展格局,做到知己知彼。

美国的文化政策模式秉承自由主义传统,以强调文化产品生产、销售的高度市场化和最小化政府干预为主旨。美国没有文化部,而是以各州政府为核心协调单位,为创意文化产业的发展提供了良好的环境,包括在遵循创意文化产业自身发展规律、考虑文化产业特点的基础上,给予开放、优惠的扶植政策,鼓励多元投资机制和多种经营方式。

遵循市场规律,追求高额利润

与普通商业投资相比,投资美国文化产业的回报更为巨大和迅速。当然,仅靠高投入是不行的,美国的文化产业深知市场的重要性,他们严格按市场规律办事,通过产品开发、建立全球销售网络、宣传促销和捆绑销售等多种手段和方法,以实现利润最大化。迪斯尼可以说是这方面的行家里手,在全球大规模的广告和促销攻势的配合下,迪斯尼一般分五步提取最大赢利:票房收入是第一轮收入;发行录像带、DVD是第二轮收入;迪斯尼主题公园的推广是第三轮收入;特许经营和品牌专卖是第四轮收入;最后,通过电视媒体获取最后一轮收入。据统计,在迪斯尼的全部收入中,电影发行加上后续的电影和电视收入只占30%,主题公园的收入占20%,其余的50%则全部来自品牌销售。

合理调控,引领产业健康发展

虽然美国政府鼓励文化产业积极发展,但还是会采取各种手段,对文化市场进行合理调控,以保证产业健康发展。为了扶持文化企业的扩张,促进媒体行业竞争,加快媒体行业发展,提高它们的国际竞争力,适应经济全球化和传媒革命的新形势,美国政府逐步放宽对媒体的管制。1984年,

---

① 来源:《光明日报》2011年11月16日。

里根政府在减少政府管制、增强竞争活力的理念下，放松了对媒体所有权的限制，在传媒业里形成了所有权兼并和集中的浪潮。

1996 年，克林顿政府签署了《联邦电信法》，大大放宽了对媒体所有权和跨媒体所有权的限制，规定有线电视无须申请特许就可以运营电话业务，鼓励电信和互联网业进入传统媒介市场，从而形成了世纪之交规模空前的媒体兼并浪潮，促成了少数超大规模的跨媒体文化产业集团的出现。为了打破电视媒体对节目市场的垄断，美国在 1971 年颁布实施《黄金时间机会条例》，规定每天 19:00 至 23:00 的黄金时间，电视网及附属台不能全部播出自己制作的娱乐节目。由此出现了独立节目制作公司，它不仅丰富了广播电视网的内容、提高了利润，而且还使节目从国内市场扩张到国外市场，从而造就和培育了美国的节目市场。

注重文化创新，开拓产业资源

美国主体文化是从欧洲文化那里继承、发展而来的，在其构建过程中，它不断汲取世界其他文化的精华，通过不断演进，成为世界文化舞台上一支生气勃勃、不断进取的文化力量。《花木兰》、《角斗士》、《300 勇士》、《功夫熊猫》等由外国传统文化改编的好莱坞电影在全球热卖；跨国公司制作的流行音乐大行其道；由国外“进口”的百老汇音乐剧，一年四季热闹非凡，长盛不衰。凡此种种，无不突显美国文化产业的巨大汲取能力。当然，美国的文化产业精英们并不是对外国文化进行简单复制，他们不囿于其传统的、固有的模式，全然不顾客观与世俗的看法与要求，大胆追求创新，进行“美国式改造”，以保持其文化产品的创新品质，适应市场需求。

（作者向勇系北京大学文化产业研究院副院长）

【链接】

从数字看美国文化产业

据统计，美国拥有 1500 多家日报、8000 多家周报、1.22 万种杂志、1965 家电台和 1440 家电视台。全世界 56%的广播和有线电视收入、85%的收费电视收入、55%的电影票房收入都来自美国。美国文化产业大概占其国内生产总值(GDP)的 10%。

据联合国教科文组织统计,1980年全世界文化产品出口仅为478亿美元,到1997年则增加到2137亿美元。在这些产品中,美国文化产品占了大头,在全世界放映的影片中,好莱坞的电影占85%,即使在倡导贸易保护主义的欧盟,来自好莱坞的大片也占高达80%以上的市场份额。

美国全国艺术基金会最新统计,2009年,美国文化产业总共创造2784亿美元的产值,其中,在从1987年开始的22年间,表演艺术、体育和博物馆创造的产值几乎翻番。

金元浦:培育文化消费市场 推动文化产业良性发展①

党的十八届三中全会《决定》对于推进文化体制机制创新作了全面系统的阐述。《决定》紧紧围绕建设社会主义核心价值体系、社会主义文化强国,深化文化体制改革,加快完善文化管理体制和文化生产经营机制,建立健全现代公共文化服务体系、现代文化市场体系,推动社会主义文化大发展大繁荣,提出了一系列创新性的观点。金元浦认为,这是党在新的时代条件下带领全国各族人民进行的新的探索,对于建设社会主义文化强国,具有重要的现实意义和长远的历史意义。将对我国文化发展产生重大影响。

《决定》的一大亮点是将市场在资源配置中的基础性作用提升为决定性作用。经济体制改革是当前全面深化改革的重点,核心问题是处理好政府和市场的关系,使市场在资源配置中起决定性作用,更好发挥政府作用。市场决定资源配置是市场经济的一般规律,健全社会主义市场经济体制必须遵循这条规律。过去十年,我国的文化市场体系还不够完善,存在着政府干预过多、监管不到位等问题。

① 金元浦:《培育文化消费市场 推动文化产业良性发展》,《中国社会科学报》2013年12月2日。

知识链接

文化产业的分类方式

在美国,文化创意产业就划归为版权产业与娱乐产业——在北美的统计系统中就是这两大部分(5 类和 7 类),尽管美国许多专家提出创意经济、创意产业,但是这两个范畴的产业形态在他们那里与其统计系统和管理系统并没有关系,只是一种理论而已。

在英国,相关产业则以创意产业为主提出来。而在其他国家,比如日本,叫做感性产业,包括内容产业、娱乐产业等等。

还有一些国家叫文化产业,叫文化创意产业的也很多。这样看来,各个国家的概念不一,分类不一,有些东西放进去,有些东西不放进去。

《决定》的重大突破在于强调建设统一开放、竞争有序的市场体系,使市场在资源配置中起决定性作用。加快形成企业自主经营、公平竞争,消费者自由选择、自主消费,商品和要素自由流动、平等交换的现代市场体系,着力清除市场壁垒,提高资源配置效率和公平性。建立公平开放透明的市场规则,完善主要由市场决定价格的机制。

非公有制文化企业是我国文化产业的一支重要力量。《决定》特别强调了给民营企业、各种形式的非公企业的发展以更好的环境、更低的门槛,积极鼓励社会资本、民间资本进入文化产业的各个领域,不仅允许和鼓励他们在影视拍摄等领域继续发挥作用,还要允许他们参与对外出版、网络出版等领域,允许他们以控股形式参与国有影视制作机构、文艺院团的改制经营。《决定》旗帜鲜明地指出:公有制经济和非公有制经济都是社会主义市场经济的重要组成部分,都是我国经济社会发展的重要基础。必须毫不动摇巩固和发展公有制经济,坚持公有制主体地位,发挥国有经济主导作用,不断增强国有经济活力、控制力、影响力。必须毫不动摇鼓励、支持、引导非公有制经济发展,激发非公有制经济活力和创造力。要完善产权保护制度,积极发展混合所有制经济，推动国有企业完善现代企业制度，支持非公有制经济健康发展。

【延伸阅读】

文化产业发展五大趋势[①]

文化产业的潜力还远远没有发挥出来，未来文化产业要成为支柱型产业，要为经济发展转型贡献力量，还需要顺应五大发展趋势。

第一个趋势是从2011年到2020年这10年，将是中国文化产业发展的一个黄金十年。

这一阶段有三个特性：增长速度越来越快，创业企业的数量越来越多，经营质量越来越好。目前我国文化企业虽然数量多，并呈持续增长之势，但经营质量比较差，除了互联网、文化科技等文化公司做的比较强大之外，其他类型文化企业多是小公司。按照目前的发展趋势，预计十年之后，我国就会出现更多强大的文化公司。

第二个趋势是文化产业的发展将由政府驱动为主转变为企业自主发展。

未来，政府将集中扶持竞争力强的企业，重视龙头企业发展。这种情况下，企业必须有市场的引导，走自主发展道路，依靠“吃政策”将行不通。平台为王，随着网络的普及，传统的传媒和渠道都变成了小平台，而互联网成为目前最大的平台。做平台可以不做内容，但是做内容一定要做平台。平台加内容应该是未来大型文化企业的一个基本的商业模式。文化企业应该看到通俗化、视频化、体验性的娱乐化趋向无所不在，青少年成为主流消费者。文化企业的发展要顺应这个趋势，内容以视频为主，增强互动性和体验性，但应注意避免过度低俗化。

第三个趋势是数字文化产业将快速发展。

到2013年4月，美国最大的移动运营商Verizon通信公司50%的移动网络流量来自视频服务，70%的收入来自文化产业，中国也将进入这么一

① 陈少峰：《文化产业发展五大趋势》，《光明日报》2013年5月30日

种发展阶段。凭借内容较短,更新速度快,内容与平台融合度高,娱乐性强等优势,数字文化产业发展迅速。数字文化产业有以下几个特点:与数字文化产业相关的公司的市值都会很高,其市盈率较之传统文化企业的市盈率高得多;数字文化产业不仅是数字化的平台和技术,还提供了一个无边界的空间;平台做得越好的公司,并购力度越大。与移动互联网有关的数字文化产业预计在未来的5—7年中将占到中国文化产业总额的70%,传统媒体将受到很大冲击。

第四个趋势是企业的并购将成为一种常态。

以权益资本的方式存在的创业投资模式将成为文化产业投资的主流,人们不再主要关心上市;投资领域也将不局限于传统领域,而可能开辟很多新的领域。并购,尤其是文化科技领域的并购,数量将持续增加,海外并购也将增加。对上市公司来讲,并购有两个主要目的,战略需要,或者提升股价,并以前者为主。万达集团就是通过并购实现了由地产公司向文化产业公司的转型,将来万达可能成为中国电影进军海外市场的一个最大的公司。阿里巴巴将会有非常多的文化产业领域的并购,很快就会成为文化产业领域的一个大公司。未来的文化产业领域将不存在中型的企业,只有大企业或小企业,因为中型企业要么能够成为大企业,要么被并购掉,而大企业将会不断并购,并可能得到政府的支持。未来小型文化企业的发展,既可以选择上市,也可以考虑卖给上市公司或者扩张型的公司。

第五个趋势是同质化竞争会长期存在。

导致同质化竞争的原因主要有三个方面。首先,许多公司没有明确的商业模式就急于推出产品,导致市场上产品太多,供过于求。其次,外行慕名而来,盲目跟风,加剧了竞争。比如《泰囧》赚了12亿的票房,很多原来不搞电影的公司也开始投资电影。此外,我们的产品销售除了文化制造业以外,主要的市场是在国内,市场规模受到限制。比如电影市场,很多地方电影院已经过多了,上座率不满,这时可能就会出现为提高上座率而压低电影票价的情况。我认为今年年底之前中国重点城市的电影院线将达到饱和,或出现峰值,接下来电影票价就要下降了。

(作者为北京大学文化产业研究院副院长)

《决定》强调,必须积极稳妥从广度和深度上推进市场化改革,大幅度减少政府对资源的直接配置,推动资源配置依据市场规则、市场价格、市场竞争实现效益最大化和效率最优化。政府的职责和作用主要是保持宏观经济稳定，加强和优化公共服务，保障公平竞争，加强市场监管，维护市场秩序，推动可持续发展，促进共同富裕，弥补市场失灵。要尊重经济规律，有质量、有效益、可持续地发展，在不断转变经济发展方式、不断优化经济结构中实现增长。

知识链接

文化消费

文化消费是指用文化产品或服务来满足人们精神需求的一种消费。文化消费的内容十分广泛，不仅包括专门的精神、理论和其他文化产品的消费，也包括文化消费工具和手段的消费；既包括对文化产品的直接消费，比如电影电视节目、电子游戏软件、书籍、杂志的消费，也包括为了消费文化产品而消费各种物质消费品，如电视机、照相机、影碟机、计算机等，此外也需要各种各样的文化设施，如图书馆、展览馆、影剧院等。在知识经济条件下，文化消费被赋予了新的内涵，文化消费呈现出主流化、高科技化、大众化、全球化的特征。

从市场出发，牢牢把握扩大内需这一战略基点，培育一批拉动力强的消费增长点，增强消费对经济增长的基础作用，发挥好投资对经济增长的关键作用。作为经济改革转型升级的产业高端形态的文化产业，应当成为进一步改革的目标产业形态。发展服务业，发挥文化产业的“领头羊”作用。消费是我国经济发展中的薄弱环节。这与我国改革开放 30 多年来主要实行外向型经济和投资拉动战略有密切关系。文化消费是促进整个文化产业良性循环发展的原动力，文化企业能否做强做大，从根本上讲，取决于是否有发达成熟和旺盛的消费市场。文化消费引领首先要将消费者置于市场主体的位置，从市场的角度探讨消费者的文化需求，以文化消费的需求来引领文化产业的发展。

【延伸阅读】

国外文化产业融资机制的启示[①]

文化产业是一种以文化产物为主要资本和资产，并承担着精神创造的产业，因而被誉为 21 世纪的朝阳产业。但是，由于文化产业抵押担保物较少、融资手段和方式缺乏创新、政策激励机制不健全等诸多因素影响，长期以来我国文化产业融资渠道狭窄，银行信贷投入不足，民间资本和外资参与较少，文化产业发展面临着资金严重短缺的困扰。日、美等国在文化产业融资方面积累了丰富经验，对破解我国文化产业融资难具有一定的借鉴意义。

□国外文化产业融资的成功经验

美国

实行投资主体多元化。文化产业有公益性和盈利性领域之分，美国政府对于文化产业的支持主要集中于非营利性的艺术领域。政府除了直接对文化领域提供支持外，还积极引导配套的社会资金及产业资金。政府对于文化艺术的资助一般不会超过文化组织所得的 20%，其余部分则必须由申请者从政府机构以外筹集。美国政府尤其注重通过法律法规和政策杠杆来鼓励各州、各企业以及全社会对文化事业进行赞助和支持，要求各州、各地方拨出相应的地方财政经费与联邦政府的文化发展资金相配套。美国联邦税法规定，对非盈利性文化团体免征所得税，并减免资助者的税额。

通过金融制度创新筹措资金。美国金融制度的不断创新为文化产业发展注入了大量的资金。以电影业为例，美国于 1995 年将投资组合的理论运用于电影投资，一个投资组合中通常包括 20—25 部风格不同的电影，极大地压低了投资人的风险，从而使得保险资金和退休资金蜂拥而至。2004 年，华尔街的私募基金也加入到电影投资的大军，以电影投资基金的方式出现，电影投资基金的募集通常是由私募基金以高收益债、低收益债和优先股等不同品种的金融产品吸引风险承受能力不同的投资者而完成。

资产证券化和夹层融资也是破解电影业融资难的重要方式。前者由投资银行以影片的 DVD 销售收入和票房收入为基础资产，向投资者发

① 谭福梅、纪瑞朴：《国外文化产业融资机制的启示》，《金融时报》2012 年 10 月 26 日。

行证券化产品。后者一般采取次级贷款的形式，也可采取可转换票据或优先股的形式。夹层次级贷款期限较短，一般为几个月。投资方要求制片商找一个权威性的销售代理商，评估未完工影片的未来收入，核定贷款额度，同时有专门的保险公司承保，为银行提供完工保证。

充分利用国际直接投资。由于美国有较高的利润回报率，大量的国际投资进入美国文化产业。近年来美国好莱坞影片的制作成本越来越高，大制作影片的投资达到了天文数字，制片商将这些膨胀的资金转嫁给市场的资本融合，依靠强有力的金融市场来支撑美国电影产业。大制作产出的大收益，较之普通商业盈利更为巨大和迅速，从而更加增强了外国投资者对美国文化产业的信心。比如曾在1998年风靡全球的好莱坞大片《泰坦尼克号》，总投资近2亿美元，实际上是由7个国家的30多家公司协作完成的。

日本

引导企业参与投资文化产业。日本政府高度重视文化产业，但不包办，而是采取政府推动、政府与民间一起投入的机制，文化产业项目都进入市场操作。几乎所有的日本一流大型企业都以各种不同形式支持、参与文化活动，他们将此视为改善企业形象的重要举措。例如，NEC公司举办的中日围棋擂台赛，富士通公司举办的世界围棋超霸赛，丰田公司举办的一年一度的"丰田杯"足球赛等都是世界闻名的文体活动。

采取"产学研"协作体制。日本文化信息产业投资中，主要是采取"产学研"的协作体制，将有限的技术人员和研究经费集中起来，统一指导开发研究计划，促进科技创新，加速科研成果转换和实现产业化。

结合文化产业特点创新融资方式。比如，日本电影业的融资方式包括特许权证券化，即将电影作品独立上市成为财产，公开交易；成立"智能财产权投资协议会"，制定各种形式的募资拍片，如网络募资等；成立电影基金公司，负责办理各种大型的电影投资、融资案件，如日本电影基金公司、松竹基金等。

□启示与借鉴

制定减免税、财政贴息等激励政策，引导各类社会资本广泛参与文化建设

我国各级政府应从财政预算中安排一定比例资金，用于设立文化产业投资基金和贷款风险补偿基金，对符合政策导向的文化产业贷款给予贴息支持，对银行贷款损失给予一定的补偿，引导信贷资金向文化产业倾斜。应设立创业投资基金，对处于初创阶段的动漫、数字多媒体等新兴文化产业进行引导性、示范性投资，进而带动民间资本和外资进入，推动文化产业升级换代。应制定减免税等优惠政策，吸引国内外企业积极参与文化设施建设，引导多种经济成分参与国有文化企业股份制改造，逐步建立多元化、社会化的文化产业融资体系。

拓宽融资渠道，鼓励有条件的文化企业通过资本市场直接融资

应根据文化企业的自身条件和需求情况选择不同的融资方式：对于规模大、效益好、管理规范的大型文化企业，应积极申请在主板市场上市融资；对于高科技中小文化企业，可通过创业板市场上市融资；对于暂不具备上市条件的文化企业，可通过与上市公司的合作，采用收购、兼并、托管、资产置换等资本运作方式，达到“捆绑上市”的目的；对于符合发债条件的中小文化企业，可运用企业债券、可转换公司债券、短期融资券等债务工具进行低成本融资。

扩大利用外资，推进文化产业资源配置的国际化

我国应进一步放宽政策限制，降低准入门槛，鼓励外商在更广阔的领域投资兴办文化企业。积极探索利用国际资本的新方式，努力与跨国文化集团开展多形式合作，大力发展中外合资文化企业，利用境外合作者的资金、技术和营销渠道，生产高智能化、高附加值的文化产品，进而提升我国文化企业的核心竞争力。此外，还要争取世界银行、亚洲开发银行等国际金融机构的支持，利用期限长、利率低的国际优惠贷款来推动重点文化产业项目建设。

商业银行要积极开发符合文化产业特点的信贷新产品，加大信贷投入

由于文化企业具有固定资产少、以无形资产为主的资产结构轻型化特点，缺乏土地、房产等约定俗成的抵押物，因而各银行必须打破传统的思维定式，拓宽贷款抵押范围，引入知识产权、版权、收费权等新型抵押物，尝试开办知识产权抵押贷款、版权抵押贷款、电影电视制作权抵押贷款、收费权抵押贷款等新型贷款品种。

要对文化企业进行必要的市场细分，根据不同特点设计不同的融资方案。比如，对于具有稳定物流和现金流的企业，可发放应收账款抵押贷款、仓单抵押贷款;对于租赁影视制作基地和设备的企业,可发放融资租赁贷款;对于融资规模较大、项目较多的企业,可发放银团贷款、组合贷款。要注重完善信贷支持文化产业的内部机制。各商业银行须根据不同文化企业的实际状况,积极探索完善内部风险管理体系,实施差别化的利率定价机制和信贷审批流程,设置单独的客户评级标准,改进风险考评体系和业务考核办法。

推行知识产权证券化,实现金融资本与文化产业资本的有效结合

资产证券化是近十几年来国际金融领域的重大创新之一,知识产权资产证券化是以金融技术为依托,以知识产权作担保,以证券化为载体的融资方式。我国文化企业应积极利用这种先进的融资方式,变现债权来改善现金流状况,优化企业的资产负债结构,提高资金周转效率。

新闻链接

打造"文化产业升级版"的思考

党的十八大从国家战略高度明确提出,推动文化产业快速发展,促进文化和科技融合,发展新型文化业态,提高文化产业规模化、集约化、专业化水平。大力发展文化产业是当前我国经济结构战略性调整的重要支点和转变经济发展方式的重要着力点,更是提升国家文化软实力、实现中国梦的题中应有之义。近年来,随着文化体制改革的不断推进,我国文化产业呈现出朝气蓬勃的新局面,整体规模和实力有了明显提升,产业模式不断创新,逐步成为新的经济增长点,大力提升了中华文化的创造力和世界影响力。深圳是我国文化产业发展的样本城市,在国内外日益激烈的竞争态势中,如何适应新的发展阶段要求,对文化产业进行深入研究并寻求新的发展路径,努力打造文化产业升级版,当好全国文化改革发展领头羊,实现习近平总书记视察深圳时提出的总体目标,是今后一段时期文化产业跨越发展的重要课题。

一、打造文化产业升级版的重大意义

从国际产业发展规律和格局来看，文化产业凭借独特的产业价值链、快速的成长方式，以及广泛的渗透力、影响力和辐射力，成为全球经济和现代产业发展的新亮点，成为衡量一个国家和城市核心竞争力的重要标志。

（一）从产业自身发展规律看，打造文化产业升级版是文化产业发展进入新阶段的必然选择

在世界经济史的视野中，人类的经济活动是沿着农业到工业、再到服务业、信息业这样的轨迹演进的，体现了产业“软化”的发展趋势。文化产业作为现代社会的一种高端产业形态，是产业自身演进的产物，是经济社会发展与消费结构升级相互作用的结果。这里我们简要回顾一下“文化产业”在世界兴起的基本历程。“文化产业”一词由德国法兰克福学派代表人物之一的本雅明在 1926 年《机械复制时代的艺术》一书中首创，但当时并未引起人们足够重视。20 世纪 40 年代，法兰克福学派另两位学者海默和阿多诺在《启蒙辩证法》中第一次正式使用“文化产业”概念替代“大众文化”。其后，这一概念在西方各国学者们的争论中迅速传播，逐渐被人们所接受。90 年代，美国将文化产业视为“可商品化的信息内容产品业”，并用“版权产业”来说明文化产业状况。在经济与文化的互动中逐渐出现了新经济——创意经济，90 年代英国率先将“创造性”概念引入文化政策文件，1998 年在《英国创意产业路径文件》中提出“创意产业”概念，后来美国、日本等发达国家也提出了类似的产业概念。创意产业是新型的文化产业形态，是文化产业发展到一定阶段的必然产物，逐渐成为发达国家经济转型升级的主导方向。在世界七大发达工业国中，半数就业人口从事创意产业，且增速比传统服务业快两倍、比制造业快四倍；美国影视作品已超过航天业成为第一大出口门类；英国创意产业已成为国民经济第二大支柱产业；日本创意产业成为仅次于制造业的第二大产业。“资本和技术主宰一切的时代已经过

去，创意的时代已经来临”，这是今天美国从硅谷到华尔街的流行语。

同一时期，我国也高度重视文化产业的发展。1992年国务院办公厅编著的《重大战略决策——加快发展第三产业》一书，首次使用了“文化产业”这一概念。1998年，文化部设立了文化产业司，标志着国家正式将文化产业纳入政府工作体系。2000年，党的十五届五中全会强调完善文化产业政策，推动有关文化产业发展，这是中央文件首次提出“文化产业”概念。2002年，十六大把文化区分为文化事业和文化产业，强调一手抓公益性文化事业，一手抓经营性文化产业。2007年，十七大从增强国家文化软实力、推动文化大发展大繁荣的战略高度，强调大力发展文化产业。2012年，十八大将文化实力和竞争力作为国家富强、民族振兴的重要标志，强调推动文化产业快速发展，推进社会主义文化强国建设。我国文化产业经历10多年的孕育、形成和发展，目前逐步转变为爆发式增长期，文化产业增加值年均增速超过20%，远高于同期GDP增速，2012年文化产业增加值占GDP的3.48%，正向国民经济支柱性产业的方向迈进。

在文化产业的上升周期中，要把快速增长的量能转化为质量提升的势能，始终保持可持续发展，产业转型升级势在必行。从总体上判断，文化产业发展目前面临两个瓶颈：一是在当前我国文化产业由形成期向快速增长期发展的转型时期，产业内的各个细分行业已经或正在经历各自发展的黄金阶段，不同行业的生命周期发生了变化，有的如以移动媒体为代表的新媒体仍处在高速成长期；有的如影视业等已进入成熟期；少数传统文化行业如不及时进行技术改造和商业模式的提升，就会步入衰退期。爆发式增长所带来的惯性高速度后，产业增长速度可能会逐渐回落，单纯依靠扩大投资规模带动的发展模式已不能适应文化产业新的发展阶段，必须积极探索新的发展模式和路径。二是虽然文化产业发展速度很快，但文化产业结构问题日渐凸显出来，产业发展过程中的同质化、泡沫化、恶性竞争等乱象时有发生。同时，还有很多行业属于低端和非核心的层次，看起来产出不少，但资源消耗大、附加值不高，需要进一步转型升级和逐步优化。

（二）从国家发展战略层面看，打造文化产业升级版是构建中国经济升级版的重要内容

打造经济升级版需要以新型城镇化释放内需潜力，以创新驱动提升经济质量效益，以优化经济结构推动可持续发展。这些都与文化产业息息相关，文化产业附加值高、潜力无限的独特优势和特点，使其成为打造中国经济升级版的重要路径和突破口。

一是打造文化产业升级版提供了新型城镇化的重要途径。新型城镇化是以人为核心的城镇化，关键是提高城镇化质量。芒福德曾说："城市是文化的容器。"城市不仅是经济的发展体，更是文化的共同体，文化建设是城市化发展的灵魂。文化产业是生产内容产品、创造精神财富的产业，不仅直接贡献于经济增长，而且在提升发展质量中发挥越来越重要的作用，能够提高人的精神境界、生活质量和幸福指数，提升城市文化品位、创新活力和影响力，缓解社会矛盾、促进社会和谐，这是人的城镇化、现代化的根本要义和重要保障。文化能够赋予城市高尚的生活品质，文化产业升级能够促进城市发展具有更多文化含量，使经济社会发展进入更高层次、更高水平，最终成就城市发展的一流质量。

二是打造文化产业升级版有利于推动创新型国家建设。打造中国经济升级版必须加快提高自主创新能力，推动经济发展从资源要素驱动转向创新驱动的轨道，在稳增长中提高发展质量和效益。文化产业天然具有创新驱动的特点和功能，在建设创新型国家中具有不可替代的重要作用：文化产品的生产经营消费，实际上是文化观念、理念和价值观的传递，文化产业具有创新原动力，进而影响到整个社会自主创新的氛围营造和能力提升；文化产业以内容创新为实质，人们的文化需求在不断变化，打造文化产业升级版要求文化企业必须不断推陈出新，形成自身的核心竞争力；文化产业以传播方式和媒介创新为载体，文化产

业升级将使文化企业获得不断增长的利润空间和消费群体，并推动着关联行业的技术进步和创新能力的提高。

三是打造文化产业升级版加速了经济结构的优化升级。文化产业具有优化结构、融合性强、可持续的独特优势，是朝阳产业、绿色产业，其转型升级有利于加快现代服务业发展和经济结构战略性调整。文化产业是现代服务业的重要组成部分，既为生活服务又为生产服务，文化产业升级能迅速增加第三产业比重，抓住调整供给结构的突破口，从总供给方面进一步优化经济结构。文化产业具有产业融合的特点，其转型升级对传统产业文化内涵和品质的提升发挥积极作用，促进新兴产业门类和文化业态不断涌现，如三网融合带动文化产业链上众多行业发展，内容提供商、服务提供商、运营商及光纤通讯设备制造商都将获益。文化产业具有低碳经济的特点，是受资源环境瓶颈制约较小的新兴产业之一，不会随着资源枯竭而萎缩，不仅消耗低、污染小，而且能改变传统消费观念和生活方式，促进节约资源、保护环境，对资源环境约束趋紧的中国尤为重要和迫切。

（三）从全球发展视野看，打造文化产业升级版是维护国家文化主权、实现公民文化权利的重大使命

其一，所有的大国崛起都不只是经济物质层面的崛起，更根本的是文化精神层面的崛起，中国作为大国的崛起，不仅是经济上的强大，更应是作为具有5000年历史文明大国理念的建构。中国和平崛起本质上是一种文化崛起，是中华民族的文化复兴，民族伟大复兴的“中国梦”中包含有一个强大的“文化梦”。在这个意义上，如同历史上，中国所创造的中华文明在世界范围内播扬光大，今天的“中国思考”也应当能够成为世界思想知识体系的重要成分。中国不仅是一个经济产品的制造大国，而且也应是世界思想知识产品的生产大国。当今，发展文化产业已不仅仅是出于满足本国文化经济发展的需要，而越来越显示出对于国家文化主权的重要意义。文化产业成为世界文化资源和文化主导权争

夺的主战场，决定一个国家的文化在全球化时代的地位和命运，发展文化产业成为全球化时代维护国家文化主权的应有之义，成为中国和平崛起的必然战略选择。环顾当今国际文化产业格局，仍然是西方文化的强势主导，据统计，国际文化市场构成为美国 43%、欧盟 34%、日本 10%，而中国则不足 4%；文化产业对国民经济贡献，美国占 GDP 的 25%、日本和英国都超过 15%，而中国不到 4%。文化产业肩负着重大的历史使命，中国和平崛起和文化复兴不能没有文化产业的快速发展和转型升级，以及所代表的民族文化创造力和影响力的提升。在某种意义上，文化产业的发展程度决定了文化软实力能否形成全球性的影响、有效维护国家文化主权，文化产业能否转型升级决定了中国和平崛起和文化复兴能否得到最终实现。

其二，作为公民的一种基本权利，文化权利与政治权利、经济权利处于同等重要地位，并不是可有可无和可多可少的东西，而是公民必须得到保障的重要权利。与经济权利、政治权利相比，文化权利是更高层次的权利，具有其他权利不可替代的价值，是人类历史发展的产物和人类文明进步的体现。文化权利的这一重大意义已经得到了全球各国的公认。公民文化权利的实现问题之所以被提到如此重要的位置来加以强调，有一个重要原因就是知识经济时代人的知识、创意能力受到尊重。文化产业的大力发展能够为实现市民文化权利奠定强大的物质基础。一方面，文化产业的快速增长提高了经济发展水平，增加了公民就业机会和收益，增强了实现文化权利的经济基础。随着物质条件的提高、人们对文化消费需求的加大，文化权利包括享受文化成果、参与文化活动、开展文化创造和文化成果受保护等多方面、多层次的权利要求。文化产业的转型升级创造了更加丰富多样和更高质量的文化产品，提高了公共文化服务的产业支撑和市场供给能力，增强了文化服务效能，适应不同层次的多样化、个性化需求，使得人们有了更多的文化选择，为文化权利的普遍实现提供了可能。另一方面，文化产业本身就需要人的创造性，尤其是进入文化创意产业阶段，以创作、创造、创新为根本手段，以文化内容、创意成果和知识产权为核心价值，这是人们发挥文化创造权的重要表现。因此，打造文化产业升级版可以最大限度地满足民众的文化创造权、文化成果的享受和受保护权。

（四）从深圳发展的特殊使命看，打造文化产业升级版是当好深化改革开放的先行地、建设国际化先进城市的根本要求

其一，改革开放是深圳的特质和灵魂，十八大后习近平总书记考察首站就来到深圳，对继续发挥先行先试作用提出殷切期望和更高要求，勉励深圳当好深化改革开放的先行地，率先全面建成小康社会、率先基本实现社会主义现代化。打造文化产业升级版有利于进一步释放改革开放红利，增强深圳发展的生命力和竞争力，继续引领全国的新一轮改革开放。一方面，改革是深圳发展的最大红利，而文化引领时代风气之先，是最能革新的领域。打造文化产业升级版，增强了文化产业作为新经济引擎的社会共识，促进文化体制改革的不断深化，促进文化产业结构和发展模式的转变，大力培育文化新业态，有利于提升发展质量、释放改革活力，并推动着思想解放和观念变革，促进其他领域的综合改革，更好地挖掘改革红利。另一方面，中国开放是世界最大的开放，文化贸易成为新的国际竞争热点。中国作为文明古国与日趋活跃的文化大国，理应通过大力发展文化产业，尽快扭转文化贸易逆差较大的被动局面，加快文化“走出去”，激发文化认同感、民族自信心和凝聚力，利用文化展示本国形象、拓展国家利益，增强中华文化的感召力和影响力，在激烈的国际竞争中赢得主动，更好地让世界分享中国开放红利。深圳作为我国改革开放的窗口和中外文化的交汇融合之地，文化产品出口占全国的20%、进口占全国的18%，是我国文化产品进出口的重要基地和主要口岸。通过打造文化产业升级版，加快推动文化“走出去”，将优秀的文化资源转化成现实的软实力，提升中华文化的对外影响力，这是深圳为提升全国对外开放水平、有效维护国家文化安全所应承担的

重大责任。我们有这样的文化自觉和文化自信。

其二，城市发展的不同阶段，社会进步的诉求和动力有所不同：在现代化的起飞阶段，人们首先拼的是经济和物质财富的积累；在工业化的中高级阶段，人们拼的是管理与制度建设；而到了向后工业化社会转型时期，人们拼的是人文和创意。进入 21 世纪，以文化论输赢、以文明比高低、以精神定成败成为城市竞争铁律，文化实力直接影响着城市核心竞争力的强弱。在世界性城市的发展历史上，伦敦提出打造“世界卓越的创意和文化中心”，创意产业产值已超过金融业而成为第一产业；纽约是世界文化俱乐部，文化创意产业是经济中最富活力行业之一，创造着惊人的价值，观看百老汇演出、听一场音乐会成为去纽约旅游的重要内容；新加坡提出建设“一个充满动感与魅力的世界级艺术城市”，文化产业持续创造着高于金融业和石油化工业的经济效益，构成了国家创意价值链中的重要一环。当今，世界先进城市在城市发展战略中越来越优先考虑文化因素，无不千方百计抢占文化产业这一重要制高点。当前，深圳人均 GDP 已近 2 万美元，正处在文化消费的高速增长期，但消费潜力还远远没有充分释放，消费市场还有巨大的空间。深圳建设国际化先进城市，文化产业理应发挥不可或缺的突出作用，应大力开发文化资源，加快推动文化产业转型升级，形成充满活力的产业生命力，占据文化发展的制高点，迅速增强城市软实力、提升核心竞争力，引领、推动整个城市发展，为国际化城市建设创造良好的文化条件，在日趋激烈的城市竞争中保持领先地位。

二、打造文化产业升级版的现实条件

当前，全国文化产业正迎来一个加快发展的黄金时期，面临着极好机遇和有利条件。深圳作为全国较早起步发展文化产业的城市，文化产业的爆发式增长和业态创新齐头并进，为打造文化产业升级版创造了良好的条件、奠定了坚实的基础。

一是产业增长速度加快。近年来，我国文化产业实现了跨越式发展，成为新的经济增长点，呈现出爆发式增长的态势，2012 年文化产业比同期 GDP 增速高 6.8 个百分点。深圳更是文化产业爆发式增长的典型城市。近 10 年来，深圳文化创意产业以年均近 25%的速度发展，2012 年实现增加值 1150 亿元，占 GDP 比重由 2003 年近 3%提高到 9%，成为城市支柱产业、战略性新兴产业和带动经济快速健康发展的重要引擎。2013 年上半年，深圳文化创意产业仍保持 18.5%的快速增长态势，高出 GDP 增速 9 个百分点，是六大战略性新兴产业中增长最快的产业。

二是产业外延不断拓展。文化产业爆发式增长的重要特征之一，就是在文化"内容为王"的基础上，与科技、金融、商业、旅游等融合发展，这既是文化产业外延扩展的重要体现，也是经济社会发展对文化提出的迫切要求。深圳发挥高科技产业、金融业、创意设计业比较发达的优势，成功探索出"文化＋科技""文化＋创意""文化＋金融""文化＋旅游"等产业新模式、新业态，涌现出腾讯、华强文化科技、A8 音乐、环球数码、华视传媒等一批以高新技术为依托、数字内容为主体、自主知识产权为核心的高成长型文化科技企业，"文化与科技紧密结合、创意与创新水乳交融"成为深圳文化产业发展的突出特征和重要标志。

三是产业主体形成规模。近年来，深圳利用资本、技术、信息等要素市场和良好的外部环境，文化产业集聚效应初步显现，集团化、规模化发展的文化企业数量不断增加，培育了一批具有竞争力的产业主体。目前，深圳已有 16 家文化企业分别在国内和境外上市，另有 8 家公司已进行上市辅导备案，一大批企业在经营模式、创新能力等方面处在行业的领先地位。同时，全市形成各类文化产业园区、基地 50 多个，涵盖了动漫、游戏、设计、数字内容、出版发行等领域，产业集聚辐射功能显著增强。

四是产业环境不断改善。深圳在全国率先以立法手段出台《深圳市文化产业发展促进条例》，制定《深圳文化创意产业振兴发展规划》及其配套政策等一系列政策措施，为文化产业发展提供了有力的政策保障。通过转变政府职能，推动形成行为规范、运转协调、充满活力的管理体制，为各类文化产业主体竞相发展提供良好的政府服务。同时，注重发挥毗邻港澳、面向东南亚的地理位置优势，利用两个市场、两种资源，形成了文化产业开放式发展的地缘优势。特别是着力打造文博会、文交所、中国文化产业投资基金等国家级产业发展平台，为激活利用好国际国内文化产业要素创造了优良的市场环境。

在拥有良好发展机遇和条件的同时，应该清醒地认识到深圳文化产业发展中存在的不足，这也为打造文化产业升级版提供了广阔空间和远大前景。主要表现在以下几个方面：

一是产业结构仍需优化。文化制造业占据重要地位，特别是传统文化制造企业从规模上看仍处于行业龙头地位，在深圳 2012 年度百强文化企业中，印刷包装、珠宝加工等制造类企业数量占到 47 家，真正从事文化内容及文化服务等高增长值业务的文化企业所占比例较低。从发展趋势看，虽然产业结构在逐步优化，但核心竞争力仍然不强，作为支柱产业的积极作用有待加强。

二是规划空间资源紧缺。作为新兴产业，文化产业在土地空间保障方面总体上存在后发劣势。产业规划用地增量不足一直是制约文化产业发展的重要因素。一方面，具有较强成长潜力的企业用地问题无法解决，从而对企业扎根深圳发展造成影响。另一方面，对引进和规划建设新项目而言，受土地资源紧缺和地价成本过高的约束，重大文化产业项目在深圳落地远比在内地困难，对文化产业的持续增长将带来较大影响。

三是创新模式有待提高。深圳虽然利用高科技优势，成功探索出了“文化+科技”等新兴产业业态，但随着业态融合的不断深入、市场竞争的日趋激烈，已有的思维和传统理念已不能适应新时期的要求，一些具有发展潜力的企业创新模式有逐渐固化的趋势，产业创新从整体上看还有待进一步突破和提高。

四是产业人才较为缺乏。文化产业人力资源现有的总量、结构、水平,以及文化产业人才培养和培训体系、人才流动和引进机制、人才使用和管理制度等,都不能满足产业迅速发展的要求。高端创意人才匮乏,文化金融、市场运营管理等复合型人才非常短缺,在很大程度上制约了产业发展。文化创意产业人才认定标准空白也成为制约人才成长的瓶颈。

三、打造文化产业升级版的思路目标

文化产业的发展具有明显的阶段性和时代性特征,打造文化产业升级版是对现有文化产业发展模式的继承、发展和转型升级,必须着重体现新阶段的发展规律和内涵特征,实现更高质量的持续健康发展。

当前,发达国家经济发展所依赖的资源、物质要素的作用逐渐弱化,文化、创意要素的作用日益强化,特别是在2008年全球金融危机、2010年欧债危机的冲击和全球经济增长长期低迷的情况下,文化产业已成为重要的引擎产业,成为区域与城市经济转型和产业升级的重要动力。其发展呈现出以下特点:一是文化产业具有反经济周期的特性,经济繁荣带动了文化产品的消费,新消费需求成为产业结构升级的力量;但同时,经济危机也蕴含着文化产业加快发展的重大机遇,促进了文化产业的深度发展、逆风飞扬,成为摆脱危机的重要途径。二是科技是文化产业发展的催化剂,借助高科技对文化资源的再创造、再提高,不仅创造出巨额价值,更催生了大量的新兴文化业态,"文化+科技"拓展了文化产业的发展空间,成为占据文化发展的领先优势。三是品牌和集群化是文化产业发展的核心竞争力,文化产业不断向下游延伸和拓展,实现多环节盈利,以品牌为核心的产业价值链构建,是文化产业规模化和快速发展的规律之一。四是文化贸易和保护成为国家新的战略资源和竞争力,在开放的条件下,一国的文化资源不再为本国文化产业所独有,成为全球共同的精神财富,国际化的生产方式加剧了对文化资源的争夺和文化产品的出口。

对照世界先进地区的文化产业发展经验，以深圳为例，要打造文化产业升级版，必须遵循这样的总体思路：按照十八大提出的“促进文化和科技融合，发展新型文化业态，提高文化产业规模化、集约化、专业化水平”为基本路径，着眼于构建中国经济升级版和创造深圳质量的总体要求，进一步发挥文化创意和科技创新在文化产业发展中的主体支撑和带动引领作用，最终实现文化产业增长速度和质量效益有机统一、文化创意和科技创新双轮驱动、投资和消费共同拉动、资源和环境有效保护利用的创新驱动、内生增长、集约发展的可持续发展模式。通过转型升级，推动深圳文化产业发展形成新动力、增创新优势，实现新突破、增强竞争力，发挥好规模效应、结构效应、引领效应，巩固和提升深圳作为全国文化产业发展领头羊的地位，发挥深圳在全国文化产业转型升级中的示范带动作用。

由此，打造文化产业升级版的主要目标可以概括为“五高五强两低”：高文化内涵，创意能力强；高科技含量，创新能力强；高附加价值，产业融合能力强；高集聚效应，产业带动能力强；高对外开放度，外向发展能力强；低资源消耗、低碳排放。这里对其具体内容，试作解析如下。

高文化内涵，创意能力强。文化要素是文化产品和文化服务的基本要素。文化产业升级要坚持内容为王，把内容建设放在突出位置，把提升文化产品的内涵和质量作为发展产业的基本着力点，推出更多高品位、高水准的文化精品，适应文化消费需求升级趋势，满足消费者享受文化福利、追求品位生活的精神需要，以内容优势赢得产业发展优势。创意是文化产业发展的生命力基因。要以国际视野把握未来产业发展方向，积极借鉴和引进国外优秀创意灵感，提升文化创意、开发原创作品和打造文化品牌，增强文化创意对各产业领域的渗透，使最新的创意和设计理念延伸到文化产品和服务生产、制作、传播、营销的全过程，进一步提升文化创意产业在国民经济中的比重，凸显“设计之都”

"创意城市"的产业特色和城市形象。

高科技含量,创新能力强。世界文化产业发展的高端无不体现出文化与科技融合的特征。深圳技术力量雄厚,为加快发展包括文化创意产业在内的现代高端产业提供了坚实的物质基础和技术保障。高科技含量既是深圳文化产业的基本特征,也是升级版的主要时代特征,更是其取得竞争力的基本源泉之一,代表着文化产业的发展方向。只有充分发挥国家创新型城市、高科技城市优势,将文化产业与最新科技相结合,积极运用高新技术创新文化生产方式,在重点领域和关键环节形成更多具有自主知识产权的创新技术,推出更多兼备科技含量与文化含量的新兴文化产品。

高附加价值,产业融合能力强。文化产业在与高科技产业、传统制造业、金融业、商贸业、旅游业的融合发展中,既以文化创意提升了这些产业的文化含量,催生了新的业态形式,也极大地提高了其附加价值,拓展市场空间,降低发展风险,增强了文化产业的可持续发展能力。打造文化产业升级版,就是要在进一步做强做大"文化+科技""文化+创意""文化+金融""文化+旅游"等产业发展新模式的基础上,不断提升产业融合能力,大力培育结合了新技术、新理念、新商业模式的新型文化业态,将深圳打造成为具有世界水平的文化新兴业态集聚区。

高集聚效应,产业带动能力强。面对深圳土地资源紧缺的硬约束,打造文化产业升级版就是要大力推进园区集聚和产业集群战略的实施,一方面通过与城市更新相结合,置换出更多的发展空间,积极引进大项目和龙头企业;一方面着力提升文化产业园区建设水平,提高单位面积产出率,双管齐下,推动文化产业向集群化、集约化发展。文化产业升级版不仅能增加文化产业的经济价值和市场容量,增强产业实力,还能极大地触发新的经济增长点,强力带动国民经济相关产业的发展。

高对外开放度,外向发展能力强。打造文化产业升级版要充分发挥深圳毗邻港澳的区位优势、改革开放的体制机制优势,以及经济、文化、外贸快速健康发展的综合优势，加快实施走出去战略，通过提升文博会的国际化、专业化、市场化水平，打造国家级对外文化贸易平台，发展壮大文化出口重点企业，着力拓展对外文化贸易，发展文化创意总部经济，加强国际国内交流与合作等，率先建立全方位、多层次、宽领域、高水平的文化产业开放合作新格局，加快培育对外文化贸易竞争新优势，不断提升文化产业外向发展能力，为中华文化“走出去”和文化产品及服务出口做出更大贡献。

与此同时，还要做到低资源消耗，低碳排放。从全球范围看，资源枯竭将严重危及人们的正常生活，制约经济社会的稳定发展，发展资源节约型产业是各国大力倡导的新趋势，尤其是深圳面临的资源、能源、环境等瓶颈制约越来越突出。文化产业投入的是智力资源，产出的是知识产权，不需要很多厂房和土地就能创造巨大经济效益和社会效益，是环境友好、资源节约型并与现代科技结合较好的产业门类，是典型的低碳经济、绿色经济。文化产业升级版就是要通过与科技结合和产业转型升级，更加注重以较低的资源消耗，减少碳排放、废弃物排放，打造“无烟”产业和绿色产业，其在未来具有巨大的发展潜力和空间。

四、打造文化产业升级版的实施路径

打造文化产业升级版，实现“五高五强两低”的产业突破，必须着力从 6 个方面推动转型升级。

(一)业态融合升级，培育优质增量

文化产业具有很高的产业关联度，能够将创意、文化、技术、市场融为一体，融合并带动一大批相关产业发展，促进产业转型升级和效益提升。业态融合就是要进一步推动文化产业与经济各行业、各领域的联动发展，不断拓展新型文化产品和服务。一是继续推进文化和科技融合发展。积极运用科技手段丰富文化产品的生产方式和传播方式，发挥科技创新对文化产品内容的启发效应和对产品形式创新的带动作用，增强文化产品的表现力和吸引力。发挥“国家级文化和科技融合示

范基地"的示范效应，探索建立文化科技产业联盟，推动文化产业共性技术、关键技术和核心技术的研发、推广和应用，用科技创新改造提升传统文化产业，提高文化产品的附加价值和市场竞争力。二是加快"文化+信息"融合的探索发展。随着人们的生产方式、生活方式愈来愈融入信息与网络时代，任何产业都将借助于信息技术形成全球供应链组织，文化产业新业态的信息创新空间愈来愈无边界，要以及时满足需求为业态创新的立足点和出发点，利用网络信息技术改造文化产品创作、生产、传播和消费的每一个环节。三是加强新兴业态的细化创新。要保持产业的竞争力和持续发展能力，就要不断在细分市场中探索新的业态和模式，做到人无我有、人有我优。更加注重推动文化产业与制造业、金融业、建筑房地产业、软件业、休闲旅游业等其他产业的交融，培育更多文化新兴业态，催生更多产业发展的新引擎。

（二）产业结构升级，提升存量价值

千方百计打通文化全产业链，拓展产业链升级的渠道，充分挖掘产业链多环节价值，是打造文化产业升级版最现实的途径。要以结构性、差别化的资源供给机制，引导资源向产业转型升级的重点领域、重点行业和重点企业配置，使深圳文化产业结构向"微笑曲线"的两端提升。从产业价值链的具体环节来说，一是提高创意研发环节的比重和水平。文化产业链中创意研发环节是提升整个产业竞争力的重中之重，是决定文化产业价值创造和实现的关键。要从主要依靠生产到依靠智力、知识、创意、创新的投入，提升所处产业链环节的级别，促使企业经营由低端向中端高端发展。二是传统文化制造类企业更要强化创意设计环节，使先进的创意设计理念快速渗透到传统文化制造业，推动传统文化制造企业的优化升级，加快"深圳制造"向"深圳创造""深圳创意"转变。三是实现高效高质的绿色生产。升级产业链并不能简单地理解为放弃生产环节，要在产业链原有环节上提升层次，加大新技术应用和工艺改造的力度，以此提高劳动生产率、产品质量和市场竞争力。四是在市场营销环节,衍生产品的研发与销售日益成为获取利润的重要方面,要树立品牌意识和精品意识,加大对营销环节的投入力度,使富有内涵、制作精良、创意领先的文化产品有效地占领市场,实现文化产业的全链条发展。

(三)创新模式升级,推动综合创新

创意与创新作为文化产业发展的核心与灵魂,已日益成为现代财富的源泉。打造文化产业升级版,根本理念是通过创新和创意创造出新的产业形态和内容产品,不断创造一种新的需求,将文化产业从传统的发展模式中解放出来。因此,一是要在产业外延不断拓展和全产业链延伸的基础上,将打造文化产业升级版与深圳创新驱动发展战略结合起来,在以科技进步和技术研发创新提升文化产品和文化服务附加值的同时,还要在商业模式、管理模式、运营模式、服务平台等多方面加大创新力度,推动文化产业发展模式从单一创新模式向综合创新生态体系升级,加快向文化产业的高端形态发展。二是创新还必须要有国际视野,要从激发国内资源活力向从全球角度配置创新资源转变,将先进的管理理念和公司治理模式引入进来,确立适合自身发展的科学经营策略,不断增强核心竞争力和发展持续能力。

(四)产业主体升级,强化龙头牵引

文化企业是文化产业发展的主体,也是打造文化产业升级版的主力,决定着文化产业的整体发展水平,文化企业强则文化产业强。只有做大做强文化领军企业,深圳才能当好文化产业发展的领头羊。一是加大政策扶持力度,支持重点文化企业以市场需求为导向,以创新创意为动力,以自主知识产权为核心,不断提高研发生产和市场开拓能力,扩大投资加快发展,打造一批拥有先进技术和自主知名品牌,具有较强发展实力和国际竞争力的文化领军企业,引领我国文化产业新兴业态发展。二是实施总部经济引领战略,加大招商推介力度,制定专门的引进计划,吸引国内外龙头文化创意企业把总部或地区总部、高附加值的制造环节、研发中心、采购中心和服务外包基地设在深圳，支持企业实施跨地区、跨行业、跨所有制兼并重组，实现跨区域发展、规模化经营。三是利用城市更新的有利契机，根据深圳不同区域的特点和空间布局，科学规划文化产业园区基地的建设，推动园区运营模式的创新，突出产业集约化、人才知识化、社区宜居化、环境生态化，大力培育园区和城市、城区一体化发展体系。四是利用产业集聚能够带来创新、外部性、社会资本和规模经济报酬递增等效应，在产业园区内引导传统文化产业与其他高科技产业、新兴媒体以及创意设计产业有机结合；同时，依托实体型产业集群，通过数字化服务平台及网络，实现“集聚推动创新”与“辐射形成共享”的模式，形成多维度的产业聚集网络，使产业相关者形成紧密互动和共同利益的聚合效应。

（五）市场体系升级，优化服务平台

国外发展文化产业的成功案例表明，搭建文化产业公共服务平台是加快文化产业发展的助推器。完善的产业服务平台不仅可以为产业主体提供必要的信息、技术、贸易和投融资服务，更重要的是能够促进资源的合理配置，从整体上推动产业的良性发展和优化升级。打造文化产业升级版，一是必须着眼于完善文化产品市场、要素市场、技术市场和资本市场建设，着力推动文博会、文交所、文化产业投资基金、文化和科技融合示范基地等国家级平台的升级发展，加快构建国家对外文化贸易基地、前海国家级文化创意产业园区等更多的国家级文化产业服务平台。二是加大面向行业的普惠性公共技术和服务等各类平台的建设力度，完善产业周边支撑服务体系，为原创产品研发、创新技术应用提供便捷、有效、低成本的公共技术服务，提高文化企业的整体研发能力，尤其是要加快推动建设一批虚拟现实技术、3D显示技术、新材料技术等与文化创意产业发展密切相关的重点实验室，支持创意设计、动漫游戏等领域先进适用技术的推广应用。三是特别需要注重加强知识产权保护平台的建设，完善政策措施，建立司法保护、行政执法、行业自律三结合的知识产权保护体系，强化完善文化行政执法与刑事司法相结合的管理机制，有力保障文化企业的合法权益不受侵害。

（六）开放合作升级，扩大对外贸易

文化产业必须树立产业报国、文化报国的理念，以做强做大民族产业、弘扬民族文化为己任，在经济转型期，文化贸易的发展是扩大文化产品和服务的市场空间、促进文化产业升级的重要途径。要以全球化的视野推动文化贸易的开展，以经济手段和市场力量进一步带动中华文化走出去，从而提升国家软实力。一是文化企业要注重内容，以文化内容为灵魂，突出产品的思想内涵和文化内涵，让自己的文化产品和服务融入中国元素、中国文化、中国价值观，真正把思想深刻、艺术性强的优秀文化产品推向世界。这样的产品能够走向国际市场并取得成功，才是中华文化的真正胜利。二是不断地增强企业的国际化经营能力。鼓励有条件的企业加快走出去的步伐，通过收购、控股、合作等方式，在境外设立文化企业和中介机构。抓紧熟悉掌握国际文化贸易规则，通过交流、合作、贸易等方式，学习借鉴西方跨国文化集团的经营管理模式，在研发、生产、销售等方面提高国际化水平，参与全球资源和价值链整合。三是提高对外贸易的竞争优势。进入国际市场不仅仅是技术和资本的竞争，更重要的是发展模式和文化内涵之争。既要发挥一批大型集团的优势，突破一批关键技术、共用技术，又要发挥中小企业的市场敏感性，开发新的文化贸易模式。四是加快文博会国际化、市场化、专业化发展步伐，大手笔规划建设好国家对外文化贸易基地，开展对外文化贸易创新试点，为文化企业提供更好的国际文化贸易服务和连接国内外市场的产品展示及交易机会。

打造文化产业升级版是一项长期的战略任务和系统工程，必须以全新的视野，保持战略思考高度和时代敏锐性，进一步完善保障支撑。以深圳而言，政策保障仍很重要，要在落实和执行好国家、省、市现有的文化产业促进政策的同时，进一步优化支持文化产业发展的政策环境，提高产业扶持的边际效益，尤其是在文化产业税收政策、土地政策、金融促进政策和人才政策等方面要有新的突破，以改革的举措创造产业发展的新红利。例如，在空间保障上，将文化产业建设用地纳入城市空间专项规划，鼓励文化企业参与旧工业区、旧村、旧城区改造，建设文化产业园区（基地），通过推动城市更新扩大文化产业发展空间；在金融方面，要完善支持深圳文化产权交易所建设的政策措施和创新发展，引导中国文化产业投资基金更多地投资支持深圳文化企业、文化产业项目的发展。鼓励银行业金融机构创新金融产品和服务，加快培育和完善文化创意产业保险市场，积极推动文化创意企业通过上市、发行债券等直接融资手段获得金融支持；在人才方面，重点是加快培养和引进一批高层次文化经营管理人才，一批掌握现代高新技术、善于运用科技手段推动文化创意产业发展的创新型人才和一批熟悉文化贸易规则、善于开拓国际文化市场的外向型人才，建立完善文化创意产业人才认定标准，为打造文化产业升级版提供人才保障和智力支撑。

打造文化产业升级版，还要继续保护好良好的市场环境，进一步深化文化体制改革，发挥好市场配置资源的积极作用，激发民营经济的活力，打造一批具有较强竞争力和较大发展潜力的市场主体。加强知识产权行政执法与司法保护，持续不断地依法打击各种侵权行为及其他违法行为，营造良好的文化产业营商环境，让深圳成为文化人才创新创业、成就事业的一方热土。

（来源：《中国文化报》2013 年 11 月 24 日）

专题 8

建设宏大文化人才队伍

导 读

当今世界正处在大发展大变革大调整时期，世界多极化、经济全球化深入发展，科学技术日新月异，人才资源已成为最重要的战略资源，人才在综合国力竞争中越来越具有决定性意义。文化人才作为党和国家人才队伍的重要组成部分，必将在全面建设小康社会、建设社会主义文化强国、实现中华民族复兴的伟大进程中肩负起更大担当。

党的十七届六中全会站在建设社会主义文化强国的新高度和文化事业发展繁荣新的历史起点上，作出了建设宏大文化人才队伍，为社会主义文化大发展大繁荣提供有力人才支撑的战略部署，为我国文化人才发展和队伍建设指明了方向。

党的十八大报告指出，要"营造有利于高素质文化人才大量涌现、健康成长的良好环境，造就一批名家大师和民族文化代表人物，表彰有杰出贡献的文化工作者"。党的十八届三中全会《决定》进一步提出，要"引进有利于我国文化发展的人才"。

认真领会党中央的有关精神，认识其重要性，增强紧迫感，探索人才队伍建设多种渠道，用高素质人才队伍撑起社会主义先进文化大厦，至关重要。

历史沿革

2003年8月，中宣部会同中组部、人事部下发了《全国宣传文化系统“四个一批”人才培养工作意见》。实施这一工程，旨在培养造就一批全面掌握中国特色社会主义理论体系、学贯中西、联系实际的理论家，一批坚持正确导向、深入反映生活、受到人民群众喜爱的名记者、名编辑、名评论员、名主持人，一批熟悉党和国家方针政策、社会责任感强、精通业务知识的出版家，一批紧跟时代步伐、热爱祖国和人民、艺术水平精湛的作家、艺术家。

2004年4月，为贯彻落实《中共中央国务院关于进一步加强人才工作的决定》和全国人才工作会议精神，加强文化人才队伍建设，为繁荣和发展文化事业提供坚强的人才保证，文化部制定了《关于实施人才兴文战略进一步加强文化人才队伍建设的意见》。

2010年8月，文化部制定并颁布实施了《全国文化系统人才发展规划（2010—2020年）》（以下简称《文化人才规划》）。这是文化系统第一个人才发展规划。

2011年，党的十七届六中全会将文化人才队伍建设提高到文化建设的战略高度，指出：“推动社会主义文化大发展大繁荣，队伍是基础，人才是关键。要坚持尊重劳动、尊重知识、尊重人才、尊重创造，深入实施人才强国战略，牢固树立人才是第一资源思想，全面贯彻党管人才原则，加快培养造就德才兼备、锐意创新、结构合理、规模宏大的文化人才队伍。”

2012年11月，党的十八大指出，要“营造有利于高素质文化人才大量涌现、健康成长的良好环境，造就一批名家大师和民族文化代表人物，表彰有杰出贡献的文化工作者”。

2013年11月，党的十八届三中全会《决定》进一步提出，要“引进有利于我国文化发展的人才”。

权威专家

教育部教育发展研究中心主任、研究员、博士生导师　张　力

张力，现任教育部教育发展研究中心主任、研究员、博士生导师。先后参与起草 1993 年《中国教育改革和发展纲要》及《实施意见》、1999 年《中共中央国务院关于深化教育改革全面推进素质教育的决定》。1998 年、2002 年在教育部起草两轮《教育振兴行动计划》分任工作小组负责人。2008—2010 年任教育规划纲要工作小组办公室成员。2010 年任国家教育咨询委员会第一届委员。

主持过多项全国教育科研重点项目，发表 200 多篇论文报告，科研成果获全国和省部级十余次奖励，1993 年被国务院批准为政府特殊津贴专家。现兼任北京大学等七所大学和国家教育行政学院的兼职教授、全国教科规划战略学科组长、北京市政府专家团教育顾问，曾任联合国教科文、儿童基金会、世界银行、欧盟、亚洲开发银行等在华项目负责人或特邀专家。

国家行政学院原常务副院长　魏礼群

魏礼群，男，汉族，1944 年 12 月生，江苏睢宁人，中国人民大学兼职教授、博士生导师。研究领域为中国宏观经济理论与政策。国家行政学院原党委委员、常务副院长（正部长级）。2012 年 2 月 28 日出任全国政协文史和学习委员会副主任。也是中共十六大、十七大代表；中共第十六届、十七届中央委员。

专家观点

张力：为文化大发展建设人才队伍

2011 年 10 月，中共中央十七届六中全会审议通过《中共中央关于深化文化体制改革推动社会主义文化大发展大繁荣若干重大问题的决定》(简称"《决定》"),重申坚持尊重劳动、尊重知识、尊重人才、尊重创造的重要方针,动员全党全社会深入实施人才强国战略,牢固树立人才是第一资源思想,全面贯彻党管人才原则,加快培养造就德才兼备、锐意创新、结构合理、规模宏大的文化人才队伍,为社会主义文化大发展大繁荣提供有力人才支撑。张力在《为文化大发展建设人才队伍》①一文中指出,中央这一决策,对全面建设小康社会、推进社会主义现代化建设、实现中华民族伟大复兴,具有重大而深远的意义。

一、我国建设宏大文化人才队伍的战略决策意图

一个国家、一个民族要想屹立于世界民族之林,特别需要文化的积极引领。对我国这样的发展中人口大国来说,归根结底,靠的是建设一支宏大的文化人才队伍,靠的是拥有一批人民喜爱、有国际影响的名家大师和民族文化代表人物,靠的是充分发挥人民在文化建设中的主体作用。为此,《决定》明确指出,"推动社会主义文化大发展大繁荣,队伍是基础,人才是关键",从三个层面作出重要部署。

首先,通过实施"四个一批"人才培养工程、文化名家工程"两大工程",建立重大文化项目首席专家制度和国家级文化荣誉称号"两项制度",造就高层次领军人物团队;其次,遵循人才成长规律,适应文化发展急需,以培养善于开拓文化新领域的拔尖创新人才、掌握现代传媒技术的专门人才、懂经营善管理的复合型人才、适应文化走出去需要的国际化人才为重点,抓住实践锻炼、系统培训、学校教育、制度保障四个培养环节,培养高素质专业文化人才;再次,做好抓基层、打基础的工作,通过落实制定实施规划、配好配齐干部、设立专门岗位等关键举措,加强基层文化人才队伍建设,重视发现和培养社会文化人才,培养使用非

① 张力:《为文化大发展建设人才队伍》,求是理论网 2011 年 12 月 31 日。

公有制文化单位人才，吸引海外优秀文化人才。

知识链接

文化名家工程

文化名家工程是国家人才发展规划确定的十二项重大人才工程之一，目的在于培养造就一批造诣高深、成就突出、影响广泛的宣传思想文化领域杰出人才，进一步提高国家文化软实力。主要任务是，每年确定一批哲学社会科学、新闻出版、广播影视、文化艺术和文物保护、文化经营管理、文化科技等方面的名家，对他们承担重大课题、重点项目、重要演出以及开展创作研究、展演交流、出版专著等活动给予重点资助扶持。文化名家的遴选从2011年开始分期分批进行，到2020年完成工程目标，届时由国家资助的文化名家将达到2000名。

张力认为，在推动社会主义文化大发展大繁荣进程中，人民是最深厚的力量源泉。我国建设宏大文化人才队伍，应与《决定》要求“发挥人民在文化建设中的主体作用”紧密联系起来。“随着我国经济社会发展和人民生活水平提高，群众对实现自身文化权益要求、丰富精神文化生活的期待，对文化产品服务质量要求、参与文化活动的愿望也越来越高，越来越趋于多样化，广大群众不光是文化服务、文化消费的获益者，还完全有可能成为社会主义文化的建设者。”①

面对新世纪新形势，中央特别要求调动人民群众参与文化建设的积极性、主动性、创造性，重视发现、培养、鼓励和扶持五个方面人才：一是扎根基层的乡土文化能人，能够长期运用文化服务及经营的一技之长，服务乡里社区，创业谋生，拥有独到的地缘乡缘亲缘优势；二是民族民间文化传承人特别是非物质文化遗产项目代表性传承人，依靠口传心授延续民族民间文化血脉，对民族民间文化有着深厚感情、精深造诣、独特技巧；三是群众中涌现出的各类文化人才和文化活动积极分子，包括民间歌手、网络作家、业余诗人、街坊乡村画家、民间艺人等，具

① 张力：《为文化大发展建设人才队伍》，求是理论网2011年12月30日。

有一定文化特长，热心基层文化活动；四是非公有制文化企业、新社会组织中的社会文化人才，还应包括个体文化经营者、自由职业人员等；五是文化志愿者队伍，包括专业文化工作者和社会各界人士，诸如学校教师、高校学生、离退休人员、热心公益的社会人士等。

“从文化人才队伍建设的总体全局来看，如果说高层次领军人物和专业文化工作者是主力军，基层文化人才队伍是方面军，志愿者队伍则是生力军，各类社会文化人才和亿万群众为文化繁荣发展提供了坚实基础支撑和不竭动力源泉。”[①]

二、加强高层次领军人才和专业文化人才培养的着力点

高层次领军人才和数以千万计的专业文化工作者，是社会主义文化建设的中坚力量，名家大师和民族文化代表人物将是中坚之中的核心。张力指出，近5年来，国家在理论、新闻、出版、文艺四个领域启动“四个一批”人才培养工程，重点是加强中青年人才和高层次经营管理人才、专门技术人才的培养。“文化名家工程”则通过每年重点扶持和资助一批哲学社会科学、新闻出版、广播影视、文化艺术、文物保护的名家承担重点课题、重点项目、重要演出，开展创作研究、展演交流、出版专著等活动，遴选扶持一批造诣高深、成就突出、影响广泛的宣传思想文化领域杰出人才。

《决定》要求继续实施“四个一批”人才培养工程和文化名家工程，并结合“建立重大文化项目首席专家制度”等新的举措，力争到2020年由国家资助的文化名家达到2000位，还需要各地造就本地文化名家和民族文化代表人物，培养造就一批造诣高深、艺术精湛、社会影响大的文化各领域名家大家，形成一支门类齐全、结构合理、梯次分明、堪当大任的核心团队，真正为社会主义文化大发展大繁荣提供坚实支撑。

① 张力:《为文化大发展建设人才队伍》,求是理论网 2011 年 12 月 30 日。

与此相关，加强专业文化工作队伍、文化企业家队伍建设显得尤为关键。目前全国文化领域人才资源总量约 1400 万人，其中宣传思想文化系统人才资源 500 万人，民营文化企业和民间文化人才资源约 900 万人，两者比例约为 1∶2，预计 2020 年人才资源总量至少增至 2000 万人，若按相同比例，上述两大类人才资源将分别增加 200 万人和 400 万人。因此，要贯彻《决定》精神，“扶持资助具有潜力的优秀中青年文化骨干参与主持重大课题、承担重点项目、领衔重要演出”，从中遴选文化骨干和名家大师后备力量。

今后 5—10 年，在“四个一批”工程覆盖面进一步拓展的条件下，要加大新媒体新业态人才、基层宣传文化骨干人才、民营文化企业和民间文化人才的选拔培养力度，“抓紧培养善于开拓文化新领域的拔尖创新人才、掌握现代传媒技术的专门人才、懂经营善管理的复合型人才、适应文化走出去需要的国际化人才……完善相关政策措施，多渠道吸引海外优秀文化人才”，各地将注重优化文化人才层次、类型、地区分布结构，积极吸引经济、金融、社会等领域优秀人才进入文化行业，形成一支热爱文化事业、熟悉文化市场运行规律的文化经营管理人才（包括文化企业家）队伍。张力认为，以上政策思路，势必为海外人才回国干事创业开辟了广阔前景。①

三、挖掘社会文化人才服务文化繁荣发展的巨大潜力

社会文化人才是我国宏大文化人才队伍建设中的重要组成部分。《决定》高度赞扬了五千多年来我国各族人民紧密团结、自强不息，共同创造出源远流长、博大精深的中华文化，广大群众中蕴育着丰富多样的社会文化人才，世代社会文化人才为传承创新中华文化作出了可贵贡献。张力认为，在革命、建设、改革各个历史时期，中国共产党始终坚持文化发展依靠人民，就是在社会生活中重视发现社会文化人才，在文化

① 张力：《为文化大发展建设人才队伍》，求是理论网 2011 年 12 月 30 日。

改革发展实践中重视培养社会文化人才，这些实践经验到现在依然显得格外珍贵。

张力认为，围绕更好发挥社会文化人才的积极作用，《决定》提出了一系列政策创新亮点，主要体现在：深化文化行政管理体制改革，加快政府职能转变，推动政企分开、政事分开，理顺政府和文化企事业单位关系；引导和鼓励社会力量通过兴办实体、资助项目、赞助活动、提供设施等形式支持和参与公共文化服务；在国家许可范围内，引导社会资本以多种形式投资文化产业；健全现代文化市场体系，加强行业组织建设，健全中介机构。上述改革措施，将深入涉及公共文化服务体系建设、文化单位所有制关系格局调整及文化管理体制创新，成为社会文化人才包括海外人才发挥作用的重要制度环境。

张力指出，考虑到我国民营文化企业和民间文化人才资源已占文化人才总量的2/3，若加上其他各类社会文化人才，数量更为庞大，这是全民族文化创造活力持续迸发的重要力量。“特别是在我国构建公共文化服务体系和新的文化产业格局的新形势下，国有文化单位的贡献将集中体现为发挥骨干作用和确保核心竞争力等方面，而文化领域的非公有制企业和新社会组织，越来越成为激励大批社会文化人才就业创业的广阔天地，这些文化单位要想吸引和用好人才，关键在于事业留人、待遇留人、感情留人，势必需要国家政策更多支持。”①

为此，《决定》强调“对非公有制文化单位人员评定职称、参与培训、申报项目、表彰奖励同等对待”，其中，文化领域职业资格制度的建立、职称评审改革的深化、表彰奖励制度的完善，都应涵盖社会文化人才，政府实施的文化人才培养计划及工程项目，也须统筹考虑社会文化人才，这将是具有长远意义的举措。张力相信这些政策的落实，将为我国文化人才队伍建设跃上新台阶提供有力保障。

---

① 张力：《为文化大发展建设人才队伍》，求是理论网 2011 年 12 月 30 日。

【延伸阅读】

日本学校的动漫教育:培养各种实用型人才[①]

日本现代漫画业从20世纪50年代以来取得了巨大发展,60年代动画片的出现,为日本动漫产业的发展注入了新的活力。然而,日本动漫人才的培养在20世纪80年代以前,基本上还是采用边工作边学习的师徒式的培养方式,不少优秀的动漫人才都是自学成才的,高等教育几乎很少涉及动漫人才的培养。然而,进入20世纪90年代以后,传统的培养模式发生了一些变化,高等教育开始涉足动漫人才培养,特别是进入21世纪后,许多大学纷纷设立动漫专业,为新时期日本动漫产业的进一步发展培养了大批优秀人才。

日本动漫人才的培养主要有学校教育和社会教育两种方式,其中学校教育是日本动漫人才培养的一支重要新生力量。学校教育主要分为两个部分:一是大学教育(含短期大学教育,日本的短期大学相当于中国的大专);二是中专和职业学校教育。以下对此分别予以介绍。

大学教育(含短期大学)。日本尽管较早地发展了动漫产业,但大学教育涉足动漫人才的培养却比较晚。在20世纪90年代之前,日本多数的动漫人才主要是通过自学或在社会上开办的培训学校、培训班以及在中专和职业学校学习动漫专业知识和技能。在大学教育里,尽管有一些大学开设了动漫方面的课程,却很少有大学设置动漫专业,进行系统的动漫专业教育。总而言之,可以说动漫专业教育在21世纪之前还没有得到日本大学足够的重视。但是,2000年,日本的私立大学——京都精华大学首次在大学里设置漫画专业,并开始招收4年制的学生。随后,不少大学效仿京都精华大学的做法,相继设立动画专业、漫画专业或动漫专业。设置动漫专业的大学主要集中在日本的关西地区(以京都和大阪为中心的地区)和东京地区。到2009年底,有近30所大学开设了动漫专业。这些大学主要是私立大学,且多设有艺术系。这些大学动漫专业的开设得到了不少著名动漫大师、动漫原创作者和动漫编辑的大力支持和指导。

日本私立大学纷纷开设动漫专业与日本的大学竞争加剧有直接的关

① 李常庆:《日本学校的动漫教育:培养各种实用型人才》,《中国文化报》2012年1月17日。

系。为了吸引更多生源，很多私立大学想方设法开设新专业，以满足社会对各种人才的需求。更重要的是，日本动漫产业获得了长足的发展，动漫作为一种专业教育得到了社会的认同。为此，许多大学开始重视动漫专业人才的培养。

中专与职业学校教育。20世纪80年代，日本动漫产业已形成了巨大规模，动漫作品得到了很多青少年的喜爱，加上动漫制作是一项实践性很强的专业，因而首先受到了中等专科学校和职业高中学校的青睐，许多学校相继开设了动漫专业。据不完全统计，已有400多所中等专科学校和职业高中学校开设有动漫专业。这些中等专科学校和职业高中学校开设的动漫专业主要有以下4个特点：

一是专业划分很细。很多学校设置专业方向诸如专业漫画家、漫画插图、数字漫画、漫画杂志编辑、漫画原创、写作创作、动画剧本创作等。由于专业方向明确，所设置的课程也比较到位，除了很多带有技术性的课程外，还有不少文学、艺术、历史等人文社会科学方面的课程。

二是在明确专业的基础上，培养各种实用型人才。不少学校都在培养什么样的人才上煞费苦心，除了希望以此来吸引学生入学外，还充分考虑学生毕业后的就业。为此，很多学校大力宣传，通过动漫专业的学习，学生毕业后可以从事的相关职业包括漫画家、漫画作家、插图画家、美术印刷设计师、形象设计师、数字助手、DTP操作员、网页制作员、CG创作员、杂志撰稿人、新闻记者、采访记者、小说家、漫画原创人员、绘本作家、动画剧本创作人员、游戏创作人员等。

三是注重计算机的使用和数字艺术的教育。这些学校除了传统的绘画学习外，都非常重视计算机数字艺术的教育。为此，各校不仅配备了很先进的计算机及相关数字设备，还聘请很多在动漫制作公司从事动漫设计与制作的动漫专家从事学校的教学工作。

四是引进企业实习制度，强化实践性学习。动漫专业本来就是实践性很强的专业，只是课堂教学很难满足动漫用人单位对人才的要求。因此，中专和职业学校很早就引进了动漫企业实习制度，要求学生在校学习期间，必须到动漫企业等单位实习方能毕业。

魏礼群：加强文化人才队伍职业道德建设和作风建设

文化工作者要成为优秀文化的生产者和传播者，必须加强自身修养，做道德品行和人格操守的示范者。因此，党的十七届六中全会通过的《中共中央关于深化文化体制改革推动社会主义文化大发展大繁荣若干重大问题的决定》，特别把加强文化人才队伍职业道德建设和作风建设放在突出位置。魏礼群在《加强文化人才队伍职业道德建设和作风建设》①一文中指出"这是完全必要和十分正确的"，他建议应该以下几个方面来加强文化人才队伍职业道德建设和作风建设：

一、文化工作者要成为优秀文化的生产者和传播者，必须加强自身修养，做道德品行和人格操守的示范者

魏礼群认为，广大文化工作者担负着发展和繁荣社会主义文化的历史使命，而每个文化工作者特别是名家名人要创造优秀文化和传播优秀文化，就必须加强自身修养，做道德品行的模范，做人格操守的模范。

（一）文化工作者只有加强自身修养，完善道德人格，才能生产出优秀的文化产品

我国自古就有将文品与人品联系起来考察的传统。人品有优劣，文品有高下。文如其人，从文鉴品，以品辨人，都说的是人品与文品的一致性。一个人的修养和人品，决定了一个人的思想和境界；一个人的思想和境界又决定了文品的高下。由此魏礼群认为，说到底，文品的高下是由人的修养和道德品格状况决定的。他以诗歌为例指出，古人认为"诗言志"，"诗者，志之所之也，在心为志，发言为诗。"就是说，内心怎样想的，诗就该怎样写。又说："人察七情，应物斯感；感物吟志，莫非自

① 魏礼群：《加强文化人才队伍职业道德建设和作风建设》，《光明日报》2011 年 11 月 11 日。

然。”这就是说，诗歌应当反映诗人的真实思想，是人品的艺术性表现。所以，古人十分重视通过磨砺品格、完善道德来提高文品。强调立业先立德，为文先为人。主张德之不立，无以立言。良好的人格修养和优秀的道德品质是文化工作者成就事业的基石。重视人品和文品的一致性，也为现代中国知识分子所继承。鲁迅的名言“从喷泉里出来的都是水，从血管里出来的都是血”，说的也是这个道理。

马克思主义认为，文化工作者创造的文化产品，必然体现其世界观、人生观、价值观，也必然体现其审美倾向。文化工作者只有树立正确的世界观、人生观、价值观，才有可能创造出反映社会进步和人民群众所欢迎的优秀文化作品。

（二）文化工作者只有加强自身修养，做到道德人格高尚，才能适应伟大的时代发展变化

我们正处在一个伟大的时代。在中国共产党领导下，走中国特色社会主义道路，全面建设小康社会、实现中华民族伟大复兴，是极其光荣、豪迈的宏伟事业。在开创美好未来的历史进程中，文化发展是重要的目标，又将为经济持续发展和社会全面进步提供强大的精神动力。因此，魏礼群指出，文化要发挥引领风尚、教育人民、服务社会、推动发展的作用，迫切需要文化工作者站在时代前列，反映我们这个时代波澜壮阔的生活，展现人民群众创造历史的激情，激励广大人民投身创造更加美好生活的历史洪流中。而要做到这一点，魏礼群认为广大文化工作者应该“加强道德人格修养，做到信仰坚定、人格高尚、胸襟开阔、志趣高雅。正如德国大文学家歌德所说：想写出雄伟的风格，必须要有雄伟的人格；有闪光的思想，才能够写出闪光的文字。”①

魏礼群认为，文化工作者要成为道德品行和人格操守的示范者，这既是创造先进文化的需要，也是传播先进文化、营造良好社会风尚的需

① 魏礼群：《加强文化人才队伍职业道德建设和作风建设》，《光明日报》2011年11月11日。

要。在经济社会转型过程中，利益群体的变化，带来了社会价值观的多元化，各种思潮、风尚此起彼伏、泥沙俱下。文化工作者言行举止具有引领风尚的作用。这就要求文化工作者率先垂范，加强自身修养，培养道德情操，传播先进文化，弘扬健康文化，抵制腐朽文化，引导社会齐心协力繁荣发展社会主义文化。这对于发展中国特色社会主义伟大事业有着特殊重要的意义。

二、文化工作者要加强职业道德建设

文化工作者特别是名家名人加强自身修养，培养高尚的道德品行和人格操守，就要切实加强职业道德建设。魏礼群认为，重点是做到以下四个方面。

（一）自觉践行社会主义核心价值体系，增强社会责任感

党的十六届六中全会第一次鲜明地提出了建设社会主义核心价值体系的重大命题，明确了核心价值体系的基本内容。党的十七大进一步明确提出了“建设社会主义核心价值体系，增强社会主义意识形态的吸引力和凝聚力”，这是我们党总结历史经验、科学分析形势提出的重大战略任务。马克思主义指导思想、中国特色社会主义共同理想、以爱国主义为核心的民族精神和以改革创新为核心的时代精神、社会主义荣辱观，这些构成社会主义核心价值体系的基本内容。魏礼群指出，对文化工作者来说，自觉践行社会主义核心价值体系，就是要把握中国特色社会主义文化的根本性质，坚持社会主义先进文化前进方向，做到以科学的理论武装人、以正确的舆论引导人、以高尚的精神塑造人、以优秀的作品鼓舞人，使自己的作品释放出陶冶心灵、烛照前行的光辉。“文化事业是塑造人们精神和灵魂的崇高事业。用优秀作品引领广大干部群众追求崇高、向往美好，用先进文化引领并使其不断成为广大

人民群众的自觉追求，是时代赋予文化工作者的神圣使命和历史责任。"①

魏礼群指出，文化界的名家名人以自己的文化行为和贡献受到社会尊重。从某种意义上说，他们是时代的文化标志。作为公众人物，他们的言行举止受到社会关注，有广泛的影响力。因此，各类文化工作者特别是名家名人自觉践行社会主义核心价值体系、增强社会责任感就具有特别重要的意义；名家名人加强自身修养，做道德品行和人格操守的示范者，其带动作用也就更大。

（二）弘扬科学精神和职业道德

魏礼群认为，弘扬科学精神和职业道德是文化工作者必须遵守的基本行为准则。对于从事社会科学和人文科学研究的工作者来说，弘扬科学精神和职业道德，关键是要尊重和反映自然、社会、思维等的客观规律，要求真务实、勇于追求真理，不唯上，不唯书，只唯实。要坚持解放思想、实事求是、与时俱进，遵循文化创作生产规律，坚持为人民服务、为社会主义服务的方向，真实地展现现实生活和人民群众的喜怒哀乐。只有这样，文化创作生产也才能有正确的方向和丰富的内容。

知识链接

科学精神

科学精神是人们在长期的科学实践活动中形成的共同信念、价值标准和行为规范的总称。科学精神就是指由科学性质所决定并贯穿于科学活动之中的基本的精神状态和思维方式，是体现在科学知识中的思想或理念。它一方面约束科学家的行为，是科学家在科学领域内取得成功的保证；另一方面，又逐渐地渗入大众的意识深层。

① 魏礼群：《加强文化人才队伍职业道德建设和作风建设》，《光明日报》2011年11月11日。

(三)发扬严谨笃学、潜心钻研、淡泊名利、自尊自律的风尚

文化工作者是人类灵魂的工程师,这既是赞誉,也是很高的要求。魏礼群认为,要做到这一点,就必须不断学习,加强修养。一是要严谨笃学。坚持科学严谨的治学态度,勤奋学习科学理论和知识,踏踏实实地研究问题,一步一个脚印,不好高骛远。二是要潜心钻研。文化创作是一种艰辛的智力劳动,需要文化工作者潜下心来辛勤耕耘,有一种"坐穿板凳"的精神,耐得住寂寞,心无旁骛,不断有所积累,有所创造,有所突破。三是要淡泊名利。全心全意地把自己的一切才华献给人民和国家,做到不为名所惑,不为利所诱,矢志不渝,勇攀艺术高峰。四是要自尊自律。要有严格的自我约束能力、强大的人格力量,做到坚定正确的政治方向、精湛深厚的艺术造诣、积极进取和甘于奉献的品行操守有机统一。这些是文化工作者职业道德和人格风范的突出表现,应在文化界蔚成风气。①

(四)努力追求德艺双馨,坚决抵制学术不端、情趣低俗等不良风气

德艺双馨有着丰富的内涵,是对文化工作者的人格品行、职业道德、艺术成就、艺术贡献和社会影响的崇高评价。魏礼群认为,德,既是指文化工作者的思想品德,也是指其所从事行业的职业道德。德,体现了文化工作者的价值取向、社会信誉,以及理想信念、思想境界、精神追求等,是中华民族优秀传统文化和社会主义先进文化精髓的集中体现,是文化工作者立身处世之根。艺,就是指艺术才华、艺术能力、艺术风格、艺术境界等,是一个文化工作者的艺术水平和艺术成就的集中体现,是文化工作者成就事业之本。德与艺相辅相成、相互促进。"唯有德艺双馨,才能使高尚的人品和高超的艺品相得益彰、行之久远。德艺双馨不是行政任命的,是文化工作者用艰辛劳动铺就的人生轨迹,是历

① 魏礼群:《加强文化人才队伍职业道德建设和作风建设》,《光明日报》2011 年 11 月 11 日。

史和人民的客观评价。广大文化工作者要自觉把德艺双馨作为一生不懈奋斗的追求。”①

魏礼群强调，要做到德艺双馨，就必须自觉抵制在学术上弄虚作假、抄袭模仿、沽名钓誉的不良风气，自觉抵制在文艺上格调低下、情趣低俗的丑恶现象，反对一切向钱看的不良倾向，坚持把社会效益放在首位，努力成为优秀文化的生产者和传播者。

三、文化工作者要加强作风建设

文化工作者要通过加强作风建设，增进文化工作者与实际、与基层、与人民群众的联系，促进文化创造和文化生产，不断创造出优秀产品，不断推进文化创新。魏礼群认为，当前，文化工作者加强作风建设，重点要做好两方面工作。

（一）鼓励文化工作者深入实际、深入生活、深入群众，增强国情了解，增加基层体验，增进群众感情

魏礼群认为，文化工作者特别是文化名家、中青年骨干深入实际、深入生活、深入群众，这既是文化生产源泉的根本要求，也是文化工作服务对象的必然要求。作为观念形态的各种文化产品，都是一定的社会生活在人类头脑中反映的产物，人民群众的社会生活实际情况，是一切文化产品取之不尽、用之不竭的唯一源泉。社会主义文化是为最广大人民群众服务的，这就决定了文化工作者必须深入实际、深入生活、深入群众。要坚持把马克思主义世界观作为根本的指导方法，坚持把实际作为理论和实践的出发点，自觉地向现实社会生活课堂和人民群众学习。文化创作如果脱离实际，就会变成无源之水、无本之木。文化生产工作者只有深入实际，深入群众，加强调查研究，了解国情民情，才能做到文化产品来源于实践，并能够影响实践。好的作品不是凭空产生的。

① 魏礼群：《加强文化人才队伍职业道德建设和作风建设》，《光明日报》2011年11月11日。

文化工作者只有深入生活，全面了解现实生活的实际情况，反映人民群众的需求愿望，从人民群众的伟大实践和生动的创造中汲取营养，发掘素材、提炼主题，才能创作出人民群众喜闻乐见、反映时代特征、经得起实践和历史检验的文化精品。最近，全国新闻战线开展“走基层、转作风、改文风”活动，新闻工作者深入基层、深入群众，发现和反映了不少当前社会生活中需要高度重视和亟待解决的问题，相关新闻报道引起社会广泛关注，产生了良好社会效果。因此，“文化工作者要把深入群众、走进群众作为一种理念、一种常态，把社会当课堂，走出高楼、走出书斋，深入群众生活，感悟群众生活，从广大百姓的朴素话语中发现智慧的闪光，从人民大众的生产劳动中汲取创造的元素，从读者受众的各种反映中了解群众的期盼，使自己的文化生产活动始终保持鲜活的生命力。”①

增进群众感情，就必须摆正自己同人民群众的关系。魏礼群指出，文化工作者的生命力来源于同人民的血肉联系，要始终坚持以人为本、为人民服务，这是由社会主义文化建设的根本目的决定的。人民群众是社会主义文化创造和建设的主体，又是服务的对象。繁荣发展社会主义文化的根本目的和任务，就是为了满足人民不断增长的精神文化需求，提高精神生活质量和水平，实现人的全面发展。一切进步文化工作者的生命力都来源于同人民的血肉关系，忘记和隔断这种联系，文化创造的源泉就会干涸，艺术的生命就会枯萎。因此，各类文化工作者都要牢固树立群众观点，树立以人民为中心的创作导向，弄清楚给谁看、给谁演、给谁读，真正把了解群众、服务群众作为基点和归宿。群众是真正的英雄，要拜人民为师。魏礼群强调，一切优秀的、有出息的文化工作者都要经常到基层去、到群众中去，到最火热的社会中去，到唯一的最广大最丰富的源泉中去，观察、体验、研究，分析一切人、一切群众、一切生动的生产生活形式。只有这样，才能真正大有作为。

---

① 魏礼群:《加强文化人才队伍职业道德建设和作风建设》,《光明日报》2011 年 11 月 11 日。

（二）文化工作者要相互尊重、平等交流、取长补短，共同营造风清气正、和谐奋进的良好氛围

文化工作者个人的成长，离不开整个行业的活力和群体的创造。因此，形成良好行业风气至关重要。魏礼群建议，要认真贯彻百花齐放、百家争鸣的“双百方针”，尊重文化发展的规律，尊重文化的创造性活动，充分发扬艺术民主和学术民主。在文化生产创作上提倡不同形式和风格的自由发展，在学术理论上提倡不同观点和学派的充分讨论，在艺术发展上提倡不同品种和业态的积极创新，真正形成百花争艳、万紫千红的局面。魏礼群认为，只有这样，才能为文化人才的成长营造积极健康的氛围，才能推动艺术家们创作出更多形式丰富、风格多样、流派纷呈、思想健康、品位高雅的优秀作品。

知识链接

双百方针

“双百方针”全称是“百花齐放、百家争鸣”，是中国共产党在讨论十大关系过程中确定的关于科学和文化工作的指导方针。1955 年 5 月 2 日，由毛泽东在第七次最高国务会议上提出。在 1955 年 4 月 28 日的中央政治局扩大会议上，毛泽东就曾指出：讲学术，这种学术可以，那种学术也可以，不要拿一种学术压倒一切，你如果是真理，信的人势必就会越多。“百花齐放、百家争鸣”我看这应该成为我们的方针。在 5 月 2 日的会议上，毛泽东又讲到：现在春天来了嘛，一百种花都让它开放，不要只让几种开放，还有几种不让它开放，这就叫百花齐放。他还说：百家争鸣是诸子百家，春秋战国时代，两千年前那个时候，有许多学说，大家自由争论，现在我们也需要这个。他指出：在中华人民共和国宪法范围之内，各种学术思想，正确的，错误的，让他们去说，不去干涉他们。5 月 26 日，中共中央宣传部部长陆定一在中国科学院和中国文学艺术联合会召开的会议上作了《百花齐放、百家争鸣》的报告。《报告》根据党中央和毛泽东的有关指示精神，全面系统地阐明了党的“百花齐放、百家争鸣”的方针，指出这个方针的着重点，是要在马克思主义的指引下，充分发扬社会主义的艺术民主和学术民主。

繁荣发展社会主义文化，还需要形成和谐文化氛围。不同个性、观点和追求的文化工作者之间，不同的文化门类之间，都要相互尊重，宽容包容，求同存异，取长补短，在和谐的文化氛围中开展批评与自我批评。魏礼群建议，应该充分发扬学术民主、艺术民主，在畅所欲言中获得发展。他指出："文化工作者只有相互尊重彼此的创造性劳动，不同流派、不同风格、不同观点相互切磋、取长补短、共同进步，才可能更好形成推动文化大发展大繁荣的新局面，才能推动文化工作者的创造活力竞相迸发，不断结出文化创作的累累硕果。"①

担起文化改革发展的历史责任

——文化工作者热议党的十八届三中全会公报

"紧紧围绕建设社会主义核心价值体系、社会主义文化强国深化文化体制改革，加快完善文化管理体制和文化生产经营机制，建立健全现代公共文化服务体系、现代文化市场体系，推动社会主义文化大发展大繁荣。""建设社会主义文化强国，增强国家文化软实力，必须坚持社会主义先进文化前进方向，坚持中国特色社会主义文化发展道路，坚持以人民为中心的工作导向，进一步深化文化体制改革。要完善文化管理体制，建立健全现代文化市场体系，构建现代公共文化服务体系，提高文化开放水平。"……连日来，文化部系统广大干部职工密切关注党的十八届三中全会。全会提出的全面深化改革的总目标、系统部署，以及对文化建设的重要论述，引起大家强烈反响。

文化部文化艺术人才中心主任王庆感慨地说，中国共产党是靠改

① 魏礼群：《加强文化人才队伍职业道德建设和作风建设》，《光明日报》2011 年 11 月 11 日。

革起家的，没有对历史变革的勇气和智慧，就不能建立新中国。中国共产党又是靠改革发展的，把落后的旧中国建成了GDP总量位居世界第二位的发展中大国。党的十八届三中全会作出关于全面深化改革若干重大问题的决定，又是靠深化改革带领中国人民实现中华民族的伟大复兴梦。她说，关注文化体制改革，更要投身到文化改革发展大潮中，在做好单位自身人事制度、分配机制等改革的同时，更好地为文化艺术人才提供服务，推进文化体制机制创新，为社会主义文化大发展大繁荣出一份力。

国家京剧院副院长尹晓东表示，全会对文化建设作为中国特色社会主义事业“五位一体”总体布局的重要组成部分再次作了重要论述，这体现了中央对文化工作的高度重视。全会提出建设社会主义文化强国，增强国家文化软实力。京剧艺术也是国家文化软实力的组成部分，京剧作为中华传统文化的典型代表，积淀了中国人传统道德追求，传达出文化的正能量，同时弘扬发展中的京剧艺术也是社会主义先进文化的重要组成元素。作为国家艺术院团和公益性事业单位，国家京剧院将在提供公共文化服务、传播普及艺术方面更多更好地担当责任，也将在提高文化开放水平、推动优秀文化走出去方面进一步积极探索。

中国文化传媒集团董事长、总经理兼中国文化报社社长刘承萱表示，全会关于文化的论述与党的十八大和全国宣传思想工作会议精神一脉相承，文化工作者一定要深刻学习领会，自觉承担起加快发展社会主义先进文化的历史责任。作为传播中华民族优秀文化、弘扬中国特色社会主义先进文化的宣传思想文化领域重要舆论阵地，《中国文化报》和中国文化传媒集团将坚决贯彻中央精神和文化部党组要求，进一步发挥传媒影响力，进一步面向基层、面向广大文化工作者，积极做好反映文化改革发展进程的宣传报道。

中国对外文化集团总经理张宇对公报中提出的“提高文化开放水平”有着自己的见解。“十八届三中全会是个里程碑，提出了新的目标和方向。作为文化央企，我们承担着推动中华文化走出去的责任和使命，今后要以更强的实力和更多的努力，为中华文化走向世界的系统工程添砖加瓦。”谈到公报中的“紧紧围绕建设社会主义核心价值体系、社会主义文化强国深化文化体制改革”，张宇表示，“文化也有自己的核心价值体系，具体到舞台演出来说，那些建立在中华民族艺术特色基础上并能达到世界一流艺术水准和表演水平的文艺作品，代表着中华文化的核心价值体系。构成核心价值体系的是那些能够真正征服人心并赢得市场欢迎的作品。”

北京大学文化产业研究院副院长陈少峰说：“公报提及的两个最重要表述一是行政体制机制改革，二是经济体制改革。这两点其实就是建立健全现代文化市场体系的前提条件和驱动力。今后，行政配置资源将向市场配置资源转化，就文化产业来讲，这会给以下几个领域带来利好：一是文化与科技融合度较高的文化产业领域；二是原有市场化较高，已经具备成熟商业模式的产业领域；三是已经转型成功的领域，如已经成功转企改制的国有文艺院团等。”陈少峰认为，下一步，文化市场需要快速形成“一盘棋”，打破行业、地区间的壁垒。

（来源：《中国文化报》2013 年 11 月 14 日）

专题 9

增强国家文化软实力

软实力是文化和意识形态吸引力体现出来的力量，是世界各国制定文化战略和国家战略的一个重要参照系。表面上文化确乎很“软”，但却是一种不可忽略的伟力。任何一个国家在提升本国政治、经济、军事等硬实力的同时，提升本国文化软实力也是更为特殊和重要的。

鉴于文化软实力的重要性，“提高国家文化软实力”被写进了党的十七大报告。党的十七大报告这一新提法，表明我们党和国家已经把提升国家文化软实力作为实现中华民族伟大复兴的新的战略着眼点，文化软实力作为现代社会发展的精神动力、智力支持和思想保证，越来越成为民族凝聚力和创造力的重要源泉，越来越成为综合国力竞争的重要因素。一个民族的复兴，必须有文化的复兴作支撑。实现中华民族的伟大复兴必然伴随中华文化的繁荣兴盛。而繁荣兴盛中华文化，必然以提升我国文化软实力为根本途径。

党的十七届六中全会指出，要“增强国家文化软实力，弘扬中华文化，努力建设社会主义文化强国”。

党的十八大报告指出：“文化是民族的血脉，是人民的精神家园。

全面建成小康社会，实现中华民族伟大复兴，必须推动社会主义文化大发展大繁荣，兴起社会主义文化建设新高潮，提高国家文化软实力，发挥文化引领风尚、教育人民、服务社会、推动发展的作用。”

党的十八届三中全会《决定》也指出，要“建设社会主义文化强国，增强国家文化软实力”。

中共中央政治局 2013 年 12 月 30 日下午就提高国家文化软实力研究进行第十二次集体学习。中共中央总书记习近平在主持学习时强调，提高国家文化软实力，关系“两个一百年”奋斗目标和中华民族伟大复兴中国梦的实现。要弘扬社会主义先进文化，深化文化体制改革，推动社会主义文化大发展大繁荣，增强全民族文化创造活力，推动文化事业全面繁荣、文化产业快速发展，不断丰富人民精神世界、增强人民精神力量，不断增强文化整体实力和竞争力，朝着建设社会主义文化强国的目标不断前进。

历史沿革

2007 年 10 月，党的十七大报告指出：“提高国家文化软实力，使人民基本文化权益得到更好保障，使社会文化生活更加丰富多彩，使人民精神风貌更加昂扬向上。”

2010 年 10 月，党的十七届五中全会提出，文化是一个民族的精神和灵魂，是国家发展和民族振兴的强大力量。要推动文化大发展大繁荣、提升国家文化软实力，坚持社会主义先进文化前进方向，提高全民族文明素质，推进文化创新，深化文化体制改革，增强文化发展活力，繁荣发展文化事业和文化产业，满足人民群众不断增长的精神文化需求，基本建成公共文化服务体系，推动文化产业成为国民经济支柱性产业，充分发挥文化引导社会、教育人民、推动发展的功能，建设中华民族共有精神家园，增强民族凝聚力和创造力。

2011 年 10 月，党的十七届六中全会指出，改革开放特别是党的十六大以来，我们党始终把文化建设放在党和国家全局工作重要战略地位，坚持物质文明和精神文明两手抓，实行依法治国和以德治国相结合，促进文化事业和文化产业同发展，推动文化建设不断取得新成就，走出了中国特色社会主义文化发展道路。我国文化改革发展，显著提高了全民族思想道德素质和科学文化素质、促进了人的全面发展，显著增强了国家文化软实力，为坚持和发展中国特色社会主义提供了强大精神力量。

2012 年 11 月，党的十八大报告指出："文化是民族的血脉，是人民的精神家园。全面建成小康社会，实现中华民族伟大复兴，必须推动社会主义文化大发展大繁荣，兴起社会主义文化建设新高潮，提高国家文化软实力，发挥文化引领风尚、教育人民、服务社会、推动发展的作用。"

2013 年 11 月，党的十八届三中全会《决定》指出，要"建设社会主义文化强国，增强国家文化软实力"。

2013 年 12 月 30 日，中共中央政治局就提高国家文化软实力研究进行第十二次集体学习。习近平同志在主持学习时强调，提高国家文化软实力，要努力夯实国家文化软实力的根基。要坚持走中国特色社会主义文化发展道路，深化文化体制改革，深入开展社会主义核心价值体系学习教育，广泛开展理想信念教育，大力弘扬民族精神和时代精神，推动文化事业全面繁荣、文化产业快速发展。

权威专家

中国文化软实力研究中心主任　张国祚

张国祚，1949 年出生，教授、博士生导师，马克思主义理论家、诗人，中国文化软实力研究中心主任，中国产业安全研究中心常务副主任；清华大学、中国人民大学、北京师范大学、武汉大学、厦门大学、湖南大学、华南理工大学、北京交通大学、西南大学兼职教授；曾任中宣部理论局副局长、全国哲学社会科学规划办公室主任。

其主要研究方向有中国化马克思主义、科学哲学、国际问题、文化问题等，曾在《中国社会科学报》、《求是》、《中国国情国力》、《人民日报》、《光明日报》等杂志、报刊上发表学术论文数十篇。主要著作有《中国文化软实力研究报告》、《中国文化软实力研究要论选》、《沧桑足音——张国祚诗选》、《航标》、《中华骄子》、《用人之道新探——人才管理权变系统论》、《分界论——关于评价思维的轨迹探踪》等。他曾多次应邀在中央和国家机关有关部委、解放军各总部和有关省市作理论报告；在中国社会科学院、北京大学、中国人民大学、清华大学、北京师范大学、南开大学、武汉大学、厦门大学、四川大学、中南大学、中央党校、国家行政学院等科研教学单位讲学；在中央电视台文化视点、焦点访谈、对话、央视论坛、新闻会客厅等栏目接受过专题访谈。在欧美有关国家参加过国际研讨会、做过学术演讲。

中宣部副部长兼新闻发言人　王晓晖

王晓晖，男，1962 年生，吉林省长岭县人。毕业于吉林大学法学院，研究生学历，法学硕士。1986 年毕业到中共中央宣传部工作，历任宣传教育局副处长、处长、助理巡视员，政策法规研究室副主任，舆情信息局局长，理论局局长，中宣部副秘书长。2009 年起任中共中央宣传部副部长。现任中宣部副部长兼新闻发言人。

专家观点

张国祚：如何做大做强国家软实力

“提升国家文化软实力”既然有如此重大的意义，那么应该如何做大做强中国的文化软实力呢？张国祚给出了他的见解。

一、"软实力"概念的由来

"软实力"这一概念最早是由美国学者约瑟夫·奈提出来的。上世纪90年代初约瑟夫·奈发表了著作《注定领导世界:美国权力性质的变迁》,就是在这部著作中他第一次提出"软实力"这个概念。约瑟夫·奈把软实力主要分成三个方面:一是文化的吸引力;二是国家制度的吸引力;三是掌握国际话语权的能力。由于约瑟夫·奈曾任卡特政府的助理国务卿、克林顿政府的国家情报委员会主席和助理国防部长,有着深厚的美国官方政治背景,而美国又是世界上最有影响的国家,所以"软实力"这个概念很快就传播到世界各国。这个概念传到中国以后,中国学界主要有两种态度。一种持否定态度,认为约瑟夫·奈是一个有美国官方政治背景的学者,如果我们跟着用"软实力"概念,担心我们会丧失我们的国际话语权,从而使我们处于被动。另一种态度持肯定态度,认为"软实力"只是个学术概念,用用无妨。

针对国内学界的两种态度,张国祚提出了自己的看法,他在接受中国社会科学网记者的采访①时指出,任何一种理论的产生,都有其相对合理性;但"橘生淮南则为橘,橘生淮北则为枳",所以对西方的理论,既不应不加分析地笼统否定,更不应不加分析地笼统肯定,而要持分析、批判、借鉴的态度。张国祚指出,首先必须清楚,约瑟夫·奈提出这个概念的目的是为美国维护世界霸权服务的,意在通过"拉拢"、"诱导"等办法使别的国家听美国话,跟美国走。其次也应该看到,"软实力"概念是对所有非物质实力的一个很好的概括;他山之石可以攻玉,尽管这个概念是一个有美国官方政治背景的学者提出的,但是只要我们能赋予其中国的特色,给出中国内涵的界定,以我为主,"软实力"概念完全可以为中国所用。以往我们所说的精神文明建设、文化文明建设、理论武

① 张国祚:《如何做大做强中国文化软实力》,中国社会科学网2011年7月6日。

装、舆论引导、以优秀的作品鼓舞人、以高尚的精神塑造人等，都可以纳入提升国家软实力的范畴。所以，引进“软实力”概念，关键要赋予中国的诠释。

知识链接

软实力

“软实力”(Soft Power)的概念是由美国哈佛大学教授约瑟夫.奈提出来的。软实力是近年来风靡国际关系领域的最流行关键词，它深刻地影响了人们对 国际关系的看法，使人们从关心领土、军备、武力、科技进步、经济发展、地域扩张、军事打击等有形的“硬实力”，转向关注文化、价值观、影响力、道德准则、文化感召力等无形的“软实力”。

1990 年，他分别在《政治学季刊》和《外交政策》杂志上发表《变化中的世界力量的本质》和《软实力》等一系列论文，并在此基础上出版了 Bound to Lead: The Changing Nature of American Power(中译本《美国定能领导世界吗》)一书，提出了“软实力”的概念。约瑟夫·奈指出，一个国家的综合国力既包括由经济、科技、军事实力等表现出来的“硬实力”，也包括以文化和意识形态吸引力体现出来的“软实力”，“……硬实力和软实力依然重要，但是在信息时代，软实力正变得比以往更为突出”。

中国的“软实力”一说，则源于一位美国记者的报道，意思是说“对中国最近取得的成功的一种尊重或者着迷，以及它的影响力的自然增强”。中国人民大学新闻学院教授喻国明指出：“一个国家是存在两种实力的，一种是硬实力，一种是软实力。硬实力通常是指国家的 GDP、硬件设施等，而文化、制度、传媒等被称为软实力。”

参考约瑟夫·奈在《美国定能领导世界吗》一书中的表述，可以将软实力集中归纳为四个方面的影响力，即文化影响力、意识形态影响力、制度安排上的影响力和外交事务中的影响力。

语言是信息传播的基础，也是衡量一个国家软实力大小的重要指标。美国之所以能够将各种文化产品连同价值观念与生活方式行销全世界，除了国力的支撑外，主要依靠的就是语言优势，这也是美国的软实力“依然强大”的一个重要表征。为了维护自己的语言文化利益，扩大在国际传播中的份额，目前许多国家都在有计划地实施各自的语言战略，并努力扩大语言的国际影响。

二、“软实力”概念的中国诠释

那么，如何对引进的“软实力”概念赋予中国的诠释呢？

张国祚认为，首先，不应该认同约瑟夫·奈把软实力的三个方面平行并列摆开。他指出，文化在软实力中居于核心的地位，无论是制度也好，无论是掌握国际话语权也好，还是外交、谋略等等也好，都与文化密切相关。对此见解，张国祚进一步作出了说明，他指出："缺少文化高度的软实力是短视的，缺少文化深度的软实力是肤浅的，缺少文化广度的软实力是狭隘的，缺少文化包容性的软实力是僵化的。所以文化在软实力中具有核心灵魂的作用，同时文化还渗透到软实力的各个环节，构成整个软实力的经纬。因此，我们不一般地提软实力，而是突出强调文化软实力。”[①]

其次，我们并不像约瑟夫·奈那样，把软实力仅仅看成是外交策略和国际战略的手段，而是把文化软实力作为国家综合国力的重要组成部分。我们认为，综合国力主要由两部分组成，一部分是硬实力，一部分是软实力。所谓硬实力，就是一切可以量化的且表现为物质力量的实力，包括经济实力、科技实力、运输能力、制造能力、打击能力等等。所谓文化软实力，就是一切难以量化的且表现为思想、精神、情感等影响力的实力，包括理论指导力、舆论引导力、文艺作品感染力、民族精神的鼓舞力、道德教育的吸引力、国家认同的凝聚力等等。“一个国家如果硬实力不行，这个国家可能一打就败；而如果软实力不行，则可能不打自败。”

三、中国软实力的发展状况

那么，我们的软实力怎么样呢？应当看到，这些年来，我们党的理

① 张国祚：《如何做大做强中国文化软实力》，中国社会科学网 2011 年 7 月 6 日。

论创新不断推进，舆论引导不断改进，法制建设不断完善，文学艺术不断繁荣，民族精神不断提振，国际话语权不断增强。但是，同时必须看到，我们的文化软实力和经济实力相比，仍有较大落差。从国内看，思想文化多元、多变，交融、交锋，良莠并存，社会主义核心价值体系的建设任重道远，理想信念、道德规范、文化认同、干部形象、民族和谐等尚有缺憾，歪曲事实、扰乱思想、涣散人心、毒害心灵、污染社会的文化垃圾时见于网络媒体。张国祚指出，从国际对比来看，在西方发达国家中，文化产业在国内生产总值中所占的比例已经平均超过 10%，美国达到 25%。美国的文化产业在世界文化市场当中占 43%，欧盟占了 34%，整个亚太地区只有 19%。在这 19%当中，日本占了 10%，澳大利亚占了 5%，剩下的 4%才属于包括中国在内的其他亚太国家。中国的音像制品、电影电视节目、图书杂志在世界市场所占的份额，同我们这个经济大国的身份明显不协调。当然，这个数据是较早时期的统计。但即使是现在统计，这个比例也达不到 8%。

对此，张国祚亦有清醒的认识，他指出，衡量我们的软实力是强还是弱，首先不是跟外人比，而是自己跟自己比。既然看国家的综合国力由硬实力和软实力两种实力构成，那就要从两者的关系出发去思考问题。如果硬实力和软实力比配得当，相辅相成，相映成辉，这种情况下可以说软实力发展状况良好。如果说硬实力腿长、软实力腿短，这种情况下可以说软实力落后，必须加快发展。我们国家的硬实力在改革开放这些年以来发展的非常快、非常好，可以说是举世公认的，长期 GDP 的增长量在接近两位数百分点，这是非常了不起的，即使在国际金融危机发生之后我们的国内生产总值的增长比率在 2009 年也达到了接近 8.9%，这是非常了不得的。我们的外汇储备量已经长期稳坐世界第一把交椅。过去我们有些经济学家预言说中国 GDP 到 2030 年才能赶上日本。然而，我们现在 GDP 就已经超过日本了。但是，相比硬实力来看我们的文化软实力还有很大的努力空间。

为了说明这一点，张国祚举了一个例子。他说，在一些外国机场，英文报纸到处都有，日文报纸也能找到，但很难找到中文报纸，偶尔找到一看是新加坡的、中国台湾的，却没有中国大陆的。这表明我们的文化软实力相对我们的硬实力来说还是不够匹配。当然，随着中国综合国力的增强，特别是我们经济的迅猛发展，世界各国对中国文化越来越感兴趣。比方说我们在很多国家办了“孔子学院”，对于扩大我们中国的文化影响是很有意义的。但是真正能把我们中国优秀传统的古代文化还有当前这些优秀的文化包括今日中国方方面面的文化能够传播到世界去，让世界各国人民欢迎中国文化，那还有相当长的路要走。所以说，尽管改革开放以来，我们的文化发展繁荣取得很多成就，但是，相对我国硬实力的发展，相对于我国综合国力提高的要求，还有较大差距。①

四、文化软实力显著增强是全面建成小康社会必不可少的新要求

十八大报告将文化软实力显著增强作为全面建成小康社会必须实现的伟大战略目标，那么增强文化软实力的重要性是什么？

张国祚在做客由人民网强国论坛、中国社会科学网和光明网联合主办的“十八大观察家”栏目时②指出，党的十七大报告指出，文化软实力是综合国力的重要组成部分，这就给了我们一个全新的认识，文化软实力不可小视。党的十七届六中全会进一步指出，当今世界正处在大发展大变革大调整时期，文化在综合国力竞争中的地位和作用更加凸显，维护国家文化安全任务更加艰巨，增强国家文化软实力和中华文化国际影响力要求更加紧迫。

党的十八大报告则进一步强调“文化软实力显著增强”是全面建成小康社会必不可少的五项新要求之一，并对“显著增强”提出了三个方面总体要求：一是社会主义核心价值体系深入人心；二是文化产业成为

---

① 张国祚：《如何做大做强中国文化软实力》，中国社会科学网 2011 年 7 月 6 日。

② 张国祚：《从党的十八大报告看文化强国之路》，中国社会科学网 2012 年 11 月 28 日。

国民经济支柱性产业；三是社会主义文化强国建设基础更加扎实。此处用了“显著增强”，也就是说我们现在的文化软实力发展还不够强，或者说还有很大的局限和不足。三个方面总体要求，说明中央对提高文化软实力的要求越来越高、越来越具体。这就充分说明我们党对文化软实力越来越重视。

张国祚强调，任何国家的发展都需要两条腿走路，一条腿是物质硬实力，一条腿是文化软实力，如果物质硬实力不行，这个国家可能一打就垮，一打就败；但如果文化软实力不行，这个国家可能就不打自垮，不打自败。在张国祚看来，苏联解体就是因为软实力这条腿不行而不打自垮的典型案例。苏联解体时，它的硬实力、军事实力是很强大的，完全可以和美国抗衡，它的工业基础、科技基础、基础设施在当时是世界一流的，但所有这些都挽救不了最终的结局，就是因为它的文化软实力大厦坍塌了，人们的思想混乱了，苏联共产党和苏联社会主义制度失去了舆论的支持，失去了人心。这是苏联解体的一个最深层、也是最直接的原因。

知识链接

新思维

新思维是前苏联最后一任最高领导人，苏共中央总书记戈尔巴乔夫在任期间在政治、经济、外交领域提出的一系列改革思想。

1985 年戈尔巴乔夫上台以后，情况发生了变化。鉴于美国依仗其经济技术优势一再对苏联实行“经济制裁”，特别是想用“星球大战计划”拖垮苏联，打破均势战略平衡，苏联认识到它面临的严重挑战，实际上是一场尖端技术、经济活力和应变能力的综合国力的竞赛。他对苏联的经济发展重新进行了评估，把振兴经济、增强综合国力当作刻不容缓的战略任务。为了实现这一战略目标，苏联需要一个有利的国际环境，以赢得时间。

在苏共 27 大上，戈尔巴乔夫提出要对国际形势进行“重新思考和全面分析”，抛弃一切“陈旧过时的东西”，对外交政策进行了引人注目的调整。在对美关系上，苏联采取以软对硬的灵活姿态，在最为突出的核军备竞赛领域中，戈尔巴乔夫声称，没有人能够在核战争中获胜，也不能赢得核军备竞赛。戈尔巴乔夫一再发动和平攻势，同时尽可能打消或推迟美国的"星球大战"计划。在地区争夺上，主要是保持既得利益，避免与美国迎头相撞。同时改变过去的两极观念、四面树敌、自我孤立的做法，注意改善同邻国的关系。表示要改善同中国、日本的关系，承认欧洲经济共同体是一个"政治现实"，竭力推动在欧洲重建缓和，鼓励西欧的独立倾向，承认世界的多极化。在强调苏联东欧"协调行动"的前提下，放松了对东欧的控制。扩大同西方国家的经济合作，加速苏联经济发展步伐。以军备控制为重要内容，开展多边缓和外交，努力谋求同各方改善关系，为实现加速发展战略创造有利的国际环境，增强综合国力。

新思维是因为苏联无力承担军事竞赛，经济恶化、政治僵化、国家生活失去活力的结果，实际上承认了苏联和平竞赛和军备竞赛的失败。苏联试图通过新思维来改善苏联的国际环境、停止沉重的军备竞赛，为国内改革创造环境。外交新思维确实使苏联成功地改善了同中国等国家的关系，从阿富汗撤军，成功实现了战略收缩。但外交新思维忽视了国家利益，过于强调全人类的利益，西方国家一方面鼓励新思维，一方面加紧对苏东的和平演变。

此外，十八大报告第六部分题为"扎实推进社会主义文化强国建设"，又一次提到了要提高文化软实力。"总之，十八大报告说明，我们党对文化软实力越来越重视，对它的认识越来越深刻，对它的要求越来越明确，文化软实力的战略地位也越来越高。"①

五、提升中国文化软实力的途径

激发全民族的文化创造力，开创中华文化国际影响力不断增强的新局面，这是十八大提出的要求。印尼的《星洲日报》发表评论称，莫言获奖是中华文化软实力走向世界的象征。

张国祚指出，毫无疑问，莫言获奖对扩大中国的文化影响力作出了自己的贡献，但是中国文化软实力的增强，中国文化的世界影响力绝不

① 张国祚：《从党的十八大报告看文化强国之路》，中国社会科学网 2012 年 11 月 28 日。

能仅仅靠一个诺贝尔文学奖得主来提高。其实，中国古代有很多历史文化名人，比如孔子、老子，他们的著作早在 18 世纪就已经传播到了西方，而且得到了高度的评价。中国古代的罗贯中、施耐庵、吴承恩、曹雪芹，他们的作品家喻户晓，不仅影响了中国的若干代人，而且影响了亚太地区的一些国家，比如日本、韩国等等。还有近现代中国的鲁迅、老舍、矛盾、巴金等人在文学上的贡献、对中国社会进程的影响，绝不亚于任何国家诺贝尔文学奖得主。①

文化软实力既然这么重要，在未来中国应该采取哪些措施，来扩大文化的国际影响力、增强中国的文化软实力？中国文化如何走向世界？

对此，张国祚认为，应着力从以下四个方面努力。

第一，中国文化软实力的增强，必须靠社会主义核心价值体系建设扎实推进、深入人心。中国文化软实力的核心是什么？张国祚认为，首先，它能够通过文化吸引力、文化凝聚力、文化感召力、文化创造力、文化竞争力增强国家综合国力；其次，它能够维护国家文化安全；最后，它能够扩大中华文化的国际影响力。这三个方面功能的形成，必须靠社会主义核心价值体系建设扎实推进、深入人心。这是增强中国文化软实力的第一重要的要求。

第二，中国的经济进一步发展，综合国力进一步增强，国际地位进一步提高，那时候中国的文化将会更加受到各国人民的关注。张国祚指出，随着中国的不断发展，一些国家已经兴起了汉语热，这实际上就是因中国综合国力的强大，而希望通过熟悉中国文化来扩大对中国的交往。我们在国外有 300 多个孔子学院、200 多个孔子学堂，这都说明以汉语国际传播为先导的中国文化扩大了在世界各地的影响。

第三，我们要做大做强文化产业。张国祚认为，文化产业具有双重属性和两个效益，一是它的商品属性，可以卖钱；二是它的意识形态属

① 张国祚：《从党的十八大报告看文化强国之路》，中国社会科学网 2012 年 11 月 28 日。

性，可以传播思想文化价值观念。它还有两种效益，一是经济效益，可以创造财富，增加 GDP；二是社会效益，可以引领风尚、教育人民、服务社会、推动发展。也就是说，文化产业为文化软实力的传播提供了载体和平台，提供了传播渠道和媒介。

世界主要的西方发达国家的文化产业占 GDP 比重平均在 10%左右，美国达 25%，中国还不到 4%。据有关统计，美国在世界文化产业市场中所占份额已经达到 43%，欧盟占了 34%，两者总共占了 77%的比重，再加上日本的 10%左右，韩国的 5%左右，只剩下 7%才是中国和其他所有国家在世界文化市场中所占有的份额，显然这和我们国家总体经济规模太不相称了。不过这恰恰说明我们国家经济发展的最大增长点就是文化产业，在把文化产业做大做强的同时，也必然会使中国的思想文化观念走向世界。

在中国文化走向世界的过程中，也需要吸收、借鉴西方文化传播的经验。中国的文化产品、文化产业完全可以走向世界。社会主义核心价值观体系并不是我国文化产品走向世界的紧箍咒，正像国人喜欢某些美国大片一样，说明西方影片中推崇的某些价值观和我们的主流价值观是存在某些交集的。在不违背社会主义核心价值体系的前提下，我们的文化产品同样也可以为西方受众所欢迎，关键是要找准西方人的欣赏口味。“莫言获得诺贝尔文学奖就是一个启示。只要我们能增加文化产品的艺术含量、技术含量，找准国外受众的品位和口味，那样我们的文化产品照样可以走出去。而且随着中国综合国力的增强和国际影响力的增大，看好中国文化产品的国家和人民也必然会越来越多。”①

第四，我们一定要按照党的十八大的要求，按照文化强国战略的要求，进一步明确走什么道路、坚持什么方向、坚持什么方针、坚持什么原

① 张国祚：《从党的十八大报告看文化强国之路》，中国社会科学网 2012 年 11 月 28 日。

则、推动什么样的发展、达到什么样的目标，把我们的文化建设得更加扎实，中国文化自然就会在全世界范围内形成广泛的影响。而在具体实施过程中，张国祚认为，务必重视人才。他建议，首先要改革文化体制，创造有利的人才培养选拔机制，使我们的文化创作人才、生产人才、传播人才、管理人才、领军人才，都能够脱颖而出，人尽其才，才尽其用，用尽其妙，适应我们文化产业和文化事业各方面发展的需要。同时我们还要有激励机制，使真正有作为、有创造能力的人才，无论从经济、政治还是社会上都能得到尊重与承认。另外，对于市场渠道和融资渠道的开辟，以及政策环境的设定，我们都要尽量考虑如何有利于文化产业和文化的健康发展，并结合各地区各部门的具体实际，采取切实有效的有力措施。

【延伸阅读】

漫谈文化软实力[①]

李克强总理近日访问泰国时，在欢迎宴会的演讲中提到曾拿下我国国内电影票房冠军的《泰囧》，借喻泰国的迷人风情在中国已颇受欢迎；无独有偶，习近平主席在马来西亚访问时，也谈起马来籍歌手梁静茹在中国“广为人知”。近段时间领导人在出访期间所展开的“文化外交”，无疑标志着中国在“国家软实力”方面已具备相当的话语权，也从一个侧面彰显了我国综合国力的显著提升。

“软实力”是近年来风靡国际关系领域的一个关键词，它深刻地影响了人们对国际关系的看法，并使人们从关心领土、军备、武力、科技进步、经济发展、地域扩张、军事打击等有形的“硬实力”，开始转向关注文化、价值观、影响力、道德准则、文化感召力等无形的“软实力”，“文化软实力”则是“国家软实力”体系中的一个极为重要的体现点。

随着大众传播不断的蓬勃发展，传播媒介及传播内容不断推陈出新，

① 龙昂：《漫谈文化软实力》，求是理论网 2013 年 10 月 17 日。

许多国家的文化软实力都得到飞速的提升和发展。文化作为一种信息传播的符号，不仅让人们在欣赏不同国家文化时获得知识的收获与娱乐的满足，同时，人们的审美情趣和价值观念也会被不同的新闻、影视、图书、音乐所影响。日本的宫崎骏动画电影、韩国鸟叔的“江南 style”、英国的《哈利波特》系列魔幻电影、美国的好莱坞大片，这些跨国界的文化传播成功案例，无不标志着这些西方文化大国强大的文化输出。尤其是美国，从好莱坞的巨星影片到华尔街的喧嚣繁荣，从哈佛耶鲁的文化底蕴到西雅图的浪漫迷情，这些浸润着美国文化的诸多元素通过多种媒介，渗透在海量的信息中，通过网络、电视、电影、音乐等方式，扩散至整个世界。

文化是国家的根脉，面对激烈的国际竞争，只有认识文化的价值，重视文化建设，才能大力发展、大有可为；只有形成与我国经济社会发展和国际地位相适应的文化优势，我们才能在各种思想文化的相互激荡和碰撞中掌握主动权，有效应对来自各方面的挑战。

党的十七届六中全会提出，“当今世界正处在大发展大变革大调整时期，文化在综合国力竞争中的地位和作用更加凸显，维护国家文化安全任务更加艰巨，增强国家文化软实力、中华文化国际影响力要求更加紧迫”。发展文化软实力正是建设社会主义核心价值体系的需要，同样也是构建社会主义和谐社会必不可少的关键一环。而在当今纷繁复杂的媒体舆论环境中，如何更好地发展文化软实力，已成为我们亟待解决的问题。

中华民族文化博大精深，是我国文化软实力的首要资源和重要基础。作为四大文明古国之一的中国，五千年的灿烂文化更是源远流长。近些年随着中国第三产业的不断发展，中国古代优秀文化也得到了不同程度的广泛传播。在新的国际背景下，我们更要充分发掘中华传统文化的优势，全面认识祖国的传统文化，取其精华，去其糟粕，使其与时代特征相适应，与现代文明相协调，与人民的生活和国家的行为相联系，自觉实现民族文化现代化的转换。同时不断大力推进民族文化创新工作，加大制度创新力度，加快构建文化传播体系，使我国悠久的历史、灿烂的文化通过各种媒体传递到世界各地。

只有民族的，才是世界的，在发展我国“文化软实力”的进程中，我们要一方面要掌握民族文化的灵魂和核心要素，立足本国、本民族的文化，保持本国民族特色，借助独特的民族文化让世界认识自己；另一方面，我们要在对外文化传播和交往中，不断体现中国文化的民族特色和精神，有效契合世界的视角，以国际化的语言体系和表达方式，把中国的民族文化创新地推荐给世界。

作为世界上最大的发展中国家，中国正经历着一次日新月异的伟大变革。希望以后世界对中国的认知不仅只限于“made in China”，而是有更多的中国文化符号传向世界。中华民族有着数千年的优秀文明，中国人民更有着的超凡的勤劳和智慧，在民族复兴的伟大征程中，中国的文化软实力一定会在蓬勃发展中实现质的飞跃，中国的国际地位也会因此而进一步得到提升，伟大的民族复兴更会在中华文明的国际传播中企踵可待！

王晓辉：提高文化开放水平[①]

党的十八届三中全会通过的《中共中央关于全面深化改革若干重大问题的决定》（以下简称《决定》），从全面建成小康社会、实现中华民族伟大复兴中国梦的全局出发，把提高文化开放水平作为全面深化改革开放的重大任务，作出一系列战略部署。王晓晖指出，这反映了我们党高度的文化自信和崇高的文化追求，反映了我们党对文化建设规律的深刻认识和全面把握。我们要认真学习贯彻《决定》精神，顺应时代发展潮流，增强文化开放意识，努力在新的广度和深度上提升我国文化开放水平。

一、充分认识提高文化开放水平的重大意义

在全方位开放的时代条件下，只有开放，文化的力量才能更强大；也只有开放，文化的影响才能更广泛。改革开放特别是党的十六大以来，我们党始终高度重视推动文化开放，作出了一系列重大决策，采取了一系列战略举措。党的十六大强调要立足改革开放和现代化建设的

① 王晓晖：《提高文化开放水》，《光明日报》2013年11月20日。

实践，着眼于世界文化发展的前沿，发扬民族文化的优秀传统，吸取世界各民族的长处；党的十六届五中全会进一步提出要积极开拓国际文化市场，推动中华文化走向世界。党的十七大强调要加强对外文化交流，吸收各国优秀文明成果，增强中华文化国际影响力；党的十七届六中全会明确提出要提高文化开放水平。党的十八大强调要扩大文化领域对外开放，积极吸收借鉴国外优秀文化成果。这次《决定》又专门对提高文化开放水平作出部署，提出明确要求。这些重要论述和决策部署，从战略全局上指明了新形势下文化开放的目标方向，深刻揭示了提高文化开放水平的重大意义。

提高文化开放水平是推动文化大发展大繁荣、建设社会主义文化强国的必然要求。30 多年来，我们坚持对外开放，打开国门搞建设，包括文化建设在内的各方面建设都取得了巨大成就。可以说，没有对外开放，就没有当代中国的发展进步；没有对外开放，也就没有当代中国文化的繁荣发展。现在，我国文化建设已经站在了一个新的起点上，正朝着社会主义文化强国目标迈进。实现这个目标，要求我们树立宽广的世界眼光，高扬自己的文化理想，坚定不移地走对外开放之路，在不断扩大对外开放中实现文化新跨越、创造文化新辉煌。

提高文化开放水平是增强我国文化软实力、在综合国力竞争中赢得主动的迫切需要。当今世界，文化已经成为国家核心竞争力的重要因素，在综合国力竞争中的地位和作用日益凸显。谁占据了文化发展的制高点，谁拥有了强大的文化软实力，谁就能够在激烈的国际竞争中赢得主动。现在，越来越多的国家把提高文化软实力作为重要发展战略，千方百计壮大本国文化的整体实力和竞争力。我们要在新的国际竞争中立于不败之地，必须勇于面向世界，把对外开放作为文化发展的强大动力，尽快形成与我国经济社会发展水平和国际地位相适应的文化软实力。

提高文化开放水平是推动中华文化走向世界、扩大我国文化国际影响力的战略选择。中华文化积淀着中华民族最深沉的精神追求，包含着中华民族最根本的精神基因，代表着中华民族独特的精神标识，为中华民族发展壮大提供了强大精神力量，为人类文明进步作出了不可磨灭的重大贡献。伴随着我国国际地位的提升，世界更加关注中国，也更加关注中国文化。作为发展中的大国，中国的发展不可避免地会在世界范围内产生广泛而深刻的文化效应，这为扩大中华文化影响提供了重要机遇。我们必须抓住这一有利契机，积极实施文化走出去战略，坚持政府主导、企业主体、市场运作、社会参与，大力推动中华文化走向世界，充分展示中华文化的独特魅力。

二、全面扩大对外文化交流

文化是不同国家和民族沟通心灵和情感的桥梁纽带，文化交流是增进各国人民友谊、推动国家关系发展的重要途径。目前，我国同世界上 160 多个国家和地区建立了文化交流机制，与 149 个国家签订了政府间文化合作协定，与 97 个国家签订了 800 多个年度文化交流执行计划，与近千个国际文化组织和机构进行文化交往。王晓晖指出，对外文化交流的广泛开展，向世界展示了我国改革开放的崭新形象和中国人民昂扬向上的精神风貌，拉近了中国人民和世界人民的心灵距离，为促进文化相互借鉴、维护文化多样性发挥了重要作用。面对世界范围内各种思想文化交流、交融、交锋日益加深的新形势，必须认真总结实践经验，全面扩大对外文化交流，建立健全多渠道多形式多层次的对外文化交流体系，更好地发挥以文化人、以文促情、以文建信的重要作用。①

全面扩大对外文化交流，必须加强总体规划和统筹协调，进一步凝聚各方面力量，发挥各方面积极性。要把政府交流与民间交流结合起来，把组织双边交流与组织多边交流结合起来，把调动国内力量与借助

① 王晓晖：《提高文化开放水》，《光明日报》2013 年 11 月 20 日。

国外力量结合起来，拓展广度、增进深度，形成对外文化交流的强大合力和整体效应。要进一步拓宽渠道和途径，构建人文交流机制，鼓励社会组织、中资机构参与孔子学院和海外中国文化中心建设、承担人文交流项目，鼓励代表国家水平的各类学术团体、艺术机构在相应国际组织中发挥建设性作用，发挥非公有制文化企业、文化非营利机构在对外文化交流中的作用，支持海外侨胞积极开展中外人文交流，扩大对外文化交流的参与面。文化交流重在情感的交流、心灵的沟通，必须立足我国发展的战略全局，往深里做、往心里做。要探索把握文化交流的特点和规律，深入研究中国的现实情况和国际社会的实际需要，抓住国外受众的关注点、兴趣点，抓住具有普遍感召力的话题，抓住最佳交流时机，精心策划对外文化交流项目，精心组织中国文化年、旅游年等大型对外文化活动，加强青少年的文化交流，努力取得更好效果、产生更大影响。

知识链接

孔子学院

孔子学院(Confucius Institute)，是中国国家对外汉语教学领导小组办公室在世界各地设立的推广汉语和传播中国文化与国学的教育和文化交流机构。最重要的一项工作就是给世界各地的汉语学习者提供规范、权威的现代汉语教材；提供最正规、最主要的汉语教学渠道。全球首家孔子学院 2004 年 11 月 21 日在韩国首尔成立，截至 2013 年 9 月，全球已建立 435 所孔子学院和 644 个孔子课堂，共计 1079 所，分布在 117 个国家(地区)，成为汉语教学推广与中国文化传播的全球品牌和平台。《孔子学院规划 2012—2020》明确指出孔子学院未来的发展目标：到 2015 年，全球孔子学院达到 500 所，中小学孔子课堂达到 1000 个，学员达到 150 万人。

三、进一步改进对外宣传

王晓晖指出，现在，中国同世界的关系发生了历史性变化，中国需要更多地了解世界，世界也需要更多地了解中国。做好新形势下对外宣传工作，对于引导人们更加全面客观地认识当代中国、看待外部世界，对于树立国家形象、维护国家根本利益，至关重要。随着我国对外开放的不断扩大，国内舆论与国际舆论相互影响的程度越来越深，对内宣传和对外宣传的界限越来越难以划分，迫切要求我们在做好对内宣传的同时，进一步改进对外宣传、提高对外宣传水平。要坚持统筹国内国际两个大局，统筹对内宣传和对外宣传，理顺内宣和外宣体制，加快构建大外宣格局，更加深入地宣传我政策主张，更加有效地影响国际舆论，更加有针对性地开展国际舆论斗争，为我国改革建设营造良好国际舆论环境。①

改进对外宣传，必须适应国外受众需求的变化，着力提高针对性实效性和吸引力感染力。要坚持贴近中国和世界发展的实际、贴近世界各国对中国信息的需求、贴近国外受众的思维习惯，把握规律、讲究艺术，以现代化和国际通用手段创新对外宣传方式，不断增强对外宣传的实际效果。要坚持"内外有别""外外有别"，针对国外受众的不同需求，用他们喜欢接受的方式，谈他们关注的话题，讲他们听得懂的语言，防止概念化、程式化，避免对内报道简单对外转化。对外宣传是面向世界、高度国际化的工作，必须善于借用外力外脑。要扩大视野、开阔思路，团结一切可以团结的力量，利用一切可以利用的资源，下功夫做好国外知名媒体、机构组织和友好人士的工作，增进理解和信任，更好地借助他们的力量传播我们的声音。互联网具有天然落地、传播快捷、覆盖面广的特点，利用互联网开展对外宣传，可以突破传统外宣手段的局限。要适应外宣工作需要，提高运用现代传播技术的能力，打造对外宣传新平台，拓展网络外宣新渠道，努力在国际网络舆论场上放大中国声音。

四、不断加强国际传播能力建设

传播力决定影响力。文化的影响不仅取决于内容是否具有独特魅

① 王晓晖：《提高文化开放水》，《光明日报》2013 年 11 月 20 日。

力，而且取决于是否具有先进的传播手段和强大的传播能力。在信息技术高度发达的今天，信息传递和获取越来越快捷，谁的传播手段先进、传播能力强大，谁的文化理念和价值观念就能广为流传。近年来，我国国际传播能力建设取得积极进展和明显成效，但总体上还处在起步阶段，同发达国家相比还有很大差距。必须立足新形势新要求，深入推进国际传播能力建设，加快形成与我国经济社会发展水平和国际地位相称的国际传播能力。

知识链接

传播力

传播力实质就是实现有效传播的能力。现在国内学术界也业界对于传播力的争论主要集中在两点。一为“传播的能力”，既是着眼于传播的硬件和到达范围。二为“传播的效力”，认为媒体的传播力不仅取决于传播的广度，也取决于传播的精度，效果则是衡量媒体传播力的重要标准。这两种评价标准皆有不足之处，应当从“能力”和“效果”相统一的角度来界定和使用传播力这一概念。所以，传播力的衡量，应当通过对传播主题以及传播手段作用于传播客体所产生的影响进行综合的分析获得。简而言之，所谓传播力就是传播主题充分利用各种手段，实现有效的传播的能力。而所谓的“有效传播”则针对目标受众精确、快速地实现主题的意图。

传播力归根结底还是来自于传播内容。现在，媒体的数量如此巨大，不断地提供各式各样的信息，可受众愿意接受的，却只是对自己有用的那部分。也就是说，只有原创的，富有个性的，有吸引力的传播内容才是对受众有价值的，才能产生好的传播效果，对媒体、对企业才是有价值的，才能提升媒体的传播力。所以，媒体必须制作有价值的传播内容，通过这样的内容来建立与受众的关系，成为受众生活中不可或缺的一部分。

媒体在国际传播中发挥着主体作用，是国际传播能力建设的重中之重，要坚持传统媒体与新兴媒体并举、软件建设和硬件建设并重，支持重点媒体面向国内国际发展，着力打造语种多、受众广、信息量大、影响力强、覆盖全球的国际一流媒体，提高新闻信息原创率、首发率、落地率。国际传播本土化是提升国际传播效能的重要途径，日益成为全球传媒业变革发展的重要趋势。要遵循文化发展规律和国际传播规律，大力推进国际传播本土化，善于利用对象国的传播条件、人才资源和游戏规则，善于运用市场化、商业化等方式，“借船出海”“造船出海”，以更加灵活多样的手段实现海外广泛覆盖、有效传播。话语权决定主动权。谁的话语吸引力强、可信度高、影响力大，谁就能占据主导、赢得人心。要加强国际话语体系建设，着力打造融通中外的新概念新范畴新表述，形成富有吸引力和感染力的中国话语，讲好中国故事、传播好中国声音、阐释好中国特色。

五、大力发展对外文化贸易

王晓晖指出，发展对外文化贸易，对于拓展我国文化发展空间，培育我国文化优势，维护我国文化利益，具有十分重要的作用。[①] 近些年来，我国对外文化贸易的规模不断扩大、逆差逐步减少，文化出口产品和服务的国际竞争力明显提升。

据统计，我国核心文化产品出口额由 2003 年的 56 亿美元，增至 2012 年的 259 亿美元，图书版权进出口比例则由 9∶1 降至 1.9∶1。同时也要看到，对外文化贸易在我国对外贸易中的比重仍然偏低，目前我国文化产品出口额仅占货物贸易出口额的 1.26%，文化服务出口额仅占服务贸易出口额的 2.55%。总体来说，对外文化贸易仍是我国文化建设的一个薄弱环节，是整个对外贸易的一块短板，与我们文明古国的地位和建设社会主义文化强国的目标要求还不相称，与我们经济总量和贸易规模世界第二的地位还不相称。必须树立全球视野，加强战略谋划，统筹国际国内两个市场两种资源，统筹政府推动和市场运作，创

① 王晓晖：《提高文化开放水》，《光明日报》2013 年 11 月 20 日。

新思路、突出重点、强化措施，推动对外文化贸易上水平上台阶。

文化贸易不同于一般货物和服务贸易，在于不仅获取经济效益，实际上也是在传播一个国家的价值追求、制度理念。发展对外文化贸易，首先要注重内容，突出产品和服务的思想内涵和文化内核。要深入提炼民族传统文化的精髓，着力提升当代中国文化的内涵，真正把那些具有中国特色、中国风格、中国气派的优秀文化产品推向世界。要选好拳头产品，把优秀影视剧、图书作为文化贸易的前锋，加大推动力度，更好地带动其他文化产品和服务走出去。一个国家是否拥有一批外向型文化企业特别是文化航母，直接决定着该国在世界文化贸易体系中的地位。要进一步完善和落实政策措施，推动国有文化企业尽快做大做强，鼓励其他领域大型国有企业积极参与文化出口，支持非公有制文化企业到境外开拓市场，不断壮大对外文化贸易的主力军，努力形成以国有文化企业为主体、多种所有制企业共同参与的对外文化贸易新格局。文化的竞争力，既靠内容的吸引力、感染力，也靠品牌的知名度、美誉度。要深入挖掘民族文化资源，推动文化和科技深度融合，充分运用符合时代发展的文化表现形式，把传统元素与时尚元素结合起来，把民族特色与世界潮流结合起来，打造一批具有自主知识产权和核心竞争力的国际知名文化品牌，形成文化出口竞争新优势。要强化市场意识、营销意识，熟悉和掌握现代营销理念、市场规则，拓展文化出口的平台和渠道，着力推动我国文化产品和服务进入国外主流社会和主流人群。

六、积极吸收借鉴国外优秀文化成果

王晓晖指出，每一个国家和民族的文化都有自己的优势和长处，都以各自方式为世界文明作出贡献，都是人类共同的精神财富。只有吸收百家之精华，借鉴各种文化之所长，才能更好地促进本国文化发展；如果自我封闭、排斥外来，就会失去发展的活力，甚至走向消亡。中华文化胸襟博大、海纳百川，因兼收并蓄而丰富多彩，因博采众长而经久不衰。[①] 在日益开放的当今时代，更需要睁眼看世界，文化的繁荣发展更离不开同世界多种文明的对话和交流。要积极适应当今世界文化发展新趋势，着眼于中华文化的长远发展，以更加自信的心态、更加开阔的视野，吸纳百家优长、兼集八方精义，使中华文化不仅植根于民族优秀传统文化的沃土，而且符合世界发展进步的潮流。

任何一种文化都有其赖以生存的土壤，都有其发挥作用的条件。离开了一定的历史条件、社会环境，文化的价值和作用也必然发生变化。要坚持以我为主、为我所用，从我国文化发展的实际需要出发，对国外文化进行分析、鉴别，充分吸收借鉴一切有利于加强我国社会主义文化建设的有益经验、一切有利于丰富我国人民文化生活的积极成果、一切有利于发展我国文化事业和文化产业的经营管理理念和机制。任何外来的优秀文化，必须本土化才能真正起到作用。吸收借鉴国外文化，最重要的就是通过转化再造实现中国化。要结合中国的传统文化，结合中国的现实需要，结合中国人民的接受习惯，对国外优秀文化进行有效转化再造，使之在中国的土地上生根发芽、开花结果。

七、切实维护国家文化安全

文化安全是国家安全的重要组成部分。越是对外开放，越要重视维护国家文化安全。当前，随着世界多极化和经济全球化深入发展，国际思想文化领域日益复杂，各种思想文化交流交融交锋更加频繁，给我国文化安全带来新的挑战。一些西方敌对势力把社会主义中国的发展壮大视为对其价值观和制度模式的挑战，一刻也没有停止实施西化分化战略，加紧对我进行思想文化渗透。互联网正在成为渗透反渗透斗

---

① 王晓晖：《提高文化开放水》，《光明日报》2013 年 11 月 20 日。

争的主战场，一些西方国家利用其掌握的互联网先发优势、话语优势、技术优势，鼓吹所谓的“网络自由”，推行政治霸权、文化霸权、数字霸权，企图把他们的价值观无障碍地渗透到中国。王晓晖指出，面对这样的情况，我们必须始终保持清醒头脑，牢固树立文化安全观念，增强主动性、掌握主动权、打好主动仗，积极应对和有效化解文化开放可能带来的风险和冲击，更好地维护国家文化安全。[①]

现在，世界各国在谋求增强自身文化对外影响力的同时，越来越重视维护本国文化安全。一些西方国家在国际自由贸易中也提出“文化例外”原则，对本国文化实施特殊保护政策和制度。我们要立足我国的基本国情，立足我国文化传统和实际，学习借鉴国外的有益做法，着力构建国家文化安全体系。要坚守自己的文化理想、信念和原则，延续民族文化血脉，传承民族文化基因，巩固民族文化根基，始终保持中华文化的民族性、主体性。要增强防范意识，提高辨别能力，把好各种准入关口，筑牢思想防线，决不给腐朽思想文化提供传播空间和渠道。要切实管好用好互联网，积极占领和有效掌控网络思想文化阵地，坚决抵御和遏制网上攻击渗透，维护健康、安全、顺畅的网络信息传播秩序。

知识链接

文化例外

文化例外原则是一种为了保护本国的文化不被其他文化侵袭而制定的一种政策。“文化例外”这个词最早源于 20 世纪 90 年代初，在关于关贸总协定的谈判中，法国人敏锐地意识到国家和民族文化独立的重要性，坚决而果断地提出反对把文化列入一般性服务贸易。

---

① 王晓晖：《提高文化开放水》，《光明日报》2013 年 11 月 20 日。

文化例外是法国人文化自觉和文化自信的体现，通过这样的政策，也使得法国文化产生了深远的影响，对世界其他国家产生了深刻的影响。比如法国“新浪潮”电影运动，影响其许多国家，中国第五代导演就深受影响，香港的电影也深受影响。

法国的“文化例外”模式将文化与一般商品生产区别开来，有力地阻止了文化的商业化、低俗化，并对于本国文化产业的发展起到了一定的保护作用，但与此同时也带来了文化发展缺乏活力等问题。同时，在文化领域巨额的政府支出也是令法国政府十分头疼的问题。而美国在国际贸易领域通过 WTO 等国际组织，不断向法国施压。法国虽然依靠联合国教科文组织，在“文化多样性”旗帜下，联合加拿大、英国、德国等多个国家反对美国对本国文化市场的入侵，但由于缺乏 WTO 的贸易争端解决机制的支持，这种抵抗更多停留在理论上的批判与道义上的指责，在实际的国际贸易战中往往不敌美国的强大攻势。

就各国文化产业政策来看，大多数国家均强调文化产业对于本国经济社会发展的特殊意义，采取不同措施保护与促进本国文化产业发展，力图增强本国文化产业的国际竞争力，在国际文化贸易方面强调“文化多样化”原则，对国外文化产品和文化投资进入本国市场设置程度不同的障碍，以保护本土文化独立和国家利益。法国与加拿大的文化产业政策是这一类型的两个典型代表。

而完全坚持文化产业与其他产业没有区别、对文化产业发展持自由主义理念的，严格说来只有美国一家，这当然与后冷战时期美国的全球霸主地位以及美国文化产业在全球市场所占据的优势局面密不可分。

他山之石，可以攻玉。作为当前两种主要文化产业政策模式，美国文化产业政策和法一加文化产业政策为我们提供了一些值得借鉴的思路与措施。我国的文化产业起步晚，基础薄弱，而从外部发展环境来看，全球文化市场竞争越来越激烈，随着 WTO 关于文化领域开放承诺期限的临近，中国的文化产业发展面临着极大的压力。在这种情况下，文化产业政策的制定尤为重要，它关系到整个国家的文化发展战略。这一政策如果制定得合宜，则中国能够抓住全球产业结构调整、新兴文化产业发展这一难得的历史机遇，发挥后发优势，缩短与发达国家的差距；如果制定得不合宜，则不仅会再次错失赶上经济发达国家的历史机会，而且会直接触及国家文化安全威胁等问题。

文化强国可借鉴的经验

现代社会的结构是由政府部门、企业、社会公益组织三大板块组成的。要实现文化的大发展大繁荣，必须积极培育参与文化发展的多元主体，形成相关政府部门、不同所有制企业、不同行业企业、社会组织、公益文化机构共同参与文化发展的新格局，优化文化领域的组织结构。

目前，笔者研究了北京的文化发展状况，这一状况可以代表当前国内文化发展状况。其特点是主体略显单一，突出表现在：从文化事业的发展看，参与公共文化建设的主体主要是各级政府和国有文化事业单位，而企业、民办公益文化单位参与度不够；从文化产业的发展看，企业的市场主体地位有待增强以及国有经济比重过高、民营企业的地位作用不突出；文化领域的同业公会、行业协会、观众之友等社会组织比较少。世界各个文化强国在发展文化的过程中，都十分注重多元文化发展主体的培育，形成了多元主体积极参与文化建设的局面，它们的经验值得借鉴。

运用财税政策吸引企业参与公共文化建设与发展。我们在研究美国、法国、英国、日本等世界文化强国的经验时发现，尽管各国政府都非常重视公共文化建设，但是对文化发展所需资金，政府不是大包大揽，而是通过财税政策，鼓励企业、私人捐助。比如，美国早在1917年联邦税法中就规定对非营利艺术团体与机构免征所得税，并减免资助者的税额。在这一政策的推动下，形成了公司和个人积极资助文化事业的热潮。

普遍推行经费分担、陪同资助的模式。所谓经费分担、陪同资助，就是政府对文化事业的投资以社会投资为前提，社会投入多少，政府是美国文化资助体系的主要模式，政府只负责向文化机构和艺术家个人提供“种子资金”，如美国国家艺术与人文基金会规定，对任何项目的资助总额都不超过所需经费的50%，这就迫使文化艺术机构主动寻找企业、基金会的资助。法国制定了《企业参与文化赞助税收法》《文化赞助税制》《共同赞助法》等一整套文化赞助税制体系，对文化赞助的性质、目的、范围、条件、形式、对象等都作了具体的规定，鼓励企业参与文化赞助活动。

1984 年英国议会批准了《关于刺激企业赞助艺术的计划》，明确"赞助"是指企业出于经营目的，借助艺术活动提高知名度、招待客户或职工、做广告宣传等。该计划规定，如果企业赞助艺术，政府将"陪着"企业资助同一项艺术活动，而且鼓励"新投入"，即企业第一次赞助，政府陪同等量出资共同用于新发展的项目，而第二次赞助，政府陪同出一半的资金，依此类推。

鼓励吸引民办公益文化机构参与公共文化建设与发展。民办公益文化单位是提供公共文化服务的一支有生力量，它们不以营利为目的，致力于从事公益文化活动，政府有关部门要最大限度地保护、调动它们的积极性。

美国将文化单位分为营利性文化机构与非营利性文化机构两类，前者交给市场，政府不控制也不分享其所有权，更不直接参与或干预其经营；后者是无法完全依靠自己的力量在市场经济的大潮里求生存、求发展的，美国政府便通过税收政策或直接拨款，保护和支持这些组织机构。美国政府在上世纪 70 年代就制定了著名的"501(c)(3)"条款，对非营利艺术团体与机构、艺术产业捐助者实行财产税和销售税的减免优惠，甚至在其寄发宣传广告等邮件时减免 60％的邮资。美国的表演艺术机构基本分为音乐(含歌剧)、舞台剧、舞蹈三大类。据统计，20 世纪末，属非营利机构的舞台剧团、舞蹈团、古典乐团和歌剧院，在本类剧团中分别占到 52.7％、70.5％、87％；营利性表演艺术机构多分布在流行音乐和其他娱乐类，分别占到本类机构总数的 86％和 91％。

为了促进我国民办公益文化机构发展，需要突破法律层面、政策层面的障碍。一是为它们的登记注册松绑，允许民办公益文化单位在民政部门直接登记注册为民办非企业单位。二是允许民办公益文化单位设立分支机构。三是让民办公益文化单位切实享受到税收优惠政策。按照财政部、国家税务总局的有关规定，民办非企业单位可以申请获得免税资格，但在现实中，民办非企业单位几乎享受不到任何免税优惠。比如，按照规定，捐赠收入是免税收入，但是因为民办非企业单位不能申请公益性捐赠税前扣除资格，因而民办非企业单位很难吸引到企业和个人的捐赠；再如，会员收入免税，但是民办非企业单位不实行会员制，没有会费收入；政府补助收入免税，但是不包括因政府购买服务取得的收入，民办非企业单位从政府得到的补助收入微乎其微，通常获得的政府购买服务收入还不免税。四是解决民办公益文化单位的专业人员职称评定、晋级等方面的困难。五是让民办公益文化单位享受小微企业的待遇，多数的民办公益文化单位属于小型微利组织，但由于是非企业就无法享受小微企业财税优惠和行政收费减免等一系列扶持政策。致使营利性小微企业的企业所得税税负率最低仅为10%，而民办非企业单位却要按一般企业标准征收25%的企业所得税。

此外，建议政府部门改变公益文化事业的财政拨款方式，由针对机构拨款改为针对项目拨款。这种拨款方式的好处：一是使各类文化单位在争取政府资金方面享有平等的机会，给民办公益文化单位提供了发展的空间；二是有利于提高财政资金的利用率，财政资金不是用来养机构、养人的；三是在文化事业领域引入竞争机制，增强各类文化单位的竞争意识，不管是哪类文化单位，只要项目、活动有价值，政府就花钱购买。

鼓励文化单位组建行业协会、同业公会。英国的剧院同业组织为英国表演艺术的繁荣发展作出了重要贡献。英国戏剧界有两个同业组织，一是伦敦剧院协会，二是英国戏剧管理协会，它们是剧院老板、管理人员和节目制作人的同业组织。协会向会员收取会费，会费从250英镑到3000英镑不等，为会员提供单项服务额外收取费用。协会的使命是：处理劳资关系；为会员提供法律帮助；开展面向中央和地方政府、媒体的公关活动;维护演出市场的繁荣。协会主要组织如下活动来完成使命:每年举办伦敦戏剧博览会,联合伦敦地铁、铁路、公共交通、旅游、旅馆等公司和机构开展广告宣传活动,出版和发行刊物、小册子、单页介绍各种演出信息,向英国各类媒体提供演出信息;举办英国戏剧界最高奖——劳伦斯奥利维亚戏剧奖,该奖由伦敦剧院协会于1976年设立;设立劳伦斯奥利维亚奖学金,资助戏剧学院才华横溢但家庭困难的大二学生完成学业;发售剧院代用券,人们可以用该券在全国的150多家剧院兑换任何一场演出票。

美国有很多出版行业协会,如美国出版商协会、美国书商协会、美国大学出版联合会等。这些非营利的法人组织对出版业进行管理,发挥了维权、服务、沟通、公证和监督等作用。

借鉴发达国家经验,我国应鼓励文化院团、文化机构自发组织起来,克服单一的文化院团、文化机构力量分散、资源有限的弊端,组建自我管理的行业协会、同业公会,发挥它们在维护自身合法权益、沟通政府、沟通媒体、培养人才、开拓市场、制定行业标准等方面的作用。

鼓励文化单位组织观众成立"观众之友"等社会组织。欧美国家的文化单位大都成立了各种形式的"观众之友"。1909年,英国出现了第一个"博物馆之友"——英国剑桥大学的菲兹威廉博物馆之友。目前,英国已有600多个"博物馆之友"。伦敦皇家美院之友有会员7万人,年会费超过100万英镑。"博物馆之友"所做的工作,一是为博物馆筹集资金,资助博物馆购买藏品及保护藏品,以弥补博物馆经费的不足;二是为博物馆提供义务帮助和服务。"博物馆之友"的会员可享受的优惠待遇有:观看展览预展、在博物馆闭馆后使用场地搞活动、使用博物馆资料进行学术研究、参观博物馆未对公众开放的地方,等等。

很多剧团也成立了"观众之友"。如皇家歌剧院成立的"考文特花园之友"有会员19000多人,每年会费和赞助可达到70多万英镑。会员每年交少量会费,每月可收到演出信息,可优先订票,可观看排练,参观后台,订购剧院杂志,参加乐团的聚会、联欢,甚至可自费随乐团出国访问演出。通过这些活动,密切观众与乐团的联系,形成一批基本观众并影响更多的人。

“观众之友”是指有组织的支持某个文化院团、文化机构的群众团体,是把拥有共同爱好的人团结在一起的有效方式。“观众之友”实行会员制,会员缴纳会费。文化单位组建“观众之友”,一是可以通过收取会费、会员赞助,在一定程度上解决文化单位资金不足的困难;二是培养了基本观众,任何文化产品都需要建立基本观众群,保证票房收入。

强化文化企业的市场主体地位,吸引其他行业的企业、民营资本以及国际资本参与国有文化单位的转企改制,扶持中小文化企业的发展。文化企业是文化市场的主体。由于文化体制改革相对滞后,经营性行业事业单位仍然较多,企业的主体地位不够明确。为了尽快形成完善的文化产业市场体系,在文化市场主体建设上应坚持两条腿走路。

一方面,应加快推进国有文化单位转企改制,着眼于做大做强公有制经济,而不是一味地强调做大做强国有文化企业。努力实现文化产业投资主体的多元化是各国政府的普遍做法。我国应允许其他行业的企业、股份制或民营文化企业参与国有文化单位的转企改制,以资本为纽带,共同组建股份制的文化企业。一些距离意识形态较远的领域,允许国际资本进入。在经济全球化时代,文化资本的国际化趋势十分突出。美国最大的电影公司哥伦比亚公司是由索尼控股的,美国著名的纪录片电视频道——探索频道是由澳大利亚的新闻集团控股的。

另一方面,应为民营资本进入文化创意产业松绑,扶持中小型文化企业的发展。从发达国家经验看,文化创意产业不同于传统产业,很多都是灵活、富于创新的中小企业,如独立工作室、时装设计公司、小型文艺公司、数码设计公司、广告公司等。在发达国家,整个文化创意行业的增长主要依靠中小企业。英国针对文化创意企业发展中遇到的缺少资金、研发投入不足、无力开拓海外市场等问题,积极支持那些有创新能力的个人或私营业者，为其提供发展所需的资金，以免埋没了许多创意构思及商机。

民营企业机制灵活、成长潜力大，应成为文化产业的活跃力量。但是，由于广播电视、新闻传播等部分文化行业的市场化程度不高，民营企业进入这些市场难度大。而且，民营企业在创业之初往往会遇到很多困难，例如，即使手中有好的项目，因为难以获得金融机构和文化创意产业发展专项资金的支持，形成发展瓶颈。因此，政府应该采取有效的措施，首先是为民营资本进入文化产业扫除各种政策上、体制上的障碍，为民营企业创造公平的市场环境；其次是扶持中小文化企业的发展，尤其考虑扶持那些有明确商业模式和发展规划的中小企业，在税收、资金、金融服务、知识产权保护、技能培训、网络服务和场所等方面进一步提供优惠政策并细化操作。

（来源：《学习时报》2013年12月16日）

专题 10

加强和改进党对文化工作的领导

文化是民族的血脉，是人民的精神家园，也是政党的精神旗帜。我们党历来高度重视运用文化引领前进方向、凝聚奋斗力量，团结带领全国各族人民不断以思想文化新觉醒、理论创造新成果、文化建设新成就推动党和人民事业向前发展。

党的十七届六中全会《决定》指出："加强和改进党对文化工作的领导，是推进文化改革发展的根本保证，也是加强党的执政能力建设和先进性建设的内在要求。必须从战略和全局出发，把握文化发展规律，健全领导体制机制，改进工作方式方法，增强领导文化建设本领。"

党的十八大报告指出，要"牢牢掌握意识形态工作领导权和主导权，坚持正确导向，提高引导能力，壮大主流思想舆论"。

党的十八届三中全会《决定》指出，要"完善文化管理体制"，要"按照政企分开、政事分开原则，推动政府部门由办文化向管文化转变，推动党政部门与其所属的文化企事业单位进一步理顺关系。建立党委和政府监管国有文化资产的管理机构，实行管人管事管资产管导向相统一"。

贯彻落实党的党中央的有关精神，不断提高推进文化改革发展科学化水平，必须加强和改进党对文化工作的领导。

历史沿革

1942 年 5 月，毛泽东在在延安文艺座谈会上讲话指出：真正人民大众的东西，现在一定是无产阶级领导的。资产阶级领导的东西，不可能属于人民大众。新文化中的新文学新艺术，自然也是这样。

1955 年 12 月，毛泽东在《对中央关于知识分子问题的指示草案的批语和修改》中指出：为了改善对于知识分子的使用，进一步地进行对于知识分子的改造，大批地培养知识分子，以加速我国科学文化事业的发展，必须加强党的领导。

1979 年 10 月 30 日，邓小平在中国文学艺术工作者第四次代表大会上指出：党对文艺工作的领导，不是发号施令，不是要求文学艺术从属于临时的、具体的、直接的政治任务，而是根据文学艺术的特征和发展规律，帮助文艺工作者获得条件来不断繁荣文学艺术事业，提高文学艺术水平，创作出无愧于我们伟大人民、伟大时代的优秀的文学艺术作品和表演艺术成果。

1983 年 10 月 12 日，邓小平在党的十二届二中全会上作了《党在组织战线和思想战线上的迫切任务》的讲话，指出：把我们党建设成为有战斗力的马克思主义政党，成为领导全国人民进行社会主义物质文明和精神文明建设的坚强核心。

1996 年 1 月 24 日，江泽民在全国宣传部长会议上讲话指出：要切实加强对宣传思想工作的领导，把精神文明建设放到更加突出的地位。要深入研究思想文化领域的情况，掌握这一领域的特点和工作规律，及时分析社会动向、群众情绪，研究制定一个时期的宣传文化政策。

2000 年 6 月 28 日，江泽民在中央思想政治工作会议上讲话指出：各级党委都要增强阵地意识，切实加强对思想文化阵地的领导。每一个思想文化单位的党组织都要认真执行党的方针政策和国家的法律法规,真正做到守土有责。

2003 年 8 月 12 日,胡锦涛在十六届中共中央政治局第 7 次集体学习时讲话指出:各级党委要加强和改进对文化工作的领导,充分发挥全体文化工作者的积极性创造性,支持和鼓励他们紧密结合亿万人民全面建设小康社会的伟大实践,创造出更多体现时代精神、符合人民要求的具有中国特色、中国风格、中国气派的文化成果,更好地为人民服务、为社会主义服务、为全党全国工作大局服务。

2010 年 7 月 23 日,胡锦涛在十七届中共中央政治局第 22 次集体学习时讲话指出:各级党委和政府要把文化体制改革和文化建设摆在全局工作的重要位置,纳入经济社会发展总体规划,纳入科学发展考核评价体系,建立健全领导体制和工作机制,坚持一手抓繁荣、一手抓管理,牢牢把握发展主动权。

2011 年 10 月,党的十七届六中全会审议通过了《中共中央关于深化文化体制改革推动社会主义文化大发展大繁荣若干重大问题的决定》。《决定》指出:加强和改进党对文化工作的领导,是推进文化改革发展的根本保证,也是加强党的执政能力建设和先进性建设的内在要求。必须从战略和全局出发,把握文化发展规律,健全领导体制机制,改进工作方式方法,增强领导文化建设本领。

2012 年 11 月,党的十八大报告指出,要"牢牢掌握意识形态工作领导权和主导权,坚持正确导向,提高引导能力,壮大主流思想舆论"。

2013 年 11 月,党的十八届三中全会《决定》指出,要"完善文化管理体制",要"按照政企分开、政事分开原则,推动政府部门由办文化向管文化转变,推动党政部门与其所属的文化企事业单位进一步理顺关系。建立党委和政府监管国有文化资产的管理机构,实行管人管事管资产管导向相统一"。

中共中央党校常务副校长　李景田

李景田，男，满族，1948 年 1 月生，内蒙古扎赉特旗人。中共中央党校领导干部函授班政治经济专业毕业，中央党校大学学历。2005 年任中共中央党史研究室主任，2007 年年底接任中共中央党校常务副校长。

中共中央文献研究室研究员　陈　晋

陈晋，1958 年 10 月生，籍贯四川省简阳市。1983 年至 1986 年在中国社会科学院研究生院文学系学习，获文学硕士学位。1982 年后供职于文化部中国艺术研究院，1986 年分配到原中共中央书记处研究室。1987 年调中央文献研究室工作，历任中共中央文献研究室第一编研部副主任、主任，《党的文献》与《文献与研究》杂志主编，中共中央文献研究室室务委员。20 世纪 80 年代主要从事文艺评论和文艺理论研究，90 年代主要从事毛泽东等中共领袖人物研究，并为许多电视纪录片撰稿。2008 年任中央文献研究室副主任。社会兼职有中国毛泽东诗词研究会副会长，全国毛泽东文艺思想研究会副会长等。著有：《毛泽东的文化性格》、《文人毛泽东》、《读毛泽东札记》等。是《大国崛起》电视文献片总撰稿。

专家观点

李景田：加强和改进党对文化工作的领导

中国共产党是我国改革开放和社会主义现代化建设事业的领导核心。贯彻落实好中央深化文化体制改革、推动社会主义文化大发展大繁荣的新决策新部署，离不开党的领导。《中共中央关于深化文化体制改革推动社会主义文化大发展大繁荣若干重大问题的决定》（以下简称《决定》）明确提出，加强和改进党对文化工作的领导，提高推进文化改革发展科学化水平。对此，李景田在《加强和改进党对文化工作的领导 提高推进文化改革发展科学化水平》[①]一文中建议，可以从以下三个方面加深理解、深化认识。

一、充分认识加强和改进党对文化工作的领导的必要性和重要性

认识是行动的基础和前提。李景田认为，只有充分认识加强和改进党对文化工作的领导的必要性和重要性，才能自觉地去做领导工作，提高推进文化改革发展科学化水平。

知识链接

文化领导权

文化领导权(cultural hegemony,hegemony)，或称“文化霸权”、“领导权”，其希腊文和拉丁文分别是 egemon 和 egemonia。系指一个阶级主宰另一个阶级的意识形态及文化，通过控制文化内容和建立重要习俗以统一意见来达到支配目的。

来源

雷蒙德·威廉斯在《关键词》(Keywords)中，从词源学角度考察了“文化霸权”这一概念的产生与发展。威廉斯指出，文化霸权这个词最初来自希腊文，指来自于别的国家的统治者，到了十九世纪之后，它才被广泛用来指一个国家对另一个国家的政治支配或控制。而到了意大利共产党领袖安东尼奥·葛兰西(1891～1937)手里，这个词又有了新的含义，被用来描述社会各个阶级之间的支配关系。但这种支配或统治关系并不局限于直接的政治控制，而是试图成为更为普遍性的支配，包括特定的观看世界、人类特性及关系的方式。由此，领导权不仅表达统治阶级的利益，而且渗透进了大众的意识之中，被从属阶级或大众接受为“正常现实”或“常识”。

考证

根据佩里·安德森(Perry Anderson)的考证，文化领导权的概念是由普列汉诺夫

---

① 李景田:《加强和改进党对文化工作的领导 提高推进文化改革发展科学化水平》,《光明日报》2011年11月16日。

在一八八三至一八八四年间作为推翻沙皇制度的策略的一部分而首次提出的，涉及到无产阶级在联合其他团体，如资产阶级、农民和想推翻沙皇的知识分子时所应有的文化领导权。后来列宁在《怎么办?》和《社会民主党在民主革命中的两种策略》中，使用了“文化领导权”这一概念，指出无产者不要避开资产阶级革命，不要把革命中的领导权交给资产阶级，应当既以理论家的身份，又以宣传员的身份，既以鼓动员的身份，又以组织者的身份“到居民的一切阶级中去”，领导社会各个阶级去争取推翻沙皇统治的胜利。强调对大众的宣传参与，也强调不放弃对资产阶级革命的领导权，列宁的这一认识对文化霸权概念的演进起到了重要的作用。但只有到了葛兰西，文化霸权才真正作为一个概念被提了出来，并形成了葛兰西最富影响的文化霸权理论。

葛兰西与文化霸权

在《南方问题的一些情况》中，葛兰西第一次明确使用了“文化霸权”这一概念。后来在《狱中札记》和狱中所写的书信中，葛兰西更是明确把“统治”(压制)和“领导”区分开来，强调了文化霸权的这样一面：通过大众同意进行统治的方式。葛兰西指出，一个社会集团能够也必须在赢得政权之前开始行使“领导权”，这是赢得政权的首要条件之一；当它行使政权的时候就最终成了统治者，但它即使牢牢地掌握住了政权，也必须继续以往的“领导”。葛兰西对西方资本主义社会进行了细致的考察，把资本主义社会的上层建筑分为“市民社会”和“政治社会”或国家。市民社会由政党、工会、教会、学校、学术文化团体和各种新闻媒介构成，而政治社会或国家则是由军队、监狱等暴力机构构成。葛兰西指出，西方资本主义社会，尤其是先进的具有较高民主程度的资本主义社会，其统治方式已不再是通过暴力，而是通过宣传，通过其在道德和精神方面的领导地位，让广大的人民接受他们一系列的法律制度或世界观来达到其统治的目的，这就是葛兰西所说的“文化霸权”。

实质

文化霸权首要的不是一个争夺“领导”的问题，而是一个争夺领导“权”的问题，是你的领导能否被接受，能否合法化的问题。因此统治阶级或统治集团要获得统治的合法权，就需要通过赢得被统治人民的同意，通过被统治阶级的自愿的赞同来获得，而不是通过压制或暴力来获得。但要赢得大众的同意并不就是一件简单的事情，这其中就必然需要双方的谈判，而有谈判也就有让步或折衷平衡的问题，由此文化霸权的争夺并不是一方对另一方的简单的灌输和强加，是双方谈判或协商的结果。这样，文化霸权所给予我们的就不是一种静止的或静态的统治模式，而是一种动态的统治方式，一切都正在进行中,是统治与反抗之间的一种不断变化的动态的平衡,或如葛兰西所说的“运动中的平衡”。

那么,统治阶级或集团如何赢得被统治人民的同意呢?葛兰西指出,统治集团要赢得大众的同意,其自身必须要具备一定的条件,这就是要超越自身的经济局限,从经济社团阶段、经济合作阶段一直过渡到“最纯粹的政治阶段”,即文化霸权阶段。正是在这一阶段,从前产生的具有不同意识形态的社会集团或“政党”互相对峙和冲突,并在这种对峙和冲突中相互妥协或协商,最终造成某个基本社会集团对一系列从属社会集团的领导权,从而带来整个社会经济和政治目标的一致,也引起精神和道德的统一,虽然这只是暂时的。

对于葛兰西来说,文化霸权虽然需要超越经济阶段,体现出一种精神和道德的统治,但这并不意味着要抛弃经济基础,甚至与经济基础割裂开来。文化霸权同时也必须属于经济的范畴,必须以领导集团在经济活动的根本中心所执行的决定性职能为基础。因此在这一意义上说,文化霸权又是一项全面的统治工程,既是一个文化或政治的问题,也是一个经济问题。

(一)办好中国的事情,关键在党

胡锦涛同志在庆祝中国共产党成立90周年大会上的重要讲话中强调指出:“回顾90年中国的发展进步,可以得出一个基本结论:办好中国的事情,关键在党。”

“办好中国的事情,关键在党。”这是被中国近代以来的历史反复证明了的真理。李景田认为,90年来,中国共产党为民族独立和人民解放、国家富强和人民幸福进行了艰苦卓绝、前赴后继的不懈奋斗,迎来了实现中华民族伟大复兴的光明前景。无数事实证明,在中国,从来没有任何一个政治组织像我们党这样彻底改变了中国人民和中华民族的前途命运,得到了人民群众广泛的拥护和支持。

“办好中国的事情,关键在党。”在于中国共产党具有巨大政治优势、思想优势和组织优势,能正确探索救国图强真理、开辟和发展民族复兴道路,能深深扎根于人民群众之中,把全社会的力量和智慧凝聚起来,充分调动各方面积极性、主动性、创造性,万众一心地为党和人民事业不懈奋斗。

"办好中国的事情，关键在党。"在于中国共产党是坚持真理、修正错误并高度重视自身建设的党，能始终保持和发展党的先进性，始终保持党奋发向上、与时俱进的勃勃生机，始终富有强大的创造力、凝聚力、战斗力。

(二)加强和改进党对文化工作的领导，是推进文化改革发展的根本保证

物质贫乏不是社会主义，精神空虚也不是社会主义。没有社会主义文化繁荣发展，就没有社会主义现代化。在新的历史起点上深化文化体制改革、推动社会主义文化大发展大繁荣，关系实现全面建设小康社会奋斗目标，关系坚持和发展中国特色社会主义，关系实现中华民族伟大复兴。

李景田指出，实践证明，只有加强和改进党对文化工作的领导，社会主义文化建设才能不断发展创新，才能充分发挥重要作用。落实党的十七届六中全会精神，切实推动社会主义文化大发展大繁荣，必须继续加强和改进党对文化工作的领导。

实践告诉我们，加强和改进党对文化工作的领导，就是要为文化建设提供坚强的政治、思想和组织人才等方面的保证，使中国特色社会主义文化发展道路越走越宽广。李景田指出："提供政治保证，主要是坚持从战略和全局出发，正确制定和不断完善文化建设的方针、政策，以及目标、任务、举措。提供思想保证，主要是坚持马克思主义在意识形态领域的指导地位，坚持社会主义先进文化前进方向。提供组织人才保证，主要是坚持党管干部和党管人才原则，建设好文化领域的领导班子、党的基层组织、干部队伍和党员队伍，建设好宏大的文化人才队伍。"①

---

① 李景田:《加强和改进党对文化工作的领导 提高推进文化改革发展科学化水平》,《光明日报》2011年11月16日。

（三）加强和改进党对文化工作的领导，是加强党的执政能力建设和先进性建设的内在要求

知识链接

党的执政能力建设

党的执政能力建设包含着许多方面的内容，党的十六大概括了最基本的五个方面，即科学判断形势、驾驭市场经济、应对复杂局面、依法执政及总揽全局的能力。中共十六届四中全会通过的《中共中央关于加强党的执政能力建设的决定》首次作了概括："就是党提出和运用正确的理论、路线、方针、政策和策略，领导制定和实施宪法和法律，采取科学的领导制度和领导方式，动员和组织人民依法管理国家和社会事务、经济和文化事业，有效治党治国治军，建设社会主义现代化国家的本领。"既体现了一般现代政党执政重视依法治国执政方式的普遍性，也体现了中国共产党执政为民的本质和处于国家领导核心长期执政的特性。

李景田认为，党的执政能力建设和先进性建设，必须与中国特色社会主义事业的推进紧密联系。这是搞好党的建设的基本经验和要求。自从党的十五大提出建设中国特色社会主义文化以来，与文化建设成为中国特色社会主义事业总体布局有机组成部分、文化建设理论成果成为中国特色社会主义理论体系重要组成部分、中国特色社会主义文化发展道路成为中国特色社会主义发展道路重要组成部分相适应，我们党在提出和强调加强党的执政能力建设和先进性建设时，都包含了加强和改进党对文化工作的领导、提高建设社会主义先进文化能力的要求。

"当前，我们能不能按照《决定》精神，加强和改进党对文化工作的领导，进一步增强党领导文化建设的本领，提高解决文化建设面临的新情况新问题的能力，使党顺应时代发展潮流和我国社会发展进步要求、反映全国各族人民利益和愿望的文化建设的部署举措有效落实，切实

推进中国特色社会主义文化建设更好更快发展，不仅关系着党的执政能力建设和先进性建设的成效，而且关系着党的建设和中国特色社会主义事业的全局。”[①]

二、从政治上加强和改进党对文化工作的领导，提高推进文化改革发展科学化水平

《决定》明确要求，各级党委和政府要把文化建设摆在全局工作重要位置，切实担负起推进文化改革发展的政治责任。

（一）自觉贯彻中央精神，确保各项决策部署落到实处

李景田认为，《决定》对文化建设的认识和部署，充分体现了我们党高度的文化自觉和历史责任感，充分反映了我们党对当今时代发展趋势和我国文化发展方位、发展需求的科学把握。推动贯彻落实好《决定》精神，推动中华文化伴随着中华民族伟大复兴实现空前的兴盛繁荣，是当前和今后各级党委和政府的重要政治责任。

各级党委和领导干部要认真学习《决定》，充分认识贯彻落实《决定》精神、推进文化改革发展的重要性和紧迫性，进一步明确文化改革发展的指导思想、目标任务，更加自觉、更加主动、更加负责地推动文化大发展大繁荣。要抓住机遇、乘势而上，把文化建设真正放在心上、扛在肩上、落实在行动上。要把文化建设摆上重要议事日程，定期分析文化改革发展形势，认真研究文化建设面临的新情况新问题，及时研究文化改革发展重大问题，着力破解制约文化发展的深层次矛盾和问题。要结合实际制定贯彻落实意见，对推进社会主义核心价值体系建设、推动文化创作繁荣发展、发展公益性文化事业、加快发展文化产业、进一步深化文化体制改革等任务紧盯不放，加紧推进，抓好落实。

① 李景田：《加强和改进党对文化工作的领导 提高推进文化改革发展科学化水平》，《光明日报》2011 年 11 月 16 日。

（二）坚持社会主义先进文化前进方向，牢牢把握意识形态工作主导权，掌握文化改革发展领导权

文化建设的首要问题，是坚持社会主义先进文化前进方向。李景田指出，引导全党全社会坚持马克思主义指导地位，用中国特色社会主义理论体系武装头脑、指导实践、推动工作；坚持发展面向现代化、面向世界、面向未来的，民族的科学的大众的社会主义文化；坚持“二为”方向和“双百”方针，在全社会形成积极向上的精神追求；坚持以人为本，提高全民族文明素质；增强国家软实力，建设社会主义文化强国，是各级党委推进文化改革发展政治责任的重要内容。[①]

各级党委和领导干部要提高对意识形态和宣传文化工作的调查分析能力和引领能力，深入研究意识形态和宣传文化工作新情况新特点，透彻分析其发展要求与趋势，准确洞察其矛盾和问题，加强和改进思想政治工作，提高宣传思想工作的吸引力和感染力，提高舆论引导水平，有效解答关注、回应群众关切，不断巩固马克思主义在意识形态领域的指导地位，确保文化改革发展沿着正确道路前进。

（三）坚持中国特色社会主义事业总体布局，促进经济建设、政治建设、文化建设、社会建设协调发展

李景田认为，文化建设作为中国特色社会主义事业总体布局的重要组成部分，既是经济建设、政治建设、社会建设的反映，又能为经济建设、政治建设、社会建设提供有力的思想保证、精神动力、舆论支持和文化条件，还是新的经济增长点。经济建设、政治建设、文化建设、社会建设，紧密联系，相互影响，相互促进，缺一不可。深入推进文化体制改革，发展文化事业和文化产业，充分发挥文化引领风尚、教育人民、服务社会、推动发展的作用，推动文化建设和经济建设、政治建设、社会建设协调发展，是坚持中国特色社会主义事业总体布局，实现科

① 李景田：《加强和改进党对文化工作的领导 提高推进文化改革发展科学化水平》，《光明日报》2011年11月16日。

学发展的必然要求，是各级党委推进文化改革发展政治责任的又一重要内容。

李景田建议，各级党委和政府要把文化建设纳入经济社会发展总体规划，把发展社会主义先进文化作为促进经济发展，推动社会和谐进步的重要战略，与经济社会发展一同研究部署、一同组织实施、一同督促检查。“要把文化改革发展成效纳入科学发展考核评价体系，将文化建设指标列入其中，作为衡量领导班子和领导干部工作业绩的重要依据。”[①]

（四）全党深入开展社会主义核心价值体系学习教育，带头实践社会主义核心价值体系

社会主义核心价值体系是社会主义意识形态的本质体现，决定着中国特色社会主义发展方向。李景田指出，把社会主义核心价值体系融入国民教育、精神文明建设和党的建设全过程，贯穿改革开放和社会主义现代化建设各领域，体现到精神文化产品创作、生产、传播各方面，在全党深入开展社会主义核心价值体系学习教育，使广大党员、干部带头实践社会主义核心价值体系，也是各级党委推进文化改革发展政治责任的重要内容。

为此，中央有关部门要制定社会主义核心价值体系建设实施纲要，推动全党全社会形成统一指导思想、共同理想信念、强大精神力量、基本道德规范。各级党委要采取多种措施，促使广大党员、干部成为实践社会主义核心价值体系的模范。各级领导干部在社会主义核心价值体系学习教育中，应该学深学精，思行合一，率先垂范。要把社会主义核心价值体系教育纳入干部教育培训内容，充分发挥利用好党校、行政学院、干部学院的干部教育主阵地主渠道作用，推动社会主义核心价值体系进教材、进课堂、进头脑。

---

① 李景田：《加强和改进党对文化工作的领导 提高推进文化改革发展科学化水平》，《光明日报》2011 年 11 月 16 日。

(五)充分尊重知识分子创造性劳动,善于把广大知识分子紧紧团结在党的周围

知识分子在先进文化建设过程中起着重要作用。中国共产党历来非常重视发挥知识分子的作用,把知识分子视为党和国家的宝贵财富。李景田指出,历史实践反复证明:什么时候我们尊重劳动、尊重知识、尊重人才、尊重创造,注重发挥知识分子的聪明才智,我们的事业就前进,就发展。反之,就遭受挫折。党和政府能否担当起推进文化改革发展的政治责任,很重要的是能否尊重、团结知识分子。

各级党委和领导干部要认真落实党的知识分子政策,尊重知识分子的创造性劳动,最大限度地调动文化领域广大知识分子的积极性、主动性、创造性,建立和完善有利于优秀人才健康成长和脱颖而出的体制机制,形成人尽其才、各展所长的良好局面。要善于同知识分子特别是有影响的代表人士交朋友。应健全和完善合理的保障机制,从各方面对文化领域知识分子切实给予关爱,做到思想上关心、工作上支持、生活上帮助,把广大知识分子紧紧团结在党的周围。

三、从思想组织等方面加强和改进党对文化工作的领导,提高推进文化改革发展科学化水平

加强和改进党对文化工作的领导,提高推进文化改革发展科学化水平,还需要从思想组织等多方面努力。

(一)自觉贯彻党的思想路线,推进文化建设与时俱进

这是从思想上加强和改进党对文化工作的领导,提高推进文化改革发展科学化水平。按照党的思想路线领导文化工作,就是要坚持解放思想、实事求是、与时俱进,就是要高度重视并自觉认识、遵循、运用文化建设规律,始终按照文化发展规律办事。

要善于从党领导文化建设的历史经验中汲取智慧。李景田认为,党领导文化建设的历史经验,是我们党领导文化建设规律的体现。比

如，坚持以马克思主义为指导，推进马克思主义中国化时代化大众化；坚持社会主义先进文化前进方向，坚持为人民服务、为社会主义服务，坚持百花齐放、百家争鸣，弘扬主旋律、提倡多样化；坚持以人为本，文化发展为了人民、文化发展依靠人民、文化发展成果由人民共享；坚持把社会效益放在首位，坚持社会效益和经济效益有机统一；坚持改革开放，着力推进文化体制机制创新，以改革促发展、促繁荣等。我们要善于运用这些重要经验和规律性认识指导文化建设实践，使文化建设在科学化轨道上不断迈向新高度。[①]

要准确把握我国经济社会发展新要求，准确把握当今时代文化发展新趋势，准确把握各族人民精神文化生活新期待，及时研究新情况、解决新问题、总结新经验，不断深化对中国特色社会主义文化建设规律的认识。特别是要不断深化对中国特色社会主义文化发展方向、文化发展根本目的、文化发展战略目标、文化发展动力、文化发展举措等问题的认识，不断推动文化建设取得新成效，达到新境界。

（二）加强文化领域党的建设，不断提高领导文化建设的本领和水平

这是从组织上加强和改进党对文化工作的领导，提高推进文化改革发展科学化水平。李景田认为，要坚持德才兼备、以德为先用人标准，选好配强文化领域各级领导班子，加强领导班子思想政治建设。要采取切实措施，提高各级领导干部领导文化工作的能力和水平。要结合文化单位特点加强和创新基层党的工作，充分发挥基层党组织在文化建设中战斗堡垒作用。要加强文化领域党员队伍建设，充分发挥共产党员在文化建设中的先锋模范作用。

（三）健全领导机制，形成文化建设强大合力

这是从制度上加强和改进党对文化工作的领导，提高推进文化改

---

① 李景田：《加强和改进党对文化工作的领导 提高推进文化改革发展科学化水平》，《光明日报》2011 年 11 月 16 日。

革发展科学化水平。李景田指出,要充分认识到,推动社会主义文化大发展大繁荣,是全党全社会的共同事业。要建立健全党委统一领导、党政齐抓共管、宣传部门组织协调、有关部门分工负责、社会力量积极参与的工作体制和工作格局。要凝聚各方力量,整合资源、明确分工、密切配合、共同推进,形成文化建设强大合力。

(四)改进领导作风和工作方式方法,发挥人民群众文化创造积极性

来自人民、植根人民、服务人民是我们党永远立于不败之地的根本。人民是推动社会主义文化大发展大繁荣最深厚的力量源泉。发挥人民群众文化创造积极性,是从领导作风和工作方式方法上加强和改进党对文化工作的领导,提高推进文化改革发展科学化水平。李景田认为,在推进文化建设中,要牢固树立马克思主义群众观点,自觉贯彻党的群众路线,不断总结来自群众的生动鲜活的文化创新经验,为广大群众成为社会主义文化建设者提供广阔舞台、搭建丰富平台。要充分发挥人民群众的主体作用,使推动文化大发展大繁荣的过程成为人民群众共同创造的过程。要使文化体制改革的方案和步骤反映群众愿望、满足群众需求,使文化体制改革的成效由全体人民群众共享。要在文化建设的各个领域各个环节多做增进群众感情、拉进群众距离的工作,用群众的理解和支持作支撑,依靠群众的智慧和参与作保障,不断推动社会主义文化大发展大繁荣。[①]

总之,加强和改进党对文化工作的领导,是推进文化改革发展的根本保证,也是加强党的执政能力建设和先进性建设的内在要求。我们只有按照十七届六中全会《决定》的要求,坚持从战略和全局出发,把握文化发展规律,健全领导体制机制,改进工作方式方法,才能增强党领导文化建设的本领。

---

① 李景田:《加强和改进党对文化工作的领导 提高推进文化改革发展科学化水平》,《光明日报》2011年11月16日。

陈晋：中国共产党是怎样领导文化建设的

我们党历来高度重视运用文化引领前进方向、凝聚奋斗力量，不断以思想文化新觉醒、文化建设新成就推动党和人民事业向前发展。如果要问，我们党为什么能够做到这一点，在革命、建设和改革的历史进程中我们党是怎样领导文化建设的，陈晋在《中国共产党是怎样领导文化建设的？——学习〈论文化建设——重要论述摘编〉的体会》[①]一文中以为，要从以下几个方面来总结经验。

一、高度重视文化的地位作用

高度重视文化的地位作用，是我们党领导文化建设的认识前提。陈晋认为，推动社会文明进步的重要手段，也是社会文明进步的重要目标。为此，早在革命年代，毛泽东同志在重视发挥文武两条战线的重要作用的同时，就明确把建立“中华民族的新文化”作为我们党的奋斗目标，因为，“任何社会没有文化就建设不起来”。新中国成立后，在他主张的四个现代化发展战略中，又专列一条“科学文化”的现代化，进而把文化建设纳入具体的事业目标。邓小平同志在启动改革开放历史进程的时候，一个重要的思路就是，社会主义的文化科学水平应该比资本主义发展得快，“这才称得起社会主义”。由此，他始终强调加强社会主义精神文明建设，并说这一手也要硬。随着改革的日益深化，江泽民同志提出，越是集中力量发展经济、推进改革，越需要文化“提供强大的精神动力和智力支持”。根据文化与经济和政治深入交融的发展趋势，他提出“文化是综合国力的重要标志”，在国际竞争中的地位和作用越来越突出。进入新世纪、新阶段，文化建设更加具体地成为中国特色社会主义事业布局和全面建设小康社会的重要内容，进而确立了建设社会主

---

① 陈晋：《中国共产党是怎样领导文化建设的——学习〈论文化建设——重要论述摘编〉的体会》，《人民日报》2012 年 2 月 27 日。

义文化强国的战略目标。针对西强我弱的文化和舆论格局尚未得到根本改变的情况，胡锦涛同志还把提高国家文化软实力作为重要发展战略。"凡此等等，充分表明，我们党之所以能够不断实现思想文化的新觉醒，领导文化建设不断取得新成就，在认识上的一个前提，就是始终把文化建设的地位作用，放到党和人民事业的发展战略高度来强调，并且不断有新的判断、新的角度、新的认识。"①

【延伸阅读】

牢牢掌握意识形态工作领导权管理权话语权

——深入学习贯彻习近平同志在全国宣传思想工作会议上的重要讲话精神②

习近平同志在全国宣传思想工作会议上强调，经济建设是党的中心工作，意识形态工作是党的一项极端重要的工作。我们必须把意识形态工作的领导权、管理权、话语权牢牢掌握在手中，任何时候都不能旁落，否则就要犯无可挽回的历史性错误。牢牢掌握意识形态工作领导权、管理权、话语权，是新的历史条件下做好意识形态工作的重大要求，是巩固马克思主义在意识形态领域的指导地位、巩固全党全国人民团结奋斗的共同思想基础的坚强保障。

牢牢掌握意识形态工作领导权、管理权、话语权，必须不断巩固马克思主义在意识形态领域的指导地位，一刻也不放松和削弱意识形态工作

邓小平同志早在改革开放之初就指出，我们要建设的社会主义国家，不但要有高度的物质文明，而且要有高度的精神文明，要两手抓，两手都要硬。新形势下，落实党的十八大提出的宏伟目标，实现中华民族伟大复兴的中国梦，必须始终坚持这个基本方针不动摇，把意识形态工作放在极端

---

① 陈晋：《中国共产党是怎样领导文化建设的——学习〈论文化建设——重要论述摘编〉的体会》，《人民日报》2012年2月27日。

② 王伟光：《牢牢掌握意识形态工作领导权管理权话语权——深入学习贯彻习近平同志在全国宣传思想工作会议上的重要讲话精神》，《人民日报》2013年10月8日。

重要的位置抓紧抓好。当前,世界范围内各种思想文化交流交融交锋更加频繁,国际思想文化领域斗争深刻复杂,国内一些错误观点时有出现,人们思想活动的独立性、选择性、多变性、差异性明显增强,一些人理想信念不坚定,一些腐朽落后思想文化沉渣泛起。能否做好意识形态工作,事关党的前途命运,事关国家长治久安,事关民族凝聚力和向心力。只有物质文明建设和精神文明建设都搞好,国家物质力量和精神力量都增强,中国特色社会主义事业才能顺利向前推进。

马克思主义是社会主义意识形态的旗帜和灵魂。牢牢掌握意识形态工作领导权、管理权、话语权,首先必须坚持和巩固马克思主义指导地位,把马克思主义立场、观点、方法贯穿于意识形态工作的各方面、全过程,坚持用科学理论武装全党、教育人民、指导工作,帮助广大干部群众学好马克思列宁主义、毛泽东思想特别是中国特色社会主义理论体系,学好党的十八大以来习近平同志一系列重要讲话精神,坚定理想信念,巩固共同思想基础,形成强大的精神支柱,这是意识形态工作面临的首要任务。把这项工作抓紧抓好,牢牢掌握意识形态工作领导权、管理权、话语权就有了基本前提和思想保证。

牢牢掌握意识形态工作领导权、管理权、话语权,必须在宣传思想文化工作中坚持党性和人民性的统一

坚持党性和人民性的统一,是我们党牢牢掌握意识形态工作领导权、管理权、话语权的基本要求,是做好各项工作特别是意识形态工作的重大原则。实现这个要求,决定着意识形态各方面工作的理念、原则和方向。在意识形态工作中坚持党性,核心就是坚持正确政治方向,站稳政治立场,无论做理论研究工作,还是做媒体传播工作,无论进行文化产品的创作生产,还是从事各类文化成果的运用性工作,都要坚定宣传党的理论和路线方针政策,坚定宣传中央重大工作部署,坚定宣传中央关于形势的重大分析判断,坚决同党中央保持高度一致,坚决维护中央权威。

坚持党性原则,必须坚持党管媒体原则不动摇,坚持政治家办报、办刊、办台、办新闻网站。要加强马克思主义新闻观教育,坚决反对西方的所谓“新闻自由”。宣传思想文化工作者要增强党的意识,尽职尽责为党和人民事业服务,坚持什么、反对什么,说什么话、做什么事,都要符合党的要求。理论研究要坚持以马克思主义理论为指导，运用马克思主义立场、观点、方法观察和解决问题，加强理论辨析，帮助人们分清是非、澄清认识。切实发挥好党校、干部学院、社会科学院、高校、理论学习中心组的作用，使其真正成为马克思主义学习、研究、宣传的重要阵地。媒体宣传报道要坚持正确导向，弘扬社会正气。文艺创作要坚持“二为方向”和“双百方针”，不断推出更好更多的精神文化产品。

坚持人民性，就要把实现好、维护好、发展好最广大人民根本利益作为整个宣传思想文化工作的出发点和落脚点，坚持以民为本、以人为本，切实解决好“为了谁、依靠谁、我是谁”这个根本问题。树立以人民为中心的创作导向，把服务群众同教育引导群众结合起来，把满足需求同提高素养结合起来，多宣传报道人民群众的伟大奋斗和火热生活，多宣传报道人民群众中涌现出来的先进典型和感人事迹，丰富人民精神世界，增强人民精神力量，提升人民精神层次。

坚持党性和人民性的统一，必须正确理解人民群众、人民利益的科学内涵。在现实生活中，有的人把党性和人民性对立起来，或者从某一级党组织、某一部分党员、某一个党员的意志来理解党性，或者从某一个阶层、某一部分群众、某一个具体人的利益来理解人民性，这些理解都是片面的、错误的。我们要头脑清醒，保持警惕，坚持以全体人民整体、长远、根本利益为工作原则，大力宣传阐释马克思主义关于人民性、人民利益的科学概念、科学观点，不被形形色色的错误思想所误导、所左右。

二、牢固树立先进文化的前进方向

牢固树立先进文化的前进方向，是我们党领导文化建设的思想指导。陈晋认为，坚持什么样的文化方向，推动建设什么样的文化，是一个政党在思想上精神上的一面旗帜，并决定着文化建设的灵魂精髓和前进方向。我们党过去讲建设新文化，即新民主主义文化，今天讲建设先进文化，即中国特色社会主义文化，要旨都在强调文化的前进方向，里边都有明确的内涵。诸如我们党先后指出，文化建设要有三大属性——“民族的、科学的、大众的”，三个面向——“面向现代化、面向世界、面向未来”，三种精神——“爱国主义、集体主义、社会主义”。在树立这些文化前进标杆的同时，我们党始终坚持和强调，必须用马克思主义的科学理论来指导文化建设，特别是用中国化的马克思主义即毛泽东思想和中国特色社会主义理论体系来指导文化建设。党的十六大以后，进一步把文化建设的精髓概括为社会主义核心价值体系，即：坚持马克思主义的指导地位，坚定中国特色社会主义共同理想，弘扬以爱国主义为核心的民族精神和以改革创新为核心的时代精神，树立和践行社会主义荣辱观。这些内容，决定着文化发展的性质和方向，是文化建设始终沿着正确方向前进的根本思想保证。很明显，坚持和巩固马克思主义的指导地位，推进社会主义核心价值体系的建设，是我们党领导文化建设最深刻的经验和最大的思想优势。

三、坚持落实文化的服务对象

坚持落实文化的服务对象，是我们党领导文化建设的根本立场。陈晋认为，文化建设要有扎实的出发点和落脚点，根本上说来，就是要解决“为了谁”的问题。不解决这个问题，文化建设就会缺少源泉和动力，就会缺少代表性，就会不接地气，成为空中楼阁。毛泽东同志说“我们的文化是人民的文化”，邓小平同志讲“人民需要艺术，艺术更需要人民”，深刻揭示了中国共产党领导的文化建设和人民群众的科学关系，宣示了我们党在“为了谁”这个问题上的鲜明立场。这就是，文化要为最广大的人民群众服务，首先是为工农兵服务，用今天的话来说，重点是为基层群众服务。在领导文化建设的过程中，根据时代的要求，我们党对文化服务人民这一根本立场，与时俱进地作了多方面的发挥和落实。例如，从文化建设总的出发点和基本任务上讲，要“满足人民群众日益增长的精神文化需要”，特别是“人民多层次、多方面、多样化的精神文化需要”;从发挥社会主义制度优越性的角度讲,要“保障人民基本文化权益”;从文化建设的教育功能上讲,要“着眼于人民素质的提高和促进人的全面发展”;从社会发展和全面建设小康社会的历史进程来讲,要“让人民群众共享文化发展成果”;从文化创造的动力源泉上讲,要“充分发挥人民主体作用”;从对文化工作者的要求上讲,要“联系群众、表现群众,把自己当作群众的忠实的代言人”,要“贴近实际、贴近生活、贴近群众”;从文化事业项目的安排上讲,要“构建覆盖全社会的公共文化服务体系,优先安排涉及群众切身利益的文化建设项目”;从文化建设成果的评价上讲,要“把人民是否满意作为根本标准”。凡此等等,说明我们党领导文化建设,在各个方面无不是以人民为中心,从服务人民的立场和需要出发,由此体现了我们党的根本宗旨。

四、自觉把握文化的发展规律

自觉把握文化的发展规律,是我们党领导文化建设的基本要求。陈晋认为,文化发展同经济、政治和社会发展一样,有其独特的规律。掌握规律,不是一件容易的事。“领导文化建设,光凭满腔的热情和良好的愿望,光有正确鲜明的思想指导和人民立场,还不行。如果违反了文化发展规律,不仅不能满足人民群众的文化期待,还会造成严重的后果。”[①]为此,我们党在领导文化建设的过程中,不断自觉地探索和总结,进而把握、遵循和运用文化发展规律,并及时地把对文化规律的认识转化为党的文化方针和政策。这方面的重要论述,同样比较集中地反映在《摘编》当中。比如,在对待传统民族文化的问题上,有批判继承,古为今用,推陈出新等;在对待外国文化成果的问题上,有大胆吸收,洋为中用和以我为主、为我所用、辩证取舍、择善而从等;在如何繁荣文化艺术的问题上,有百花齐放、百家争鸣和弘扬主旋律、提倡多样化等;在对

① 陈晋:《中国共产党是怎样领导文化建设的——学习〈论文化建设——重要论述摘编〉的体会》,《人民日报》2012年2月27日。

待自然出现的各种文化倾向和现象的问题上，有发展先进文化、支持健康文化、改造落后文化、抵制腐朽文化和抵制庸俗低俗媚俗文化风气等；在文化领导方式上，有要一手抓繁荣、一手抓管理，抓方向、抓队伍，以及物质文明和精神文明两手抓，依法治国和以德治国相结合，文化事业和文化产业同发展等。特别是在如何推动文化改革发展和繁荣的问题上，提出"基础在继承，关键在创新"的重要判断，明确了解放和发展文化生产力的任务，提出要在文化内容形式创新、体制机制创新、传播手段创新上下功夫。以上反映社会主义文化建设规律的方针政策，说明我们党总是根据时代的要求，自觉地完善领导方式，不断丰富领导文化建设的途径，着力提高做好文化工作的能力。

最后，陈晋指出，学习和体会我们党领导文化建设积累的宝贵经验，珍惜和运用这些宝贵经验，可以增进和丰富我们对中国特色社会主义文化发展道路的认识，进而有助于在贯彻落实十七届六中全会精神的实践中，把文化建设方方面面的工作做得更好。[①]

建立完善文化事业单位法人治理结构

党的十八届三中全会通过《中共中央关于全面深化改革若干重大问题的决定》(以下简称《决定》)提出，要"明确不同文化事业单位功能定位，建立法人治理结构，完善绩效考核机制。推动公共图书馆、博物馆、文化馆、科技馆等组建理事会，吸纳有关方面代表、专业人士、各界群众参与管理。"这是推动我国公益性文化事业体制机制创新的重要举措。

---

① 陈晋：《中国共产党是怎样领导文化建设的——学习〈论文化建设——重要论述摘编〉的体会》，《人民日报》2012 年 2 月 27 日。

建立法人治理结构是深化公益性文化事业单位改革的必然要求。2003年以来,公益性文化事业单位按照“增加投入、转换机制、增强活力、改善服务”的要求进行改革,取得了显著成效,但还存在着管理体制不顺、运行机制不畅等问题。主要表现在:事业单位普遍存在着行政化现象,管办不分、效能不高、活力不足、监督机制不健全等。上述问题制约着文化事业健康发展和公益文化服务有效提供。建立法人治理结构,就是转变政府职能、创新文化事业单位体制机制、实现管办分离的重要内容和途径。通过建立法人治理结构,一是明确文化事业单位的自主权,把行政主管部门对事业单位的具体管理职责交给决策层,以激发文化事业单位活力;二是扩大社会参与。通过吸收文化事业单位外部人员进入决策层,扩大参与文化事业单位决策和监督的人员范围;三是规范运行机制。明确决策层和管理层的职责权限和运行规则,完善文化事业单位的激励约束机制,提高运行效率,确保公益文化目标的实现。

建立法人治理结构也是推进我国事业单位改革的重要内容。2011年3月,中共中央、国务院发布的《关于分类推进事业单位改革的指导意见》就把健全法人治理结构作为推进公益服务事业单位改革的重要内容。国务院办公厅还印发了《关于建立和完善事业单位法人治理结构的意见》,作为分类推进事业单位改革的配套文件之一。这份文件对建立事业单位法人治理结构的基本原则、总体要求、主要内容、组织实施等,作了系统论述。一些省市建立事业单位法人治理结构的试点工作也早就开展,并取得了很好的经验。文化事业单位改革是事业单位改革一部分。这些文件和试点经验对推动文化事业单位建立法人治理结构有很强的指导意义。

实际上,建立了法人治理结构是发达国家和地区公益性文化机构的普遍做法,有成熟的运作经验。以英国为例。1963年,英国国会通过了《大英博物馆法》,明确规定大英博物馆理事会是大英博物馆的法人团体，拥有管理大英博物馆的权力。大英博物馆理事会成员除了首相任命的少数人选外，其他理事均为相关领域的社会精英。理事会主要职责有五项，一是选聘博物馆馆长，并报请首相批准；二是公布博物馆年度财政收支状况；三是制定博物馆管理政策；四是制定博物馆发展规划；五是监督博物馆长职能履行等。再如，我国台湾的两厅院（类似于内地的国家大剧院）目前实行的是行政法人制度，由董事会，艺术表演委员会，监事会组成。两厅院实行董事长负责制，董事会负责执行演出计划，具有决策权；艺术表演委员会由相关专家组成，主要是对每年演出计划进行审定；监事会是负责监督运行情况。这些公益性文化单位建立法人治理结构的成功做法，对我国公益性文化单位建立和完善法人治理结构极具借鉴价值。

我国公益性文化单位建立法人治理结构，需要充分发挥社会和市场机制作用，重点应做好以下几方面工作：

（一）建立理事会。《决定》指出，要“推动公共图书馆、博物馆、文化馆、科技馆等组建理事会。”理事会是决策和监督机构，负责本单位的发展规划、财务预决算等决策事项，按照有关规定履行人事管理方面的职责，并监督本单位的运行。理事会一般由政府有关部门、举办单位、事业单位、服务对象和其他有关方面的代表组成。直接关系人民群众切身利益的事业单位，本单位以外人员担任的理事要占多数。《决定》特别强调要“吸纳有关方面代表、专业人士、各界群众参与管理。”根据事业单位的规模、职责任务和服务对象等方面特点，兼顾代表性和效率，合理确定理事会的构成和规模。结合理事所代表的不同方面，采取相应的理事产生方式，代表政府部门或相关组织的理事一般由政府部门或相关组织委派，代表服务对象和其他利益相关方的理事原则上推选产生，事业单位行政负责人及其他有关职位的负责人可以确定为当然理事。要明确理事的权利义务，建立理事责任追究机制。也可探索单独设立监事会，负责监督事业单位财务和理事、管理层人员履行职责的情况。

（二）搭建管理层。管理层作为理事会的执行机构，由事业单位行政负责人及其他主要管理人员组成。管理层对理事会负责，按照理事会决议独立自主履行日常业务管理、财务资产管理和一般工作人员管理等职责，定期向理事会报告工作。事业单位行政负责人由理事会任命或提名，并按照人事管理权限报有关部门备案或批准。事业单位其他主要管理人员的任命和提名，根据不同情况可以采取不同的方式。

（三）制定章程。事业单位章程是法人治理结构的制度载体和理事会、管理层的运行规则，也是有关部门对事业单位进行监管的重要依据。事业单位章程应当明确理事会和管理层的关系，包括理事会的职责、构成、会议制度，理事的产生方式和任期，管理层的职责和产生方式等。事业单位章程草案由理事会通过，并经举办单位同意后，报登记管理机关核准备案。

（四）建好制度。科学建立和不断完善相关制度，确保法人治理结构的相关措施能落实到位。此外，还要研究制定文化事业单位法人治理准则，进一步规范文化事业单位法人治理结构建设。完善文化事业单位年度报告制度，加强对事业单位履行章程情况的监管。建立文化事业单位信息公开制度，强化社会对文化事业单位的监督。

建立完善文化事业单位法人治理结构，是进一步落实自主权，激发文化事业单位动力和活力的重要举措，也是衡量文化事业单位改革是否取得成效的重要标识之一。建立和完善法人治理结构是一项系统细致的工作。既需要下放政府对文化事业单位具体管理权限，减少对文化事业单位具体事务的干预，明确文化事业单位独立法人地位，使事业单位自主管理微观运营事务；也需要强化对文化事业单位的宏观管理，加强绩效管理和目标考核，不断提高文化事业单位服务质量和效率，确保实现文化事业单位的公益目标。

（来源：《人民日报》2013 年 12 月 6 日）